Siegfried Lenz (1926–2014) zählt zu den bedeutenden und meistgelesenen Schriftstellern der deutschen Literatur. Für seine Bücher wurde er mit vielen wichtigen Preisen ausgezeichnet, unter anderem mit dem Goethepreis der Stadt Frankfurt am Main, dem Friedenspreis des Deutschen Buchhandels und mit dem Lew-Kopelew-Preis für Frieden und Menschenrechte 2009. Seit 1951 veröffentlichte er alle seine Romane, Erzählungen, Essays und Bühnenwerke im Hoffmann und Campe Verlag.

SIEGFRIED LENZ

Seine schönsten Erzählungen

Zusammengestellt von Daniel Kampa

Atlantik

Textgrundlage der vorliegenden Auswahl:
Siegfried Lenz, *Die Erzählungen.* Copyright © 2006
by Hoffmann und Campe Verlag, Hamburg

Atlantik Bücher erscheinen im
Hoffmann und Campe Verlag, Hamburg.

1. Auflage 2017

www.hoca.de   *www.atlantik-verlag.de*
Umschlagfoto: © Herbert List/Magnum Photos/Agentur Focus
Satz: pagina GmbH, Tübingen
Gesetzt aus der Minion
Druck und Bindung: C.H. Beck, Nördlingen
Printed in Germany
ISBN 978-3-455-00093-1

HOFFMANN
UND CAMPE

Ein Unternehmen der
GANSKE VERLAGSGRUPPE

Inhalt

Die Nacht im Hotel

Der Nachtportier strich mit seinen abgebissenen Fingerkuppen über eine Kladde, hob bedauernd die Schultern und drehte seinen Körper zur linken Seite, wobei sich der Stoff seiner Uniform gefährlich unter dem Arm spannte.

»Das ist die einzige Möglichkeit«, sagte er. »Zu so später Stunde werden Sie nirgendwo ein Einzelzimmer bekommen. Es steht Ihnen natürlich frei, in anderen Hotels nachzufragen. Aber ich kann Ihnen schon jetzt sagen, daß wir, wenn Sie ergebnislos zurückkommen, nicht mehr in der Lage sein werden, Ihnen zu dienen. Denn das freie Bett in dem Doppelzimmer, das Sie – ich weiß nicht, aus welchen Gründen – nicht nehmen wollen, wird dann auch einen Müden gefunden haben.«

»Gut«, sagte Schwamm, »ich werde das Bett nehmen. Nur, wie Sie vielleicht verstehen werden, möchte ich wissen, mit wem ich das Zimmer zu teilen habe; nicht aus Vorsicht, gewiß nicht, denn ich habe nichts zu fürchten. Ist mein Partner – Leute, mit denen man eine Nacht verbringt, könnte man doch fast Partner nennen – schon da?«

»Ja, er ist da und schläft.«

»Er schläft«, wiederholte Schwamm, ließ sich die Anmeldeformulare geben, füllte sie aus und reichte sie dem Nachtportier zurück; dann ging er hinauf.

Unwillkürlich verlangsamte Schwamm, als er die Zimmertür

mit der ihm genannten Zahl erblickte, seine Schritte, hielt den Atem an, in der Hoffnung, Geräusche, die der Fremde verursachen könnte, zu hören, und beugte sich dann zum Schlüsselloch hinab. Das Zimmer war dunkel. In diesem Augenblick hörte er jemanden die Treppe heraufkommen, und jetzt mußte er handeln. Er konnte fortgehen, selbstverständlich, und so tun, als ob er sich im Korridor geirrt habe. Eine andere Möglichkeit bestand darin, in das Zimmer zu treten, in welches er rechtmäßig eingewiesen worden war und in dessen einem Bett bereits ein Mann schlief.

Schwamm drückte die Klinke herab. Er schloß die Tür wieder und tastete mit flacher Hand nach dem Lichtschalter. Da hielt er plötzlich inne: neben ihm – und er schloß sofort, daß da die Betten stehen müßten – sagte jemand mit einer dunklen, aber auch energischen Stimme:

»Halt! Bitte machen Sie kein Licht. Sie würden mir einen Gefallen tun, wenn Sie das Zimmer dunkel ließen.«

»Haben Sie auf mich gewartet?« fragte Schwamm erschrokken; doch er erhielt keine Antwort. Statt dessen sagte der Fremde:

»Stolpern Sie nicht über meine Krücken, und seien Sie vorsichtig, daß Sie nicht über meinen Koffer fallen, der ungefähr in der Mitte des Zimmers steht. Ich werde Sie sicher zu Ihrem Bett dirigieren. Gehen Sie drei Schritte an der Wand entlang, und dann wenden Sie sich nach links, und wenn Sie wiederum drei Schritte getan haben, werden Sie den Bettpfosten berühren können.«

Schwamm gehorchte: er erreichte sein Bett, entkleidete sich und schlüpfte unter die Decke. Er hörte die Atemzüge des anderen und spürte, daß er vorerst nicht würde einschlafen können.

»Übrigens«, sagte er zögernd nach einer Weile, »mein Name ist Schwamm.«

»So«, sagte der andere.

»Ja.«

»Sind Sie zu einem Kongreß hierhergekommen?«

»Nein. Und Sie?«

»Nein.«

»Geschäftlich?«

»Nein, das kann man nicht sagen.«

»Wahrscheinlich habe ich den merkwürdigsten Grund, den je ein Mensch hatte, um in die Stadt zu fahren«, sagte Schwamm. Auf dem nahen Bahnhof rangierte ein Zug. Die Erde zitterte, und die Betten, in denen die Männer lagen, vibrierten.

»Wollen Sie in der Stadt Selbstmord begehen?« fragte der andere.

»Nein«, sagte Schwamm, »sehe ich so aus?«

»Ich weiß nicht, wie Sie aussehen«, sagte der andere, »es ist dunkel.«

Schwamm erklärte mit banger Fröhlichkeit in der Stimme:

»Gott bewahre, nein. Ich habe einen Sohn, Herr… (der andere nannte nicht seinen Namen), einen kleinen Lausejungen, und seinetwegen bin ich hierhergefahren.«

»Ist er im Krankenhaus?«

»Wieso denn? Er ist gesund, ein wenig bleich zwar, das mag sein, aber sonst sehr gesund. Ich wollte Ihnen sagen, warum ich hier bin, hier bei Ihnen, in diesem Zimmer. Wie ich schon sagte, hängt das mit meinem Jungen zusammen. Er ist äußerst sensibel, mimosenhaft, er reagiert bereits, wenn ein Schatten auf ihn fällt.«

»Also ist er doch im Krankenhaus.«

»Nein«, rief Schwamm, »ich sagte schon, daß er gesund ist, in jeder Hinsicht. Aber er ist gefährdet, dieser kleine Bengel hat eine Glasseele, und darum ist er bedroht.«

»Warum begeht er nicht Selbstmord?« fragte der andere.

»Aber hören Sie, ein Kind wie er, ungereift, in solch einem Alter! Warum sagen Sie das? Nein, mein Junge ist aus folgendem Grunde gefährdet: Jeden Morgen, wenn er zur Schule geht – er geht übrigens immer allein dorthin –, jeden Morgen muß er vor einer Schranke stehenbleiben und warten, bis der Frühzug vorbei ist. Er steht dann da, der kleine Kerl, und winkt, winkt heftig und freundlich und verzweifelt.«

»Ja und?«

»Dann«, sagte Schwamm, »dann geht er in die Schule, und wenn er nach Hause kommt, ist er verstört und benommen, und manchmal heult er auch. Er ist nicht imstande, seine Schularbeiten zu machen, er mag nicht spielen und nicht sprechen: das geht nun schon seit Monaten so, jeden lieben Tag. Der Junge geht mir kaputt dabei!«

»Was veranlaßt ihn denn zu solchem Verhalten?«

»Sehen Sie«, sagte Schwamm, »das ist merkwürdig. Der Junge winkt, und – wie er traurig sieht – es winkt ihm keiner der Reisenden zurück. Und das nimmt er sich so zu Herzen, daß wir – meine Frau und ich – die größten Befürchtungen haben. Er winkt, und keiner winkt zurück; man kann die Reisenden natürlich nicht dazu zwingen, und es wäre absurd und lächerlich, eine diesbezügliche Vorschrift zu erlassen, aber …«

»Und Sie, Herr Schwamm, wollen nun das Elend Ihres Jungen aufsaugen, indem Sie morgen den Frühzug nehmen, um dem Kleinen zu winken?«

»Ja«, sagte Schwamm, »ja.«

»Mich«, sagte der Fremde, »gehen Kinder nichts an. Ich hasse sie und weiche ihnen aus, denn ihretwegen habe ich – wenn man's genau nimmt – meine Frau verloren. Sie starb bei der ersten Geburt.«

»Das tut mir leid«, sagte Schwamm und stützte sich im Bett auf. Eine angenehme Wärme floß durch seinen Körper; er spürte, daß er jetzt würde einschlafen können.

Der andere fragte: »Sie fahren nach Kurzbach, nicht wahr?«

»Ja.«

»Und Ihnen kommen keine Bedenken bei Ihrem Vorhaben? Offener gesagt: Sie schämen sich nicht, Ihren Jungen zu betrügen? Denn, was Sie vorhaben, Sie müssen es zugeben, ist doch ein glatter Betrug, eine Hintergehung.«

Schwamm sagte aufgebracht: »Was erlauben Sie sich, ich bitte Sie, wie kommen Sie dazu!« Er ließ sich fallen, zog die Decke über den Kopf, lag eine Weile überlegend da und schlief dann ein.

Als er am nächsten Morgen erwachte, stellte er fest, daß er allein im Zimmer war. Er blickte auf die Uhr und erschrak: bis zum Morgenzug blieben ihm noch fünf Minuten, es war ausgeschlossen, daß er ihn noch erreichte.

Am Nachmittag – er konnte es sich nicht leisten, noch eine Nacht in der Stadt zu bleiben – kam er niedergeschlagen und enttäuscht zu Hause an. Sein Junge öffnete ihm die Tür, glücklich, außer sich vor Freude. Er warf sich ihm entgegen und hämmerte mit den Fäusten gegen seinen Schenkel und rief: »Einer hat gewinkt, einer hat ganz lange gewinkt.«

»Mit einer Krücke?« fragte Schwamm.

»Ja, mit einem Stock. Und zuletzt hat er sein Taschentuch an den Stock gebunden und es so lange aus dem Fenster gehalten, bis ich es nicht mehr sehen konnte.«

1949

Das Wrack

Auf der Heimfahrt entdeckte Baraby das Wrack. Es lag nicht allzu tief, ein langer, dunkler Schatten, der die Farbe der Wasseroberfläche veränderte; es mußte ein älteres Wrack sein, denn er hatte in letzter Zeit von keinem Schiffsuntergang gehört, und es lag weitab von der Fahrrinne. Es lag in der Nähe der Halbinsel, wo der Strom mehr als vier Meilen breit war, und es gab dem Wasser über ihm die Farbe eines alten Bleirohrs, stumpf und grau.

Baraby hatte das Wrack nie zuvor entdeckt, obwohl er den Fluß gut kannte; es war in keiner Karte eingezeichnet, und im Dorf wußte auch niemand etwas davon. Vielleicht hätte er das Wrack früher entdeckt, wenn er noch bei der Halbinsel gefischt hätte, aber seit einigen Jahren fuhren die Flußfischer weit in das Mündungsgebiet hinaus; sie legten die Angeln draußen aus und auch die Reusen, es gab am ganzen Strom nur noch eine Handvoll Flußfischer; ein elendes Geschäft war es geworden, zufällig und armselig, und die meisten hatten damit aufgehört.

Weil Baraby auch im Mündungsgebiet fischte, hatte er das Wrack erst jetzt entdeckt. Er stellte den Außenbordmotor ab, und das schwere, breitplankige Boot glitt sanft aus, glitt über den Schatten des Wracks hinaus, stand einen Augenblick still, wurde von der Strömung erfaßt und langsam zurückgetrieben. Der Mann beugte sich über die Bordwand und blickte ins Wasser, und er sah sein Gesicht im Wasser auftauchen, verzerrt und trübe, er sah, als er sich weiter hinabbeugte, sein Gesicht deutlicher werden, erkannte das Kinn und die Backenknochen und den Schädel, und er sah seinen alten, mageren Hals und ein Stück des durchgescheuerten Hemdkragens.

Plötzlich wurde das Wasser dunkel, und der Mann glaubte einen jähen kalten Luftzug zu verspüren, er erfaßte die Klarscheibe, die neben ihm auf der Ducht lag, und hielt sie ins Wasser. Er ließ sich von der Strömung über das Wrack treiben und starrte angestrengt in die Tiefe; er sah hinab in die düstere, grünlich schimmernde Einsamkeit, er sah das Ewigtreibende im lautlosen Strom des Wassers, und darunter, auf dem Boden des Flusses, erkannte er die genauen Umrisse des Wracks.

Er richtete sich auf und schaute zurück; der Schatten des Wracks wurde kleiner, er verschwand, während sich eine Wolke vor die Sonne schob, vollends, und der Mann ruderte gegen die Strömung an, und als er sich über dem Wrack befand, lotete er die Tiefe. Er warf das Lot mehrmals aus, und es zeigte immer dieselbe Tiefe, aber unvermutet lief die Leine nur kurz aus und blieb schlaff im Wasser hängen, und da wußte er, daß das Lot auf dem Wrack lag. Baraby zog die Leine vorsichtig an, er holte sie, um mehr Gefühl zu haben, über den Zeigefinger ein, und er spürte kleine Stöße und Erschütterungen: das Lot schleifte über das Wrack, blieb manchmal für einen Augenblick hängen, so daß sich die Leine straffte, und der Mann fühlte, wie eine eigentümliche Unruhe ihn ergriff, der Wunsch, an das Wrack zu gelangen, das kaum zwanzig Meter unter ihm lag und groß war, schwarz und unbekannt. Er war allein auf dem Strom, und er ließ sich mehrmals über die Stelle treiben, wo das Wrack lag, aber er konnte nichts erkennen. Er wußte nur, daß es da war, ein Wrack, das nur er allein kannte. Die anderen Wracks, die im Strom gelegen hatten, waren längst gehoben oder unter Wasser gesprengt worden: was er wußte, wußte er allein. Baraby merkte sich eine genaue Markierung an Land und warf den Außenbordmotor an; er fuhr knapp um die Halbinsel herum und dicht unter Land weiter, und er war erfüllt von dem Gedanken an das Wrack.

Auf dem Landungssteg stand Willi, er war barfuß und hatte ausgebleichtes Haar und einen sonnenverbrannten Nacken, und er stand vorn auf der äußersten Spitze des Stegs und sah wortlos dem Anlegemanöver seines Vaters zu. Als das Boot gegen den Steg stieß, warf Baraby eine Leine hinauf, und der Junge fing die Leine auf und befestigte sie wortlos an einem Pfahl, und dann sprang er ins Boot und öffnete den Fischkasten in der Mitte; es waren nur wenige Aale drin. Sie holten die Aale heraus und warfen sie in eine Kiste, und der Junge hob die Kiste auf den Kopf und trug sie über den Landungssteg fort. Baraby verließ das Boot und ging zu den Hügeln, wo das Haus lag, es war ein altes, niedriges Haus mit kleinen Fenstern und einem kaum benutzten Vordereingang; der Mann betrat das Haus von der Rückseite, und nachdem er Kaffee getrunken hatte, ging er zu seinem Lager und legte sich hin und dachte an das Wrack. Er dachte an seinen Schatten und daran, daß es auf keiner Karte eingezeichnet war, er dachte an den Boden des Stromes, auf dem es lag, und an die Tiefe, die ihn selbst vom Wrack trennte, und während er daran dachte, wußte er, daß er zu ihm hinabdringen würde, er würde unbemerkt an das Wrack gelangen. Vielleicht, dachte er, ist es ein Passagierdampfer, der noch voll ist; vielleicht ist genug in dem Wrack drin, daß es für ein ganzes Jahr ausreicht – es war alles noch nicht so lange her, und er erinnerte sich, daß sie sogar das Bier hatten trinken können, das sie aus einem anderen Wrack geborgen hatten.

beide sehr beeindruckt.
Ihre Arbeit im 89, liebe Frau Rang, ist von dieser humanistischen Einstellung in gleicher Weise geprägt.
Wir wünschen Ihnen einen tollen Urlaub in Schweden und senden Ihnen anbei diese kleine Urlaubslektüre.

W. Völcker-Janssen und
Christiane Ademmer
Nico Frauenrath

„Herzlichkeit und warme Menschenfreundlichkeit", das sind die Grundlagen der Erzählungen von Siegfried Lenz. Einige dieser Geschichten habe ich Nicolas früher vorgelesen oder nacherzählt. Besonders die „Nacht im Hotel" hat uns

Er stand auf und ging wieder zum Boot hinab. Im Boot saß der Junge; er befestigte neue Haken an der Aalschnur und sagte kein Wort, als sein Vater über ihm auf dem Steg stand. Baraby stand mit zusammengekniffenen Augen auf dem Steg, er stand aufrecht unter der sengenden Sonne, die Hände in den Taschen, und sah dem Jungen zu. Und plötzlich sagte er: »Mach Schluß, Junge. Ich brauche dich jetzt. Leg die Haken weg und hör mir zu. Ich werde jetzt gleich rausfahren, Junge, und du wirst mitkommen. Du wirst mit mir hinausfahren, aber du mußt mir schwören, daß du zu keinem ein Wort sagst von dem, was du zu sehen bekommst. Zu keinem, Junge, hast du gehört?«

»Ja, Vater«, sagte der Junge.

»Wir werden zur Halbinsel fahren. Um diese Zeit kommt da niemand vorbei. Wir werden das Boot verankern, Junge, und dann will ich runter. Ich habe ein Wrack gefunden, drüben, bei der Halbinsel, und ich werde runtergehen und allerhand raufholen. Du wirst keinem Menschen etwas sagen, Junge. Wenn du redest, ist es vorbei.«

»Ja, Vater«, sagte der Junge, »ist gut.«

Baraby warf eine lange Ankerleine ins Boot und stieg ein. Er warf den Motor nicht an, denn wenn der Motor zu dieser Zeit gelaufen wäre, hätten sie auf dem Hügel ihre Köpfe ans Fenster geschoben, darum nahm er die Riemen und stieß das Boot weit in den Fluß hinaus. Es wurde von der Strömung erfaßt und trieb langsam flußabwärts, es trieb auf die Halbinsel zu, und vorn im Boot stand der Junge und hielt Ausschau nach dem Wrack. Noch vor der Markierung warf Baraby den Anker, er glitt einige Meter über den Grund und setzte sich dann fest, und der Mann steckte so lange Leine nach, bis das Boot über dem sichtbaren Schatten des Wracks lag. Er wartete, bis Zug auf die Ankerleine kam und das Boot festlag, dann beugte er sich weit über den Bootsrand und rief den Jungen zu sich, und beide lagen nebeneinander und sahen stumm in den Fluß. Sie erkannten, weit unter dem düsteren Grün des Wassers, eine scharf abfallende dunkle Fläche, sie sahen schwarze Gegenstände auf dieser Fläche und wußten, daß es das Wrack war.

»Da liegt es«, sagte der Mann. »Es ist groß, Junge, es ist wohl achtzig oder noch mehr Meter lang. Siehst du es?«

»Ja«, sagte der Junge, »ja, ich sehe es genau.«

»Ich will es versuchen«, sagte der Mann. »Ich werde heute nicht weit runterkommen, ich werde es nicht schaffen. Aber ich werde es mir aus der Nähe ansehen.«

»Es ist ein Passagierdampfer«, sagte der Junge. »Vielleicht sind da noch Leute drin, Vater. Es ist bestimmt ein Passagierdampfer.«

»Vielleicht, Junge. Wir müssen abwarten. Du wirst zu keinem Menschen ein Wort sagen. Das ist unser Wrack, wir haben es entdeckt, und darum gehört es uns allein. Wir können es brauchen, Junge, wir haben es nie nötiger gehabt als jetzt. Das Wrack wird uns helfen. Wir werden raufholen, was wir raufholen können, und du wirst zu keinem Menschen ein Wort sagen.«

»Ja«, sagte der Junge.

Der Mann begann sich zu entkleiden; er trug schwarze Wasserstiefel, die mit roten Schlauchstücken geflickt waren, und zuerst zog er die Stiefel aus und dann die Jacke und das Hemd. Der Junge sah schweigend zu, wie der Mann sich entkleidete, er hielt die Brille mit den Klarscheiben in der Hand, und als der Mann nur noch mit der Manchesterhose bekleidet war, reichte er ihm die Brille und sagte: »Ich werde aufpassen, Vater. Ich bleibe oben und passe auf.«

Baraby legte die Brille um und schwang sich über die Bordwand, er glitt rückwärts ins Wasser, die Hände am Bootsrand. Er lächelte dem Jungen zu, aber der Junge erwiderte dies Lächeln nicht, er blieb ernst und ruhig und blickte auf die rissigen Hände seines Vaters, die an den Knöcheln weiß wurden.

»Jetzt«, sagte der Mann, und er richtete sich steil auf und ließ sich hinabfallen. Er tauchte an der Spitze des Bootes weg, kerzengerade, und der Junge warf sich über den Bootsrand und sah ihm nach. Und er sah, wie der Mann drei Meter hinabschoß und wie kleine Blasen an ihm hochstiegen, aber dann fand die Kraft des Sturzes ihr Ende, und Baraby stieß den Kopf nach unten und versuchte, Tiefe zu gewinnen. Er schwamm mit kräftigen Stößen nach unten, aber die Strömung war zu stark; obwohl er verzweifelt gegen sie anschwamm, trieb ihn die Strömung unter das Boot, und er schien zu merken, daß er hoffnungslos vom Liegeplatz des Wracks abgedrängt wurde, denn schon nach kurzer Zeit sah der Junge, wie der Körper seines Vaters eine plötzliche Aufwärtsbewegung machte und mit energischen Bewegungen zur Oberfläche strebte. Der Mann tauchte knapp hinter dem Boot auf, und der Junge hielt ihm einen Riemen hin und zog ihn an die Bordwand heran.

»Es ist zuviel Strömung«, sagte Baraby. »Du hast gesehen, Junge, wie mich die Strömung abtrieb. Aber sie ist nicht so stark wie draußen in der Mündung, sie wird durch die Halbinsel verringert.«

Er atmete schnell, und der Junge sah auf seine Schultern und in sein nasses Gesicht. »Ich werde es noch einmal versuchen«, sagte der Mann. »Wenn ich noch drei Meter tiefer komme, werde ich mehr sehen. Ich werde es jetzt anders machen, Junge. Ich werde an der Ankerleine ein Stück runtergehen, und wenn ich tief genug bin, lasse ich mich treiben. Die Strömung wird mich genau über das Wrack treiben, und dann werde ich mehr sehen können. Hoffentlich komme ich solange mit der Luft aus.«

»Ja«, sagte der Junge.

Der Mann zog sich an der Bordwand um das Boot herum, dann griff er nach der Ankerleine und zog sich weiter gegen die Strömung voran, und schließlich tauchte er, ohne zurückgesehen zu haben. Er brachte sich mit kurzen, wuchtigen Zugriffen in die Tiefe, und als er einen leichten Druck spürte, gab er das Seil frei und überließ sich der Strömung. Während die Strömung ihn mitnahm, machte er noch einige Stöße hinab, und jetzt war er mehrere Meter tiefer als beim ersten Versuch. Er hielt in der Bewegung inne und überließ sich völlig der Strömung, und dann sah er eine breite, dunkle Wand auftauchen, das Wrack. Es lag quer zur Strömung und mit leichter Krängung auf dem Grund des Flusses, und es war kein Passagierdampfer. Das Deck des Wracks war erhöht, oder es schien zuerst, als ob es erhöht wäre, doch dann erkannte Baraby, daß es Fahrzeuge waren, Autos, die mit Drahtseilen zusammengehalten wurden, große Lastwagen und auch einige Fuhrwerke. Er sah einen Schwarm von Fischen zwischen den Lastwagen, sie zuckten zwischen ihnen hindurch, verschwanden hinter den Aufbauten, und das Wrack lag da, als sei es vor kurzem beladen worden und warte nur darauf, die Leinen loszuwerfen. Dann sah der Mann einen scharfen Schatten und wußte, daß er über das Wrack hinausgetrieben war; er hob den Oberkörper empor, und die Strömung drückte gegen seine Brust und richtete ihn unter Wasser auf. Er riß die Arme weit nach oben und gelangte mit einigen starken Stößen ans Licht.

Der Junge sah ihn forschend an, er nahm die Klarscheiben in Empfang, die der Mann hinaufreichte, und ging wieder nach vorn. Der Mann kletterte in das Boot, er war erschöpft und lächelte unsicher, und die Haut über seiner Bauchhöhle zitterte.

»Ich habe ihn gesehen«, sagte er, »es ist kein Passagierdampfer, Junge, aber er ist voll. Es muß ihn bei der Ausfahrt erwischt haben, denn auf dem Deck stehen noch Autos und Fuhrwerke. Er ist voll, und wir werden eine Menge heraufholen können. Aber du darfst zu keinem Menschen darüber sprechen, Junge. Heute hab ich's noch nicht geschafft, aber ich werde es in den nächsten Tagen wieder versuchen; wir werden es so lange versuchen, Junge, bis wir an das Wrack kommen. Da liegt noch die ganze Ladung unten, das Wrack ist unberührt.«

Baraby ließ seinen Körper an der Sonne trocknen, dann kleidete er sich an, und nachdem er angezogen war, zerrte er das Boot an der Leine gegen den Strom und brach den Anker aus dem Grund. Sie fuhren wortlos zum Anlegesteg und gingen nebeneinander den Hügel hinauf zum Haus, und sie dachten beide an das Wrack.

Am folgenden Tag fuhren sie wieder zu der Liegestelle des Wracks; Baraby hatte keine Reusen im Mündungsgebiet aufgestellt. Sie fuhren schon morgens zur Halbinsel hinaus, als noch Nebel über dem Strom lag, und der Mann ließ sich in das kalte, langsam strömende Wasser hinab und tauchte. Sie fuhren Tag für Tag dorthin, wo das Wrack lag, und zweimal gelang es Baraby, bis zum Deck des gesunkenen Schiffes hinabzukommen, es gelang ihm sogar, sich für einen Augenblick an einem der angezurrten Lastwagen festzuhalten, aber länger konnte er nicht unten bleiben, die Luft reichte nicht aus. Einmal brachte er eine Konservendose empor, die auf der verrotteten Ladefläche eines Lastwagens gelegen hatte; sie öffneten die Konservendose und fanden Kohl darin.

Das war der einzige Erfolg. Aber je öfter der Mann hinabtauchte, desto ungeduldiger wurde er, und desto größer wurde seine Zuversicht, daß das Wrack noch unberührt und beladen war. Und wenn er sich hinabließ in die grüne Dunkelheit unten, spürte er die Nähe des Gewinns und des Sieges, und manchmal stieg er nur hinab, um dieses Gefühl zu haben. Er wußte, daß das Wrack ihm einmal endgültig gehören, daß er in sein Inneres eindringen und alles, was in ihm lag, bergen würde. Baraby wußte es. Er fuhr nur selten ins Mündungsgebiet hinaus, um die Schnüre und Reusen auszulegen, er verbrachte die meiste Zeit am Wrack, und der Junge begleitete ihn jedesmal und hing über der Bordwand und starrte ins Wasser.

Aber eines Tages, an einem unruhigen Vormittag, als der Wind kurze Wellen den Strom hinauftrieb und sie gegen die Halbinsel warf, tauchte der Mann neben dem Boot auf und schüttelte den Kopf. Er kletterte hinein, warf die Jacke über den bloßen Körper und setzte sich auf eine Ducht und sah blaß aus und kraftlos und alt. Er blickte auf den Jungen und sagte: »Ich schaffe es nicht. Ich komme nicht in das Wrack hinein, Junge, ich habe alles versucht. Ich weiß genau, wo der Niedergang ist und wie die Strömung über das Wrack geht, ich kenne alles genau, aber mir fehlt die Luft. Ich habe zuwenig Luft, Junge.«

»Ja, Vater«, sagte der Junge.

»Aber wir werden es trotzdem schaffen: wir werden zurückfahren, und am Abend gehen wir zur Werft, ich werde den Außenbordmotor verkaufen.« Der Junge hob den Kopf und sah auf seinen Vater.

»Ja«, sagte der Mann, »ich werde den Motor verkaufen. Es hat keinen Zweck mehr, Junge, wir fangen nichts mehr auf dem Fluß, und draußen in der Mündung ist es nicht besser. Ich weiß, daß wir ohne den Motor nicht viel machen können auf dem Fluß, aber ich werde ihn trotzdem verkaufen. Ich werde den Motor einem von der Werft geben, der sucht schon lange einen, und dann werden wir uns ein Sauerstoffgerät besorgen. Ich werde ein altes besorgen, auf der Werft haben sie das, und mit dem Gerät werden wir zum Wrack zurückkommen. Das sind zwei kurze, dicke Stahlflaschen, Junge, und wenn ich die auf den Rücken nehme und habe einen guten Schlauch, dann kann ich vierzig Minuten unten am Wrack bleiben, und in vierzig Minuten kann ich allerhand raufholen. In vierzig Minuten schleppe ich das Boot voll. Und da ist eine Menge drin in dem Wrack. Das siehst du an den Autos.«

»Ja«, sagte der Junge.

Sie gingen gemeinsam zur Werft und fanden den Mann, der den Außenbordmotor haben wollte, und der Mann besorgte ihnen das Sauerstoffgerät. Baraby trug es in einem Sack auf der Schulter nach Hause. Er probierte es an der Halbinsel aus, in seichtem Wasser, wo der Grund sandig und locker war, und der Junge stand vorn im Boot und beobachtete seinen Vater. Baraby wollte sich erst an das Sauerstoffgerät gewöhnen, bevor er zum Wrack hinabstieg; er brauchte eine ganze Weile dazu, der Druck, der durch die eingeklemmte Nase in seinem Schädel entstand, machte ihm zu schaffen, aber schließlich traute er sich zu, in das Wrack einzudringen.

Er hatte sich eine Unterwasserlampe gebaut, es war eine breite Taschenlampe, die in eine durchsichtige, wasserdichte Hülle eingenäht war, er hatte sie ausprobiert, und sie warf ein kräftiges Licht. Er verwahrte die Taschenlampe und das Sauerstoffgerät abends im Boot, und am nächsten Morgen ließen sie sich den Strom hinabtreiben und warfen vor dem Wrack den Anker aus; sie warteten, bis der Anker festsaß und Zug auf die Leine kam, dann entkleidete sich der Mann, und der

Junge reichte ihm die Klarscheiben und befestigte die Riemen des Sauerstoffgerätes unter der Achsel. Baraby nahm die Taschenlampe und ließ sich über den Bootsrand hinab; langsam senkte sich sein Oberkörper, der Hals verschwand, das Kinn und schließlich das Gesicht, das mit den Klarscheiben wie ein riesiges Insektengesicht aussah; er verschwand mit grausamer Langsamkeit, und der Junge warf sich wie erlöst über den Bootsrand, als die ersten Blasen an der Oberfläche erschienen.

Baraby hatte eine Leine um seine Brust gebunden, es war ein dünnes, starkes Tau, das durch die Hände des Jungen lief und dessen Ende, damit es nicht ausrutschen konnte, um eine Ducht geschlagen war. Der Junge spürte, wie die Leine ruhig und gleichmäßig durch seine Hand lief, er achtete kaum darauf, er sah nur ins Wasser, wo er den sanft sinkenden Körper seines Vaters mit den Blicken begleitete, und dann fühlte er, daß die Leine nicht mehr auslief, und er wußte, daß sein Vater das Wrack erreicht hatte.

Baraby stand auf dem schrägen Deck des Wracks, er hielt sich an der Reling fest und spürte, wie die Strömung leicht an seinem Körper zerrte. Er blieb einen Augenblick so stehen und prüfte seinen Atem, doch das Gerät arbeitete gut und versorgte ihn mit Luft. Er fühlte sich sicher und zuversichtlich und war froh, daß er den Außenbordmotor weggegeben hatte; er war allein unter Wasser, und er sah sich um mit dem Blick eines Besitzers, der sein neues Land prüft. Er sah auch hinauf zum Himmel, aber er erkannte nur die trübe Silhouette des Bootes und den Kopf des Jungen, der über der Bordwand lag und zu ihm hinabstarrte; er winkte hinauf, obwohl er wußte, daß dieses Winken verloren, daß es oben nicht zu erkennen war.

Dann ließ er die Reling los, und die Strömung trieb ihn auf die Lastwagen zu; sie standen ausgerichtet auf Deck, immer zwei nebeneinander, und es hatte den Anschein, als sei ihnen nichts geschehen. Aber sie waren unbrauchbar und verrottet, und das Führerhaus und die Ladefläche waren bei allen voll von Schlamm; Baraby versuchte den Schlamm an einer Stelle mit dem Fuß zu entfernen, der Schlamm war zäh. Er sah, daß die Lastwagen zu nichts mehr taugten, und er schaltete die Taschenlampe ein und schwamm auf einen offenen Niedergang zu. Er wollte in das Wrack eindringen und bewegte sich über den verschlammten Niedergang abwärts. Der Schein der Lampe wurde klein und armselig und kämpfte mit der Dunkelheit, er riß sie nur wenig auf, er gelangte nicht weit. Baraby verhielt und zog die Leine nach, die oben durch die Hände des Jungen lief, und er hatte das Gefühl, daß die Leine hinaufreichte bis zum Himmel. Plötzlich kam er in einen eiskalten Sog; er richtete den Strahl der Lampe zur Seite, es war ein großes ausgezacktes Loch an der Seite, durch das er in den Maschinenraum sehen konnte; der Schein fiel auf den hohen Kessel, glitt an ihm vorbei, wanderte an Röhren und Leitungen entlang und verlor sich wieder in der Finsternis. Der Mann strebte aus dem Sog hinaus und arbeitete sich seitlich hinab. Er fand fast alle Schotten geschlossen, und er hatte eine Menge zu tun, ehe er sie aufbekam, und als der Lichtkegel kein Ziel mehr fand, wußte er, daß er im vorderen Laderaum war. Er konnte sich aufrichten und nach allen Seiten bewegen, er konnte bis zur Bordwand vordringen, es war Platz genug. Aber nachdem er den Raum ausgeschwommen hatte, drang er zum Boden des Laderaums hinab, und als er das Licht zum ersten Mal nach unten richtete, sah er wimmelnde Aale, die aufgeschreckt aus dem Strahl zu entkommen suchten. Er schaltete das Licht aus und hielt sich an einem Bodenring fest, und er spürte die gleitende, kalte Berührung der Tiere, wenn sie dicht an ihm vorbeischwammen. Dann schaltete er das Licht wieder an und war allein auf dem Boden des Laderaums. Auch der Boden war mit Schlamm bedeckt, aber der Schlamm war hier nicht so zäh wie auf den Lastwagen. Baraby begann den Boden des Laderaums abzusuchen, doch er fand nicht das, was er zu finden gehofft hatte; er fand weder Kisten noch Geräte, es war überhaupt nichts da von einer Ladung, und solange er auch suchte, er fand nichts, das mitzunehmen sich gelohnt hätte. Aber unvermutet zuckte der Lichtkegel in einen Winkel, und es glänzte weiß auf; der Mann schwamm sofort dorthin und untersuchte die weißen Gegenstände: es waren große Knochen, Rippenknochen, die aus dem Schlamm hervorragten, und Baraby sah, daß sie von Pferden stammten.

Sie werden Pferde geladen haben, dachte er; als das Schiff unterging, hatten sie nichts als Pferde an Bord. Und er betastete die Knochen und versuchte, sie aus dem Schlamm zu ziehen, und nach einer Weile schwamm er zum Niedergang zurück. Er arbeitete sich mit den Händen hoch, und über einen anderen Niedergang gelangte er in den achten Laderaum; hier entdeckte er das Loch, das die Mine in den Leib des Schiffes gerissen hatte, das Loch war groß wie sein eigenes Boot, und da es zur Strömung stand, war eine große Menge Schlamm in das Schiff eingedrungen, der Laderaum war hoch mit Schlamm gefüllt. Der Mann untersuchte alles, er war unruhig geworden und schwamm verzweifelt den Raum aus, und als er nichts fand, schlug er die Beine um einen Stützbalken und wühlte sich mit den Händen durch den Schlamm bis zum Boden des Laderaums durch.

Aber auch hier fand er wieder nur Knochen, er sah sie plötzlich aufleuchten und wußte, daß das Schiff nur Pferde an Bord gehabt hatte, als es von der Mine getroffen wurde. Er nahm einen einzelnen Knochen und schwamm zurück zum Deck; er sah hinauf zum Licht, zur Silhouette des Bootes. Und er wandte sich ab und zog sich zu den Aufbauten des gesunkenen Schiffes hinauf. Er untersuchte alle Schapps und Kammern, er öffnete jedes Schott, das er fand, aber überall war nur Dunkelheit und Schlamm, und er entdeckte nichts von dem, was er zu finden gehofft hatte.

Und er gab dem Jungen das Signal mit der Leine, und der Junge zog ihn Hand über Hand ans Licht; er spürte nicht einmal den Druck der Leine auf der Brust, als er hinaufgezogen wurde, er glich den Zug nicht mit den Händen aus, er hing ohne Bewegung und wie leblos am Seil, und der Junge holte ihn rauf.

Baraby kletterte ins Boot. Der Junge zog an der Ankerleine und brach den Anker aus dem Grund. Dann setzte er sich auf eine Ducht. Der Mann hatte sich angezogen und sah blaß und müde aus. Sie saßen einander gegenüber, sie saßen reglos unter der sengenden Sonne, und die Strömung erfaßte das Boot und trieb es lautlos gegen die Halbinsel.

1952

Die Flut ist pünktlich

Zuerst sah er ihren Mann. Er sah ihn allein heraustreten aus dem flachen, schilfgedeckten Haus hinter dem Deich, den Riesen mit dem traurigen Gesicht, der wieder seine hohen Wasserstiefel trug und die schwere Joppe mit dem Pelzkragen. Er beobachtete vom Fenster aus, wie ihr Mann den Pelzkragen hochschlug, gebeugt hinaufstieg auf den Deich und oben im Wind stehenblieb und über das leere und ruhige Watt blickte, bis zum Horizont, wo die Hallig lag, ein schwacher Hügel hinter der schweigenden Einöde des Watts. Und während er noch hinüberblickte zur Hallig, stieg er den Deich hinab zur andern Seite, verschwand einen Augenblick hinter der grünen Böschung und tauchte wieder unten neben der tangbewachsenen eisernen Spundwand auf, die sie weit hinausgebaut und mit einem Steinhaufen an der Spitze gesichert hatten. Der Mann ging in die Hocke, rutschte das schräge Steinufer hinab und landete auf dem weichen, grauen Wattboden, der geriffelt war von zurückweichendem Wasser, durchzogen von den scharfen Spuren der Schlickwürmer; und jetzt schritt er über den weichen Wattboden, über das Land, das dem Meer gehörte; schritt an einem unbewegten Priel entlang, einem schwarzen Wasserarm, der wie zur Erinnerung für die Flut dalag, nach sechs Stunden wieder zurückzukehren und ihn aufzunehmen mit steigender Strömung. Er schritt durch den Geruch von Tang und Fäulnis, hinter Seevögeln her, die knapp zu den Prielen abwinkelten und suchend und schnell pickend voraustrippelten; immer weiter entfernte er sich vom Ufer, in Richtung auf die Hallig unter dem Horizont, wurde kleiner, wie an jedem Tag, wenn er seinen Wattgang zur Hallig machte, allein, ohne seine Frau. Zuletzt war er nur noch ein wandernder Punkt in der dunklen Ebene des Watts, unter dem großen und grauen Himmel hier oben: er hatte Zeit bis zur Flut…

Und jetzt sah er von seinem Fenster aus die Frau. Sie trug einen langen Schal und Schuhe mit hohen Absätzen; sie kam unter dem Deich auf das Haus zu, in dem er wartete, und sie winkte zu seinem Fenster hinauf. Dann hörte er sie auf der Treppe, hörte, wie sie die Tür öffnete, zögernd von hinten näher kam, und jetzt wandte er sich um und sah sie an.

»Tom«, sagte sie, »oh, Tom«, und sie versuchte dabei zu lächeln und ging mit erhobenen Armen auf ihn zu.

»Warum hast du ihn nicht begleitet?« fragte er.

Sie ließ die Arme sinken und schwieg; und er fragte wieder: »Warum bist du mit deinem Mann nicht rübergegangen zur Hallig? Du wolltest einmal mit ihm rübergehen. Du hattest es mir versprochen.«

»Ich konnte nicht«, sagte sie. »Ich habe es versucht, aber ich konnte es nicht.«

Er blickte zu dem Punkt in der Verlorenheit des Watts, die Hände am Fensterkreuz, die Knie gegen die Mauer gedrückt, und er spürte den Wind am Fenster vorbeiziehen und wartete. Er merkte, wie die Frau sich hinter ihm in den alten Korbstuhl setzte, es knisterte leicht, ruckte und knisterte, dann war sie still, nicht einmal ihr Atem war zu hören.

Plötzlich drehte er sich um, blieb am Fenster stehen und beobachtete sie; starrte auf das braune Haar, das vom Wind versträhnt war, auf das müde Gesicht und die in ruhiger Verachtung herabgezogenen Lippen, und er sah auf ihren Nacken und die Arme hinunter bis zu ihrer schwarzen, kleinen Handtasche, die sie gegen ein Bein des alten Korbstuhls gelehnt hatte.

»Warum hast du ihn nicht begleitet?« fragte er.

»Es ist zu spät«, sagte sie. »Ich kann nicht mehr mit ihm zusammensein. Ich kann nicht allein sein mit ihm.«

»Aber du bist mit ihm hier raufgekommen«, sagte er.

»Ja«, sagte sie. »Ich bin mit ihm auf die Insel gekommen, weil er glaubte, es ließe sich hier alles vergessen. Aber hier ist es noch weniger zu vergessen als zu Hause. Hier ist es noch schlimmer.«

»Hast du ihm gesagt, wohin du gehst, wenn er fort ist?«

»Ich brauche es ihm nicht zu sagen, Tom. Er kann zufrieden sein, daß ich überhaupt mitgefahren bin. Quäl mich nicht.«

»Ich will dich nicht quälen«, sagte er, »aber es wäre gut gewesen, wenn du ihn heute begleitet hättest. Ich habe ihm nachgesehen, wie er hinausging, ich stand die ganze Zeit am Fenster und beobachtete ihn draußen im Watt. Ich glaube, er tat mir leid.«

»Ich weiß, daß er dir leid tut«, sagte sie, »darum mußte ich dir auch versprechen, ihn heute zu begleiten. Ich wollte es deinetwegen tun; aber ich konnte es nicht. Ich werde es nie können, Tom. – Gib mir eine Zigarette.«

Der Mann zündete eine Zigarette an und gab sie ihr, und nach dem ersten Zug lächelte sie und zog die Finger durch das braune, versträhnte Haar. »Wie sehe ich aus, Tom?« fragte sie. »Sehe ich sehr verwildert aus?«

»Er tut mir leid«, sagte der Mann.

Sie hob ihr Gesicht, das müde Gesicht, auf dem wieder der Ausdruck einer sehr alten und ruhigen Verachtung erschien, und dann sagte sie: »Hör auf damit, Tom. Hör auf, ihn zu bemitleiden. Du weißt nicht, was gewesen ist. Du kannst nicht urteilen.«

»Entschuldige«, sagte der Mann. »Ich bin froh, daß du gekommen bist«, und er ging auf sie zu und nahm ihr die Zigarette aus der Hand. Er drückte sie unterm Fensterbrett aus, rieb die Reste der kleinen Glut herunter, wischte die Krümel weg und warf die halbe Zigarette auf eine Kommode. Die untere Seite des Fensterbretts war gesprenkelt von den schmutzigen Flecken ausgedrückter Zigaretten. Ich muß sie mal abwischen, dachte er; wenn sie weg ist, werde ich die Flecken abwischen, und jetzt trat er neben den alten Korbstuhl, faßte ihn mit beiden Händen oben an der Lehne und zog ihn weit hintenüber.

»Tom«, sagte sie, »oh, Tom, nicht weiter, bitte, nicht weiter, ich falle sonst, Tom, du kannst das nicht halten.« Und es war eine glückliche Angst in ihrem Gesicht und eine erwartungsvolle Abwehr…

»Laß uns hier weggehen, Tom«, sagte sie danach, »irgendwohin. Bleib noch bei mir.«

»Ich muß mal hinaussehen«, sagte er, »einen Augenblick.«

Er ging zum Fenster und sah über die Einsamkeit und Trübnis des Watts; er suchte den wandernden Punkt in der Einöde draußen, zwischen den fern blinkenden Prielen, aber er konnte ihn nicht mehr entdecken.

»Wir haben Zeit bis zur Flut«, sagte er. »Warum sagst du das nicht? Du bist immer nur zu mir gekommen, wenn er seinen Wattgang machte zur Hallig raus. Sag doch, daß wir Zeit haben für uns bis zur Flut. Sag es doch.«

»Ich weiß nicht, was mit dir los ist, Tom«, sagte sie, »warum du so gereizt bist. Du warst es nicht in den letzten zehn Tagen. In den letzten zehn Tagen hast du mich auf der Treppe begrüßt.«

»Er ist dein Mann«, sagte er gegen das Fenster. »Er ist noch immer dein Mann, und ich hatte dich gebeten, heute mit ihm zu gehen.«

»Ist es dir heute eingefallen, daß er mein Mann ist? Es ist dir spät eingefallen, Tom«, sagte sie, und ihre Stimme war müde und ohne Bitternis. »Vielleicht ist es dir zu spät eingefallen. Aber du kannst beruhigt sein: er hat aufgehört, mein Mann zu sein, seitdem er aus Dhahran zurück ist. Seit zwei Jahren, Tom, ist er nicht mehr mein Mann. Du weißt, was ich von ihm halte.«

»Ja«, sagte er, »du hast es mir oft genug erzählt. Aber du hast dich nicht von ihm getrennt; du bist bei ihm geblieben, zwei Jahre, du hast es ausgehalten.«

»Bis zum heutigen Tag«, sagte sie, und sie sagte es so leise, daß er sich vom Fenster abstieß und sich umdrehte und erschrocken in ihr Gesicht sah, in das müde Gesicht, über das jetzt eine Spur heftiger Verachtung lief.

»Ist etwas geschehen?« fragte er schnell.

»Was geschehen ist, geschah vor zwei Jahren.«

»Warum hast du ihn nicht begleitet?«

»Ich konnte nicht«, sagte sie, »und jetzt werde ich es nie mehr brauchen.«

»Was hast du getan?« fragte er.

»Ich habe versucht zu vergessen, Tom. Weiter nichts, seit zwei Jahren habe ich nichts anderes versucht. Aber ich konnte es nicht.«

»Und du bist bei ihm geblieben und hast dich nicht getrennt von ihm«, sagte er. »Ich möchte wissen, warum du es ausgehalten hast.«

»Tom«, sagte sie, und es klang wie eine letzte, resignierte Warnung, »hör mal zu, Tom. Er war mein Mann, bis sie ihm den Auftrag in Dhahran gaben und er fortging für sechs Monate. So lange war er es, und als er zurückkam, war es aus. Und weil du dein Mitleid für ihn entdeckt hast heute, und weil du wohl erst jetzt bemerkt hast, daß er mein Mann ist, will ich dir sagen, was war. Er kam krank zurück, Tom. Er hat sich in Dhahran etwas geholt, und er wußte es. Er war sechs Monate fort, Tom, sechs Monate sind eine Menge Zeit, und es gibt viele, die es verstehen, wenn so etwas passiert. Vielleicht hätte ich es auch verstanden, Tom. Aber er war zu feige, es mir zu sagen. Er hat mir kein Wort gesagt.«

Der Mann hörte ihr zu, ohne sie anzusehen; er stand mit dem Rücken zu ihr und sah hinaus, sah den grünen Wulst des Deiches entlang, der in weitem Bogen zum Horizont lief. Ein Schwarm von Seevögeln kam von den Prielen draußen im Watt zurück, segelte knapp über den Deich und fiel in jähem Sturz in das Schilf bei den Torfteichen ein. Sein Blick lief suchend; über das Watt zur Hallig, wo sich jetzt der wandernde Punkt lösen mußte; jetzt mußte er die Rückwanderung antreten, um vor der Flut auf dem Deich zu sein: er war nicht zu erkennen.

»Und du bist zwei Jahre bei ihm geblieben«, sagte der Mann. »So lange hast du es ausgehalten und nichts getan.«

»Ich habe zwei Jahre gebraucht, um zu begreifen, was passiert ist. Bis heute morgen hat es gedauert. Als ich ihn begleiten sollte, habe ich es gemerkt, Tom, und du hast mir geholfen dabei, ohne daß du es wolltest. Du hast aus Mitleid oder aus schlechtem Gewissen verlangt, daß ich ihn begleiten sollte.«

»Er ist immer noch nicht zu sehen«, sagte der Mann. »Wenn er vor der Flut hier sein will, müßte er jetzt zu erkennen sein.«

Er öffnete das Fenster, befestigte es gegen den Widerstand des Windes mit eisernen Haken und blickte über das Watt.

»Tom«, sagte sie, »oh, Tom. Laß uns weggehen von hier, irgendwohin. Laß uns etwas tun, Tom. Ich habe so lange gewartet.«

»Du hast dir lange etwas vorgemacht«, sagte er, »du hast versucht, etwas zu vergessen, und dabei hast du gewußt, daß du es nie vergessen kannst.«

»Ja«, sagte sie, »ja, Tom. So etwas kann kein Mensch vergessen. Wenn er es mir gleich gesagt hätte, als er zurückkam, wäre alles leichter gewesen. Ich hätte ihn verstanden, vielleicht, wenn er nur ein Wort gesagt hätte.«

»Gib mir das Fernglas«, sagte er.

Die Frau zog das Fernglas vom Bettpfosten, gab es ihm mit dem ledernen Etui, und er öffnete es, hob das Glas und suchte schweigend das Watt ab. »Ich kann ihn nicht finden«, sagte der Mann, »und im Westen kommt die Flut.«

Er sah die Flut in langen Stößen von Westen herankommen, flach und kraftvoll über das Watt hin ziehend; sie rollte vor, verhielt einen Augenblick, als ob sie Atem schöpfe, und stürzte sich in Rinnen und Priele, und kam dann wieder schäumend aus ihnen hervor, bis sie die eiserne Spundwand erreichte, sich sammelte und hochstieg an ihr und unmittelbar neben dem schrägen Steinufer weiterzog, so daß die dunkle Fläche des Watts gegen Osten hin abgeschnitten wurde.

»Die Flut ist pünktlich«, sagte er. »Auch dein Mann war pünktlich bisher, aber ich kann ihn jetzt nicht sehen.«

»Laß uns weggehen von hier, Tom, irgendwohin.«

»Er kann es nicht mehr schaffen! Hörst du, was ich sage? Er ist abgeschnitten von der Flut, weißt du das?«

»Ja, Tom.«

»Er war jeden Tag pünktlich zurück, lange vor der Flut. Warum ist er noch nicht da? Warum?«

»Seine Uhr, Tom«, sagte sie, »seine Uhr geht heute nach.«

1953

Küste im Fernglas

Lauschend kam der dicke Burow aus dem Gasthaus heraus, als über der glatten morgendlichen Bucht das Tuckern der auslaufenden Fischkutter erklang. Schwerfällig, angetan nur mit Hose und kragenlosem Hemd, stieg er die Zementstufen der schäbigen Veranda hinab, ging lauschend weiter durch das kalte Gras, überquerte den Hügel und trat unter das Teerdach des zur Bucht offenen Schuppens. Bedächtig zog er aus einer Hosentasche ein Fernglas hervor, setzte sich auf einen Hauklotz und hob das Glas an die müden, geröteten Augen: scharf, in ausgestochenen Scheiben, erschien die Steilküste auf der anderen Seite der Bucht; körniger, kreidiger Fels wurde deutlich, steile Rinnen, die der Regen gerissen hatte, und über der Steilküste, hingebogen vom ewigen Wehen des Ostwindes, tauchten in den münzrunden Ausschnitten Strandkiefern auf, schräge Stämme mit niedergezwungenen Kronen, die bis zum äußersten Ende der Bucht wuchsen, dort, wo die Steilküste jäh abwinkelte. Suchend senkte der Mann das Glas, senkte es so weit, bis er die schwarzen ausgespülten Löcher unten am kreidigen Felsen erkannte; weiter lief sein Blick, weiter am Fuß der Felsen entlang, über das flache grauschimmernde Wasser, aus dem sich einzelne Felsbrocken heraushoben, rundgewaschen von der See. Ohne abzusetzen, richtete er das Glas hinaus auf das Wasser: draußen, wo die Steilküste abwinkelte, krauste und riffelte es sich, warf kurze Wellen im

Zusammenstoß zweier Strömungen; zur Mitte der Bucht hin wurde das Wasser dunkler, tiefgrün über der Fahrrinne, die in der Mündung des Flusses lag, und auf seiner Seite, wo das Land flach zur See auslief, mit einem breiten, sandigen Strand, hatte das Wasser einen hellbraunen Schimmer. Suchend lief sein Blick darüber hin, streifte die kleinen Fischkutter, die unter gleichmäßigem Tuckern in Kiellinie ausfuhren, und glitt jetzt prüfend den Sandstrand hinab: ein zerschlagener Kutter erschien in den ausgestochenen Scheiben des Fernglases, die von der Sonne gebleichten Trockenpfähle für die Netze, die beiden Landungsstege dann und schließlich das Dorf. Friedlich lagen die Fischerkaten da. Räuchertonnen standen hinter den angebauten Schuppen, Stapel von Bretterzeug, weißgewaschenes Schnittholz, das sie aus der See gefischt hatten. Eine schmutzige Linie lief durch den Sand: verdorrter Tang, den der letzte Sturm auf Land geworfen hatte, Lappenreste, verrostete Schachteln und zerbrochene Korkstücke – eine Markierung, die der letzte Sturm wie zur Erinnerung daran zurückgelassen hatte, wie weit er hinaufgeschlagen war auf den Strand.

Bis zur Mündung des schnell fließenden Flusses suchte der Mann die Bucht ab, bis zur Stelle, wo das Land allmählich zu steigen, sich zu erheben begann und als Steilküste die eine Seite der Bucht begrenzte. Wie jeden Morgen suchte er ergebnislos. Seufzend stand er vom Hauklotz auf, ein schwerer Mann mit bekümmertem Karpfengesicht; Müdigkeit in den Augen, Müdigkeit um den kleinen, trockenen Mund, so stand er frierend in der klaren, kalten Luft jenes Morgens. Sein Gesicht war blaß; es hatte die Blässe eines angedünsteten Fisches, und eine Spur von verstörter Traurigkeit zeigte sich auf ihm. Langsam kam er aus dem Schuppen hervor, steckte das Fernglas in die Hosentasche, stopfte den schmalen Lederriemen nach und stand und sah mit bloßem Auge auf die gekalkten Wände der Katen hinab. Die Wände leuchteten in der frühen Sonne. Zögernd, nach einem schnellen Blick zum Gasthaus hinüber, trat Burow auf den ausgefahrenen Sandweg, der zu den sauberen, gekalkten Katen hinabführte, zwischen ihnen hindurch und weiter bis zu den Landungsstegen. Ohne Eile ging er, während das Glas bei jedem Schritt gegen seinen Oberschenkel stieß, den Sandweg hinab; Fische, Kistenholz und Teer strömten einen strengen Geruch aus, der immer stärker wurde, je näher er den Katen kam. Die Katen waren grob verputzt, dickwandig, mit kleinen Fenstern zur Seeseite hin, Fenstern wie Gucklöcher; vor den Fenstern hingen grobe, gehäkelte Gardinen; und in die rauchigen, schwarzen Türpfosten waren Kerben eingeschnitten, eckige Zahlen, eckige Namen. Ausgetreten, gesprungen manchmal waren die Steintreppen, die in die lichtlosen Flure führten; neben den Steintreppen standen Bänke, kurz, gedrungen, mit trockenen Fischschuppen bedeckt, die weißgrau schimmerten. Ruhig ging der Mann an den alten Katen vorbei, an den angebauten Schuppen, die gefüllt waren mit gespaltenem Holz, mit Säcken voll Sägespänen, und in denen an breiten Haken in der Längswand schwere Riemen hingen, Drahtrollen und Stangen mit Aalgabeln. An einer Feuerstelle vorbei, auf der ein Kessel zum Kochen der Netze stand, ging er hinunter zum Strand, zu dem zerschlagenen Kutter, den sie aus dem Wasser geschleppt hatten. Die Spanten des Kutters standen in der Luft, gebogen und ausgedörrt wie Rippen. Burow sah, daß jetzt auf dem zertrümmerten Bug des Kutters ein Mann saß, ein Alter mit speckiger Joppe, mit Schirmmütze und nikotingelbem Bartkranz. Den Oberkörper auf einen Stock gestützt, blickte er über die Bucht, blickte den Kuttern nach, die mit dumpf tuckerndem Geräusch hinter der Steilküste verschwanden. Der

Alte war mager. Es war Feddersen. Burow erkannte ihn wieder, und er ging langsam, mit knirschenden Schritten auf ihn zu. Leicht hob der Alte den Stock zum Gruß, sein Kopf begann zu nicken, die wässrigen Augen schlossen sich fast ganz unter einem freundlichen Grinsen, das die Haut straffte, sein Gesicht starr und maskenhaft machte. Feddersen war der älteste Fischer im Dorf. Seine Haut war trocken und ausgezehrt, die Gelenke steif, die Finger gekrümmt, er sah aus, als ob ihn das Salz der See überkrustet, eingepökelt hätte.

»Nu«, machte er freundlich, »nu«, und hob fragend die Schultern. »Wieder nichts«, sagte Burow leise. Das müde Gesicht mit den geröteten Augen senkte sich: »Alles habe ich abgesucht, die Steilküste drüben, die Mündung, die ganze Bucht; wieder nichts. Ich werde sie nicht mehr sehen.«

Der Alte blickte sorgfältig den Strand hinab, zur Steilküste hinüber und weit über die Bucht; er hob den Stock dabei, drehte ihn langsam in Hüfthöhe, beschrieb einen offenen Kreis: niemals stand der Stock still, und der Mann stieß ihn wieder in den Sand und schüttelte den Kopf.

»Nu«, machte er, »nu.«

»Vor der Bucht war es«, sagte Burow. »Am Ausgang der Bucht sind sie gekentert, und da ist sie ertrunken. Das Boot wurde angetrieben, auch ein Kissen wurde angetrieben – nur sie nicht, meine Frau hat keiner gefunden.«

Der Alte hustete, schluckte angestrengt; eine kleine Öffnung entstand im nikotingelben Bart: »Im Frühjahr«, sagte er freundlich, »im Frühjahr wird sie antreiben der Wind. Das Frühjahr is gut dafür; dann steht der Wind auf der Bucht und bringt alles an Land. Aufs Frühjahr is Verlaß, Herr.«

Ein mildes Erschrecken glitt über das müde Gesicht Burows, zeigte sich in den traurigen Augen.

»Nein«, sagte er, »ich bin nur gekommen, um sie zu begraben. Bis zum Frühjahr kann ich nicht warten, ich muß zurück in mein Geschäft.«

»Aufs Frühjahr is man mehr Verlaß als auf den Herbst«, sagte der Alte. »Is schön bei uns im Frühjahr, große Aale, geräucherte Flundern.«

Burow trat an ihn heran, suchte seinen wässrigen Blick, roch den strengen Geruch des Alten, einen Geruch nach Fischen und Kautabak, und er sprach flüsternd in das hautstraffe Gesicht hinein: »Sie war nicht allein im Boot, aber von ihm hört man gar nichts, niemand weiß, was mit ihm geschehen ist, mit dem Vertreter, der sie rausgebracht hat. Vertreter war er, weiter nichts; mit ihm ist sie weggegangen, an einem Sonnabendmorgen, am Tag, wo am meisten zu tun ist. Ein kleiner Vertreter war er, der nichts hatte als sein Fixum und seine Bügelfalten. Vom Segeln verstand er nichts: nur das Boot wurde angetrieben und das Kissen. Niemand weiß, was mit ihm geschehen ist.«

»Im Frühjahr«, sagte der Alte, »im Frühjahr steht der Wind auf der Bucht und bringt alles an Land, auch Vertreter. Im Frühjahr is man viel zu finden hier, da is schon manch einer überrascht worden. Was sich die Fische nicht holen und die Strömung nicht fortnimmt, das bringt der Wind alles an Land.«

Er hustete, würgte, sein Gesicht verfärbte sich; krampfhaft umschlossen die Finger den Stock, so daß die Knöchel weiß anliefen, dann spuckte er kräftig aus und lächelte. Lächelnd wartete er, bis sich sein Atem beruhigte, der Druck auf der Brust nachließ. »Im großen Frühjahr is alles besser«, sagte er mühsam, »wenn man nur erst der nächste Winter vorbei is.«

Das Tuckern der Fischkutter war nicht mehr zu hören, nacheinander waren sie hinter der Steilküste verschwunden; leer lag die Bucht jetzt da, durchschnitten von dem tiefgrünen Streifen der Flußmündung, auf dem treibende Möwen saßen, Heringsmöwen mit gelben Schnäbeln, roten Augen und schiefergrauen Flügeln. Sie saßen auf dem glatt strömenden Wasser, ließen sich hinaustreiben aus der Bucht und kehrten in kreischendem Flug wieder zur Mündung zurück.

Burow sah hinüber zu einer kreischenden Gruppe von Möwen, als er unvermutet eine Berührung spürte, eine kurze streifende Berührung vom Stock des Alten; überrascht wandte er sich um. Der Alte machte ihm ein vergnügtes Zeichen, hinter sich zu blicken, zu den Katen, ein Zeichen auch, nicht zu sprechen, und er blickte stumm in die Richtung, in die der Stock wies. Die verschrammte Eisenspitze des Stockes zitterte leicht, sie zeigte auf eine Kate mit tief herabgezogenem Schilfdach, auf ein niedriges Seitenfenster, aus dem behutsam, ruckweise ein verschnürter Karton gestoßen wurde. Lautlos beinahe fiel der Karton in den Sand, und gleich darauf erschien das mißtrauische Gesicht eines Jungen neben dem Türpfosten: blondes, stumpfes Haar, breite Wangen und starke Kiefer, die an die großen Kiemen eines Kaulbarsches erinnerten; hastig lauschte der Junge über die Bucht, horchte in die Kate zurück und schlüpfte schließlich barfuß die Steintreppen hinab und um die Ecke der Kate zu seinem Karton. Er griff mit beiden Händen unter die Schnur des Kartons, hob ihn hoch und entfernte sich rückwärts gehend von der Kate; rückwärts gehend näherte er sich den Männern, bis er sich plötzlich instinktiv umwandte und erschrocken den Alten entdeckte und Burow. »Nu«, machte der Alte vergnügt, »nu«, und mit fröhlichem Glucksen sagte er: »Is man zu früh zum Reisen, Jungchen, solltest bis zum großen Frühjahr warten.«

Der Junge sah ihn zaudernd mit erschrockenem Lächeln an, er sah zur Kate zurück und dann, forschend und unruhig, in das blasse Karpfengesicht Burows, in die vor Müdigkeit geröteten Augen, die ihn rätselhaft musterten, mit rätselhaftem Vorwurf.

»Ich – ich muß weiter«, sagte der Junge.

»Nein«, sagte Burow, »du bleibst hier. Du gehst jetzt nicht weg. Du wirst mir erst sagen, woher du den Schal hast: es ist der Schal meiner Frau.«

Der Alte legte den Kopf auf die Seite, neugierig, freundlich grinsend betrachtete er den Schal, den der Junge lose gebunden über einem verwaschenen Leinenhemd trug.

»Woher hast du den Schal?« fragte Burow.

Der Junge nickte zur Bucht hinüber; er stand jetzt in lauernder Haltung da, fluchtbereit, den Karton in beiden Händen.

»Hast du den Schal gefunden?«

»Vater«, sagte der Junge, »er hat ihn rausgeholt mit den Dorschangeln, der Schal war an zwei Haken fest.«

»Gib ihn her. Es ist der Schal meiner Frau; sie hat ihn von mir.«

Vorsichtig trat der Junge einen Schritt zurück, duckte sich, wandte sich unerwartet um und lief, den Karton gegen die Brust gedrückt, den Strand hinauf; lief weiter, ohne sich umzusehen, über den flachen Grünstrich, zwischen angepflockten Ziegen vorbei, weiter um die Katen herum bis zum Sandweg, der ansteigend am Schuppen des Gasthauses vorbeiführte und durch einen lichten Buchenwald hinaus aus dem Dorf. Auch als er auf der Höhe des Gasthauses war, dieses vernachlässigten, fremdartigen Hauses, das aussah wie eine Geschwulst des Hügels, sah er nicht zurück, lief mit seinem Karton und der Angst. Burow machte keinen Versuch, ihn einzuholen.

»Nu«, gluckste der Alte, »nu«, und er drückte sich vom Gerippe des Kutters ab, ging stockend in Richtung der Flußmündung, und Burow folgte ihm. Der Sand knirschte unter ihren Schritten. Eine Seeschwalbe stürzte wie ein Geschoß ins Wasser, tauchte auf und flog davon.

»Es war ihr Schal«, sagte Burow, »sie hat ihn zum Urlaub bekommen.«

»War in der Dorschangel«, sagte der Alte, »schön festgehakt, so fest wie der Matrose damals mit den feinen Stiefeln: vier Jahr, Herr, hab ich die Stiefel können tragen. Und der Bosack hat die Hosen können brauchen. Im Frühjahr is oft was drin in den Angeln, was paßt.« »Ich wollte sie nur begraben«, sagte Burow. »Wenn sie nicht tot wäre – wahrscheinlich wäre ich dann nicht gekommen. Aber sie muß ertrunken sein, sonst hätte sie sich gemeldet.«

Sie gingen bis zum Fluß vor der Mündung, sie blickten schweigend den schnell strömenden Lauf des Flusses hinauf; lautlos floß er heran, zerrend an überhängendem Weidengestrüpp, an losem Astgeflecht; heftig schwankte, zitterte Hechtkraut in der Strömung, Blätter trieben vorbei, kleine Grasinseln, die, von den Strudeln erfaßt, herumgewirbelt und gegen das Ufer gedrückt wurden, einen Augenblick nur, denn gleich riß das drängende Wasser sie wieder los, führte sie zur Mitte, drehend, ein grünes Karussell auf dem dunklen Lauf des Flusses.

Burow zog das Fernglas aus der Tasche, hob es an die Augen, während der Alte ihn grinsend beobachtete; langsam drehte sich das Glas, und jetzt, ja, jetzt erschien in dem münzrunden Ausschnitt ein laufender Junge mit einem Karton auf der Schulter, über die zerrissene Steilküste lief er dahin, auf einem schmalen Weg, der in die Strandkiefern führte. Und bevor er noch die Strandkiefern erreicht hatte, sah Burow eine Frau sich von der Erde erheben, sah, wie sie auf den Jungen zutrat und ihm das Paket abnahm. Er erkannte sie wieder, es war seine Frau. Er beobachtete, wie sie dem Jungen etwas gab und dann allein zu den Strandkiefern ging und in einer Bodenwelle verschwand. Der Alte zupfte ihn am Ärmel.

»Is da was?« fragte er.

»Nein«, sagte Burow, »da ist nichts.«

»Wer ertrinkt, is man tot«, sagte der Alte freundlich.

»Ja«, sagte Burow.

1958

Der Anfang von etwas

Mühsam kam Harry Hoppe die Pier herab. Mit vorgelegtem Oberkörper, in einer Hand einen Pappkoffer, in der andern einen verschnürten Karton, so stemmte er sich gegen das böige Schneetreiben, das schon in der Dunkelheit jenes Silvestermorgens eingesetzt hatte. Kalt zog es von den Speichern her, von den naßglänzenden Bergen der Bunkerkohle; Eisschollen trieben im schwarzen Wasser des Stroms, kreisten in der Strömung, schrammten splitternd an der Mauer entlang; Böen fuhren scharf über sie hin, riffelten, krausten die offenen Stellen des Wassers zwischen den treibenden Eisschollen. Unter dem Schneetreiben kam Hoppe hervor, nur ein Schatten zuerst, eine mühsame Ankündigung seiner selbst; kam hervor auf der äußersten Kante der Pier, angestrengt, mit gesenktem Gesicht, und gegen die Stöße des Winds, der seine Arme mit den Gepäckstücken auseinanderzuzwingen suchte, den Mantel gegen den Körper preßte, kam er unaufhaltsam herab bis zur grünen Zollbude. Als er im Windschutz der Zollbude war, blickte er zum ersten Mal auf, und er blickte in das graue Gesicht eines Mannes, der mit der Schulter an der Bude lehnte und ihn beobachtete. Es war ein alter Mann in schmieriger Joppe, mit riesigen Schuhen an den Füßen; ein schlapper Rucksack, aus dem oben eine Wasserwaage heraussah, hing über seinem Rücken; zwischen den Händen hielt er eine bläulich schimmernde Säge, die in der Mitte mit Sackresten umwickelt war. Reglos stand er da, nur der vernarbte Stummel seines Zeigefingers bewegte sich, glitt knapp über das bläulich schimmernde Band der Säge. Hoppe setzte den Koffer ab, den verschnürten Karton, er stäubte den Schnee aus dem Halsausschnitt, klopfte die Schuhe an der Holzbude ab und trat nah an den Mann mit der Säge heran, der ihn aufmerksam und argwöhnisch beobachtete. Aus dem Windschatten sah Hoppe den Weg zurück, den er gekommen war, sah über die treibenden Eisschollen und den Strom hinab: schräg ging der Schnee nieder, wie hinter gespannten Schnüren eines weißen Gitters verbarg er das andere Ufer, die Werft, die kahle Böschung; wirbelnd stob der Schnee auseinander, wenn Böen in das Gitter einschlugen, wurde explosionsartig hochgeworfen und flach niedergedrückt auf das Wasser. Während sein Gesicht dem Strom zugekehrt war, blickte Hoppe aus den Augenwinkeln auf den Alten, der in argwöhnischer Reglosigkeit dastand, nur mit dem Stummel des Zeigefingers leicht über die Säge rieb.

»Mieser Tag«, sagte Hoppe, und er drehte sich um, so daß er den Alten fast berührte, musterte ihn einen Augenblick und sprach dann in das graue Gesicht hinein: »Mein Schiff ist weg, es hat hier gelegen, an dieser Pier… es kann noch nicht lange her sein. Es ist ein Feuerschiff, wir waren zur Reparatur in der Werft.« Der Mann mit der Säge schwieg, sein Gesicht bewegte sich nicht, reglos lehnte er an der Budenwand.

»Hier hat es gelegen«, sagte Hoppe und wies auf die schmutzige Pier, »an dieser Stelle war es festgemacht. Vielleicht haben Sie es gesehen, es kann noch nicht lange her sein, daß sie ausliefen.«

»Nix«, sagte der Alte, »nix«; er schluckte, schüttelte den Kopf, so als habe er nie etwas gesehen, und selbst wenn er etwas gesehen hätte, er nicht bereit wäre, das in diesem Augenblick oder überhaupt jemals zuzugeben. Sein Zeigefinger lag jetzt still auf dem Blatt der Säge, sein Blick löste sich vom andern und lief über den Strom, woher klagend, verstümmelt durch das Schneetreiben, die Rufsignale einer Barkasse zu ihnen drangen. Die Barkasse blieb unsichtbar.

»Sie können nicht lange weg sein«, sagte Hoppe.

Der Alte schwieg und sah abweisend über ihn hinweg, hob gleichgültig die Schultern, starrte auf die kreisenden Eisschollen, die glattgespült waren an den Rändern, von milchiger Bläue und die in ihrer Mitte verkrustete Schneeklumpen trugen, Holzstücke oder zerbeulte Blechdosen.

»Es hat keinen Zweck«, sagte Hoppe, und er spürte, daß er es zu sich selbst sagte, »es lohnt sich nicht, zu warten. Jetzt werden sie bald auf Position sein: ich geh nach Haus.« Er nahm den Koffer auf, den verschnürten Karton, sah noch einmal den Strom hinab, nickte gegen den Rücken des reglos dastehenden Alten und ging. Er ging zwischen den Speichern hindurch, über einen schienendurchschnittenen Platz und eine Bergstraße hinauf, in der dreckige Kinder ein lautloses Spiel spielten: schweigend, ärgerlich warteten sie, bis er vorbei war. Im Windschutz einer bröckeligen Mauer ging er die Bergstraße zu Ende, durchquerte zugige Anlagen, ging weiter zu einem U-Bahnschacht und bog in eine Straße ab, die nur aus Buden bestand, aus Kneipen und natürlich geheizten Varietés. Zischend flog ein Knallfrosch über eine Mauer, lag glimmend einen Augenblick da, erhob sich plötzlich unter wilden kleinen Explosionen und wurde auf die Straßenbahnschienen hinausgeschleudert.

Hoppe blieb stehen, er wandte sich um, sah unschlüssig auf den schwarzen U-Bahnschacht, auf die gedrungene Frau in dem langen Mantel, die auf einem Klapphocker vor dem Eingang Zeitungen verkaufte, und während er zurücksah, dachte er: ›Sie wird es früh genug erfahren, früh genug.‹

Weich erschien Annes Gesicht vor ihm, ein blasses Brötchengesicht, das nur aus Sauberkeit und Vorwurf bestand; er dachte an sie, hörte ihre Stimme, den immer gleichen, anklagenden Tonfall, der jeden Satz zu einem müden Kommando machte, er dachte an den seufzenden Überdruß ihrer Bewegungen, wenn sie die Krümel von seiner Tischseite ablas, Zigarettenasche vom Stuhl fegte; an ihren Blick dachte er, in dem die frühe Enttäuschung über die Ehe lag, und noch in der Erinnerung daran merkte er, wie er bereits weiterging durch die Straße der Buden und Kneipen.

Von fernher, aus der Stadt, waren dumpfe Detonationen zu hören, Kanonenschläge, die erstickt klangen im Schneetreiben; Hoppe erschrak jedesmal. Eine alte, sehr geschminkte Frau kam auf ihn zu, in einem Arm trug sie eine Milchflasche, im andern einen fetten gelben Hund; sie sah ihn mit einem drohenden Gesichtsausdruck an, er trat zur Seite, und sie bog hinter ihm ab in einen Torweg. An einem planierten Ruinenplatz vorbei ging er die Straße fast ganz hinab, begegnete mißmutigen Gesichtern, erwartungsvollen, roch den würgenden Geruch siedenden Bratenfetts, der aus den zugigen Buden herausdrang. Ein Schwärmer schoß schräg hinter ihm in die Luft, schraubte sich mit panischem Heulton in die Höhe und zerplatzte: die Straße der Buden und Kneipen kündigte schon Silvester an.

Hoppe blickte auf seinen Karton, er war angedunkelt von Feuchtigkeit, an der Unterseite war die Pappe durchgeweicht, die Schnur schnitt in die Finger. Langsam scherte er aus, ging auf ein nasses Eisenrohrgeländer zu und stieg die Zementstufen zu einer Kellerkneipe hinab. ›Sie wird es früh genug erfahren,‹ dachte er, ›und wenn Anne erfahren hat, daß ich das Schiff verpaßt habe, wird sie mir die Schuld geben und aufhören zu reden, so wie ihre Mutter aufgehört hatte mit ihr zu reden, wenn sie sie bestrafen wollte. Schweigen ist für sie nie etwas anderes gewesen als eine Strafe. Sie wird schon früh genug damit anfangen…‹ Er setzte den Karton ab, drückte den gerillten Türdrücker nach unten und spürte, wie der Drücker leicht und geräuschlos nachgab, und als er ihn losließ, öffnete sich die Tür, und vor dem Hintergrund einer braunen Filzportiere, dicht vor ihm, stand ein Mann mit Schirmmütze, dessen Gesicht von blauen Punkten gesprenkelt war wie von einer Ladung Schrot. Überrascht sahen sie sich an, dann ging der Mann an ihm vorbei, die Zementstufen hinauf auf die Straße. Hoppe schlug die Filzportiere zur Seite und betrat die Kneipe, trat in einen dämmrigen Raum, der von einem warmen, süßlichen Geruch erfüllt war; der Boden war mit Sägespänen bestreut, die Tischplatten waren geschrubbt, matt schimmerten sie in der Dämmerung. Der Wirt, ein riesiger Mann in grauem Pullover, stand hinter der Theke, wie auf Lebenszeit eingezwängt stand er da, blickte jetzt von seiner Zeitung auf, musterte Hoppes Schuhe, seinen Mantel und das Gepäck und lächelte.

»Kein guter Tag«, sagte er.

»Nein«, sagte Hoppe.

Er setzte sich an einen geschrubbten Tisch. Über ihm, mit starren, rötlichen Augen, schwamm ein ausgestopfter Sägefisch träge durch den Zigarettenqualm; sanft drehte er sich in knarrenden Drähten. An der Decke lief eine flackernde Rußspur entlang, lief quer durch den Raum und verschwand hinter dem angelaufenen Rohr eines Kanonenofens. Der Tisch neben dem Kanonenofen war besetzt; ein Mann und eine Frau saßen an ihm; prüfend sahen sie zu Hoppe hinüber, einige Sekunden nur, dann begannen sie sich flüsternd zu unterhalten.

»Paula«, rief der Wirt, ohne von der Zeitung aufzublicken. Hinter einem Vorhang antwortete eine Frauenstimme, ein Topfdeckel schepperte, hastige Schritte erklangen hinter dem Vorhang, ein schwacher Fluch; unwillig wurde der Vorhang zur Seite geworfen, und eine Frau kam hinter der Theke hervor, eine junge Frau in schwarzem Pullover, mit weißer Schürze und zaghaftem Lächeln. Lächelnd kam sie an Hoppes Tisch, drückte ihren Leib gegen die Tischkante, wartete, und auf einmal verschwand das Lächeln von ihrem Gesicht, wurde überdeckt von einem leisen Erschrecken, das sie unwillkürlich zurückweichen ließ.

»Harry«, sagte sie, »oh, Harry.«

»Ja«, sagte er, und er sah an ihr vorbei in einen Reklamespiegel, in dem verschwommen sein Gesicht erschien: das aschblonde Haar, die steile und breite Stirn und die tiefliegenden Augen, eingerahmt von den goldenen Buchstaben einer Schnapsreklame. Gleichgültig blickte er das müde Gesicht an, es war noch jung, rotgefroren von der Kälte draußen, am Kinn klebte ein Papierschnipsel, mit dem eine Rasierwunde abgedeckt war.

»Wußtest du, daß ich hier bin?« fragte Paula.

»Nein«, sagte er, »ich wußte es nicht. Ich bin zufällig hier hereingekommen. Ich hab mein Schiff verpaßt heute morgen.«

»Du bist zur See gefahren?« fragte sie.

»Nein, ich war auf einem Feuerschiff, eine Wache nur. Wir lagen draußen am Minenzwangsweg, bei den wandernden Bänken.«

»Und jetzt?«

»Jetzt nichts«, sagte er. »Wir waren zur Reparatur im Dock,

und sie sind zu früh ausgelaufen oder ich bin zu spät an die Pier gekommen.«

»Ich arbeite jetzt hier«, sagte sie, »seit damals. Ich mußte etwas anfangen.«

Er nickte, sah in ihr blasses Gesicht, auf den kleinen aufgeworfenen Mund, der an die lauschenden Münder draller Friedhofsengel erinnerte. Das schwarze Haar war glatt zurückgekämmt, um den faltenlosen Hals trug sie eine dünne Kette. »Was möchtest du?« fragte sie.

»Schnaps«, sagte er, »einen klaren Schnaps und eine Brühe.«

»Die Brühe taugt nichts«, rief der Mann, der am Ofentisch saß, und wiegte warnend den Kopf. Er war betrunken. Seine Augen standen knopfartig hervor, und sein spitz zulaufendes, kinnloses Gesicht gab ihm das Aussehen einer Ratte.

»Also?« fragte Paula.

»Beides«, sagte Hoppe, und sie drehte sich um, streifte mit strengem Blick den kleinen Betrunkenen und ging hinter den Vorhang. Die rauchigen Wände der Kneipe waren mit Photographien bedeckt, in doppelter Reihe zogen sie sich um den ganzen Raum, und jetzt entdeckte Hoppe, daß es Photographien von berühmten Freistilringern waren: starräugig, das Kinn angezogen, mit ausgelegten Fäusten blickten sie auf die Tische hinab, musterten jeden, der dort saß, mit finsterer Feindseligkeit. Der kleine Betrunkene beobachtete, wie Hoppe die Reihe der Photographien entlangsah, und er rief verächtlich: »Sägemehl, die haben nischt als Sägemehl im Kopp, und ihr Bizeps is mit Luft gefüllt. Frag nur Henrietta, mein Junge, die weiß es.«

»Halt die Fresse«, sagte Henrietta. Sie richtete sich seufzend neben ihm auf, eine schwere Frau mit talgiger Haut, fett, Bitterkeit im jungen Gesicht; sie steckte in einem abgetragenen Pelzmantel, der sie umschloß wie ein durchgescheuertes Fell. Ihre fleischigen Finger krümmten sich in die Handflächen hinein, die Halsschlagader pulste. Sie warf das dichte, stumpfe Haar zurück, hob die Mantelecken auf und nahm einen Schluck.

»Wo ist denn dein Jankel Bubescu«, krähte der kleine Mann neben ihr, »er wollte doch wiederkommen. Seit drei Jahren wartest du, daß er zurückkommt. Und nun? Und nun? Vielleicht hat jemand die Luft aus seinem Bizeps gelassen, und die Luft aus seinem Gedächtnis dazu. Vielleicht ist aus deinem Panther von Przemysl ein alter Fahrradschlauch geworden.«

»Er wird wiederkommen«, sagte Henrietta leise.

Der kleine Betrunkene mit den Knopfaugen lachte.

»Warum?« rief er, »warum meinst du, daß er wird wiederkommen?«

»Weil er der feinste Mann ist, den es gibt. Noch nie ist in dieser Stadt ein so nobler Mann gewesen wie Bubescu, keiner reicht an ihn heran.«

»Ein Feigling war er, mit nischt wie Sägemehl im Kopp. Drei Jahre hat er dich warten lassen, und diese Jahre sind futsch, diese Jahre sind fftt.«

Der Wirt blickte ruhig von seiner Zeitung auf, blickte den Kleinen an und sagte: »Bubescu war ein feiner Mann, mehr ist in diesem Lokal nicht über ihn zu sagen.«

»So sieht das Lokal auch aus«, sagte der Kleine und stieß einen Pfiff aus, dünn und durchdringend wie eine Ratte.

»Kümmer dich um deinen Dreck«, sagte Henrietta.

Der Vorhang hinter der Theke bewegte sich, bauschte sich, Paula kam heraus, ging mit verstörtem Lächeln an Hoppes Tisch, setzte eine Tasse dampfender Brühe vor ihn hin, ein Glas Schnaps, und während sie noch servierte, sagte sie – und Hoppe wußte, daß sie sich das, was sie sagte, hinter dem Vorhang überlegt hatte: »Ich werde heiraten, Harry.«

Er antwortete nicht, er hob das Glas, nickte ihr zu und trank; angestrengt legte er den Kopf zurück, ließ den Alkohol über seine schmerzenden Backenzähne rinnen und schluckte und schüttelte sich.

»Immer noch die Zähne?« fragte sie.

»Ich hab's aufgegeben«, sagte er, »sie sehen sehr gut aus, aber alle sind lose. Zum Schluß bleibt mir nur die Zunge, um die Wunden zu lecken.«

»Hat die Behandlung nicht geholfen, damals?«

»Uns hilft keine Behandlung mehr«, sagte Hoppe, »wir können uns nur noch neu machen lassen, mit allem neu. Was uns fehlt, ist ein neuer Anfang.«

»Du bist schrecklich, Harry.«

Sie setzte sich vorsichtig auf einen Stuhl neben ihn, sah auf sein Gepäck am Tischbein, sah zu, wie er in der Brühe rührte, Nudeln und gehacktes Grünzeug hochbrachte und dann, mühselig, mit geschlossenen Augen, die Brühe zu schlürfen begann. Scharf zog er die Brühe ein, schob die Lippen vor, zog kühlende Luft nach, jeder Schluck erleichterte ihn.

»Und du, Harry«, fragte sie ihn, »bist du verheiratet?«

»Ungefähr«, sagte er.

»Wie ist das, wenn man ungefähr verheiratet ist?«

»Man kann sich alles dabei denken.«

»Du hättest nicht kommen sollen, Harry.«

»Ich gehe gleich wieder.«

»Du brauchst nicht zu gehen, nicht weil ich hier bin. Es würde nichts ändern.«

»Dann bring mir noch einen Schnaps«, sagte er.

Paula stand auf, bückte sich; sie hob den Karton auf, trug ihn wortlos zum Kanonenofen hinüber und stellte ihn so ab, daß die vor Feuchtigkeit schwarze Unterseite dem Ofen zugekehrt war, in dem die Glut knackte und summte. Hoppe beobachtete sie dabei aus den Augenwinkeln, rührte in der Brühe, dachte: ›Bis hierher also, und jetzt fängt es an wie damals.‹

Sie stand hinter der Theke, füllte sein Glas, und als er in ihr Gesicht blickte, lächelte sie; dann brachte sie das volle Glas, nahm das leere vom Tisch und blieb zögernd, eine Hand unter der sauberen, verwaschenen Schürze, neben seinem Stuhl stehen.

»Ich muß dich sprechen«, sagte er.

»Es geht nicht, hier nicht.«

»Dann später, nur irgendwann heute.«

Sie antwortete nicht. Sie wandte sich um und verschwand mit dem leeren Glas hinter dem Vorhang, der sich für einen Augenblick bauschte und wieder zurückfiel.

Ein verfrorenes Mädchen mit einem Packen Zeitungen kam in die Kneipe, es trug Wollstrümpfe, braune Fingerhandschuhe, an denen Daumen und Zeigefinger abgeschnitten waren: scheu bewegte es sich durch die Kneipe, knickste vor dem Wirt, legte eine Zeitung auf die Theke und ging hinaus, nur von einem saugenden Geräusch begleitet, das ihre Gummischuhe hervorriefen.

Hoppe trank, hielt den Kopf schräg und ließ den Alkohol über seine Zähne rinnen, als der kleine Betrunkene in der Ofenecke aufstand und rief: »Wie heißt du? Woher kommst du eigentlich?« Er zwängte sich heraus, kam schwankend an Hoppes Tisch, rückte einen Stuhl zurecht und setzte sich und sah ihn mit mißtrauischem Interesse an. Dicht über dem Tisch schob sich das kinnlose Gesicht heran. Unter dem Tisch bumste sein Fuß gegen Hoppes Pappkoffer.

»Ein mieser Koffer is das«, sagte er, »willst du verreisen damit?«

»Ich wollte.«

»Und was is nu?«

»Nun ist nichts, nun bleib ich hier.«

»Kein feiner Tag zum Hierbleiben. Gehörst du auf einen Dampfer?«

»Ja.«

»Und? Warum bist du nicht auf deinem Dampfer?« Er versetzte dem Sägefisch einen Schlag, der Fisch schlug herum, bewegte sich knarrend in den Drähten und pendelte sich aus.

»Hast du deinen Dampfer verpaßt?« fragte er, und, als Hoppe schwieg: »Freu dich nicht zu früh, mein Junge, ich habe viele gekannt, die den Dampfer wechseln wollten und dann glaubten, alles vor sich zu haben. Freu dich nur nicht zu früh.«

Er rückte vom Tisch ab, ging, indem er sich auf Stuhllehnen und Tischkanten stützte, durch die Kneipe zur Ofenecke, wo Hoppes Karton trocknete. Geringschätzig sah er auf den Karton hinab, ungestützt, sein Körper schwankte vor und zurück, neigte sich zur Seite, so daß es aussah, als werde er mit dem Gesicht gegen den heißen Ofen kippen, doch er fiel nicht, fing jedes Schwanken, jede Bewegung, die ihn hinabzog, durch eine heftige Gegenbewegung auf, und plötzlich schlug er seinen rechten Fuß in die durchgeweichte Unterseite des Kartons: die Schuhspitze durchstieß die Pappe, der Karton prallte krachend gegen den Ofen, und unter der Wucht seines eigenen Schlages taumelte der kleine Betrunkene zurück bis zur Theke. Als er mit dem Rücken gegen die Theke stieß, schnellte ein riesiger Arm an den Bierhähnen vorbei, selbsttätig, als ob er zu keinem Körper gehöre, eine Hand schlug in den oberen Rand der Jacke, hob den kleinen Mann schnürend hoch; dann sah Hoppe den Schatten einer anderen Hand, die schnell durch die Luft fuhr und mit der Kante eine Stelle zwischen Hals und Schlüsselbein traf. Der kleine Betrunkene blickte erstaunt, ungläubig. Er lächelte fassungslos, und dies Lächeln stand auf seinem Gesicht, als ihn die Hand, die ihn schnürend festhielt, ruckartig fortstieß. Er drehte sich einmal um sich selbst und sackte über einen Tisch.

»Es tut mir leid«, sagte der Wirt, »ich habe es zu spät gesehen.«

»Der Karton hat ausgedient«, sagte Hoppe.

»Gib Ludi meinen Kognak«, sagte Henrietta. Sie reichte das Kognak-Glas über den Tisch, der Wirt nahm es ihr ab, trug es langsam zu dem schwach stöhnenden Mann, der mit dem Gesicht auf der Tischplatte lag. Hoppe half dem Wirt, Ludi umzudrehen und ihm den Kognak einzuflößen.

»Er ist ein guter Kerl«, sagte der Wirt. »Nur heute hat er seinen schlechten Tag.«

»Soll ich ihn nach Hause bringen?«

»Er ist hier zu Hause.«

Paula schlug den Vorhang zurück und sah erschrocken auf den kleinen Mann. Sein Gesicht war verzerrt, die Lider nicht ganz geschlossen. Ein dünner Speichelfaden floß aus seinem Mund. Schluckend bewegte sich der Adamsapfel den gelblichen Hals hinab. Hoppe spürte, wie sich Paulas Finger um seinen Unterarm schlossen, ihr Erschrecken sich im wachsenden Druck der Finger fortsetzte.

»O Gott, Harry«, sagte sie.

»Ihm geht's gut«, sagte Hoppe, »zumindest nicht schlechter, als es einem in seiner Lage gehen kann. Er kommt gleich wieder zu sich.«

Der Wirt zog den kleinen Mann hoch, strich über die ausgezehrten Wangen, roch an ihm und ließ ihn zufrieden auf den Tisch zurücksinken. Ohne ein Wort kehrte er zu seiner Zeitung hinter der Theke zurück.

»Ich werde bald abgelöst«, sagte Paula leise.

»Um so besser.«

»Wollen wir dann irgendwohin gehen?«

»Sicher. Wohin du willst.«

»Ich freue mich, Harry.«

»Ja.«

Die Tür der Kneipe öffnete sich, sie hörten es nicht, merkten es nur an der Zugluft, die hereinströmte; eine kleine, schmutzige Hand schob sich durch die Filzportiere, nichts als eine Hand, die hastig zwei, drei giftgrüne Papierkügelchen auf den Fußboden der Kneipe schleuderte, Knallerbsen, die mit violetter Stichflamme explodierten. Paula schlich zur Tür, doch bevor sie die Portiere erreicht hatte, wurde die Tür lachend zugeknallt, und sie hörten fliehende Schritte draußen auf der Treppe. Paula kam zurück.

»Es ist schrecklich«, sagte sie.

»Heute ist Silvester«, sagte Hoppe.

»Warum müssen sie nur knallen?«

»Weil es heute erlaubt ist.«

»Ich muß jetzt gehen.«

»Ich warte«, sagte er.

Der kleine Mann mit dem Rattengesicht bewegte sich auf dem Tisch, er hob zuerst die Lider und blinzelte, richtete sich dann auf, lächelte erstaunt in die Runde. Er rieb sich den Hals. Er wischte mit dem Ärmel über den Mund. Zart strich er über den Sägefisch, fauchte ihn freundlich an.

»Fühlst du dich gut?« fragte Henrietta.

»Sehr gut, Henrietta. Woll'n wir ein Spielchen machen?«

»Machen wir ein Spiel.«

»Kein Wort mehr gegen Jankel Bubescu«, sagte er, »der hatte was im Hemd.«

Sie gingen zu einem Spielautomaten, der neben der Glasvitrine hing. In der Vitrine lagen Zigaretten, mit Gurken garnierte Sülzkoteletts, ein angeschnittener Räucheraal, dessen Pelle sich zu krausen begann, Dropsrollen und Tabakpakete. Sie steckten Groschen in den Schlitz des Automaten, drückten einen Hebel herunter, bis es knackte; flirrend drehten sich die Scheiben mit den Zahlen, wurden schneller, bis keine Zahl, kein Trennungsstrich mehr zu erkennen war; ruckartig drückten sie einen Knopf hinein, die Umdrehung der Scheibe wurde langsamer, stieß klickend an und ließ ein Lämpchen aufflammen, und manchmal, wenn das Geräusch des Automaten schon verstummt war, wenn die Stille schon Verlust zu bedeuten schien, Aufforderung und neuen Einsatz, dann erfolgte mit herausfordernder Verzögerung ein Rasseln, ein stoßweises Klimpern, und durch den überdachten Schlitz spuckte ihnen der Automat einige Groschen zurück. Hoppe sah zu, wie sie spielten, hörte Hebel knacken, hörte den nachschwingenden Ton springender Stahlfedern, das Summen der rotierenden Scheiben; er beschloß, ein Spiel zu machen. Doch bevor er noch aufstand, hob der Wirt den Kopf, sah sich um, und da er nur Hoppes Blick fand, sagte er zu ihm von der Theke her: »Das paßt zu diesem Tag.«

»Was? Was ist los?«

»Was hier steht«, sagte der Wirt. »Sie haben ein Schiff gerammt draußen in der Mündung, wieder diese Panamesen mit einem ihrer Tanker; mittendurch und unter Wasser gedrückt und keiner gerettet.«

»Wann war das?« fragte Hoppe.

»Es steht in der neuen Zeitung, morgens im Schneetreiben

und in der Dunkelheit ist es passiert. Es war ein Feuerschiff, eins von den alten Reserveschiffen, das unterwegs war zu seinem Liegeplatz. Die Totenliste ist gleich mitgeliefert: die ganze Besatzung, alle elf.«

»Elf?« fragte Hoppe.

»Ihre Namen sind gedruckt. Zwei haben sie aufgefischt, aber sie sind gestorben an Bord von diesem Panamesen.«

Hoppe stand auf, ging an die Theke, nahm schweigend die Zeitung und drehte sie um, und was er zuerst sah, war das Bild seines Schiffes: der hohe Laternenträger in der Mitte, die beiden Masten mit den Wanten, der gestutzte Bugspriet, der das Feuerschiff einem verkümmerten Segler ähnlich machte, und mitschiffs auf der Bordwand, groß und bis zur Wasserlinie hinabgezogen, erkannte er den Namen, las: ›Lund II‹. Er stand und starrte auf die Zeitung. Er strich mit den Fingern über das Bild, sah das Schiff ruhig an langer Ankerkette dümpeln, dachte: Brodersen, der alte Thieß, sah den Blinkstrahl gleichmäßig durch die Nacht kreisen, hörte Jörgensen von der Makrelenangel am Heck rufen, das Rumpeln der Eisschollen an der Bordwand draußen…

»Ist was?« fragte der Wirt.

»Nichts«, sagte Hoppe.

Er legte die Zeitung hin, las die halbfett gedruckten Namen der Toten, las: Harry H., 32 Jahre, verheiratet, und dann las er nicht weiter. Er schob die Zeitung dem Wirt zu, die Zeitung rutschte in eine Bierlache, weichte durch, verfärbte sich. Der Wirt hob sie schnell heraus, schwenkte sie hin und her und schüttelte den Kopf. Hoppe ging an seinen Tisch zurück, er setzte sich, er kramte aus der Hosentasche eine zerknitterte Packung Zigaretten hervor, schnippte eine Zigarette raus, rollte sie auf der Tischplatte grade und steckte sie wieder in die

Packung. Er dachte: ›… ich muß eine Zeitung kaufen, die Alte am U-Bahnschacht kann nicht wechseln, zehn Pfennig klein, allein nachlesen…‹, hob den Pappkoffer auf den Tisch herauf, ließ nacheinander die Schlösser aufschnappen und senkte den Kopf hinter dem hochgestellten Deckel. Tastend fuhren die Finger am inneren Kofferrand entlang, bohrten sich unter den kreuzweis verschnürten Inhalt: der blaue Pullover, die Strickmütze, glatt und kalt der Wachstuchbeutel mit dem Rasierzeug. Hoppe zerrte den Wachstuchbeutel heraus, legte ihn auf einen Stuhl und schloß den Koffer und stellte ihn unter den Tisch. Bewegungslos saß er da im Dämmer der Kneipe.

»Du«, sagte der kleine Betrunkene, »was ist? Was ist mit dir und einem Spielchen?«

»Jetzt muß ich gehen«, sagte Hoppe.

»Is nichts?«

»Später vielleicht.«

Er zahlte beim Wirt, schob den Wachstuchbeutel in die Manteltasche und holte aus der Ofenecke seinen Karton; eilig bog er die gerissene Pappe über dem Loch zurecht, beklopfte die Unterseite und nahm Koffer und Karton in eine Hand.

»Bis später«, sagte er. Der Wirt nickte.

Draußen streute ein schnurrbärtiger Invalide Asche auf die Zementstufen der Kneipe, Hoppe wartete, beobachtete, wie der böige Wind die Asche in kleinen Fahnen von der Schaufel riß, hörte den knirschenden Schritt des Invaliden, der sorgfältig, ohne ihn zu beachten, weiterstreute, und während er wartete, spürte er, wie die kalte Luft stechend seine bloßen Zahnhälse traf. Die letzte Schaufel Asche stäubte über Hoppes Schuhe, der Invalide drehte sich um, warf die Schaufel in den Marmeladeneimer und stieg knirschend die Stufen hinauf. Hoppe stieg ihm nach. Als er oben auf der Treppe war, hörte er seinen Namen.

Paula stand vor der Tür, zusammengekrümmt unter einem Kälteschauer. Schnell kam sie herauf, blieb eine Stufe unter ihm und blickte ihn an.

»Gehst du schon?« fragte sie.

»Ich komme zurück.«

»Wann?«

»Gleich, Paula. Geh wieder hinein.«

»Ich muß dich sprechen, Harry.«

»Ich weiß. Es dauert nicht lange.«

Er ging die Straße zurück, die er gekommen war, vorbei an Buden und Kneipen, an Jungmühlen, schäbigen Varietés, vor denen jetzt goldbetreßt, die breiten Hände in Fingerhandschuhe gezwängt, stramme Portiers standen. Weiter an kleinrädrigen Wagen vorbei, alten Zirkuswagen, in denen Liebesratgeber und Würstchen verkauft wurden, vorbei an dem durchhängenden Catcherzelt, das der Wind schüttelte, zum U-Bahnschacht. Er gab der gedrungenen Zeitungsfrau einen Groschen, zog unter einer Persenning, die schützend über den Klapphocker gedeckt war, eine Zeitung hervor und trat hinter eine Betonwand. Er schlug die Zeitung auseinander. Er suchte das Bild seines Schiffes, und während er suchte, glaubte er, daß alle Vorübergehenden ihn ansahen, alle Gesichter sich aus ihren Vermummungen hoben, argwöhnisch, starr vor heimlichem Verdacht und heimlicher Vermutung. Hoppe faltete die Zeitung wieder zusammen und schob sie in die Brusttasche. Durch die zugigen Anlagen ging er zur Bergstraße, unter schwarznassen Bäumen, an nacktem Gebüsch vorbei, das die Wege flankierte, er ging bis zur bröckeligen Mauer, als ihm zwei Kinder den Weg verstellten.

»Du mußt uns helfen«, sagte ein Junge.

»Ich habe keine Zeit«, sagte Hoppe.

»Wir spielen Volltreffer«, sagte der Junge.

»Dann spielt weiter.«

»Wir können nicht weiterspielen«, sagte der Junge, »Rudi fehlt. Seit dem letzten Volltreffer ist er weg. Wir suchen ihn schon zwei Stunden, aber keiner kann ihn finden.«

»Das kann vorkommen«, sagte Hoppe, und er drängte die dreckigen Kinder zur Seite, ging die Straße hinab und wieder zur Pier, wieder in den Windschatten der grünen Zollbude. Der Mann mit der Säge war verschwunden. Hoppe setzte das Gepäck ab, lehnte sich mit der Schulter gegen die Budenwand und zog die Zeitung heraus. Und er las alles noch einmal; noch einmal sah er das angedunkelte Bild seines Schiffes, den gekappten Bugspriet, der ihn immer an das abgeschnittene Horn eines Hornfischs erinnerte... hörte ihre Stimmen, Brodersens Stimme, Jörgensens Stimme... verfolgte das kreisende Licht über dem grün aufschimmernden Wasser... die Schatten nachts aufkommender Schiffe... draußen vor den wandernden Bänken, an langer Kette am Minenzwangsweg... las und las: ›Harry H., 32 Jahre, verheiratet. Er dachte an Anne, dachte: Jetzt wird Evers bei ihr sitzen mit Bügelfalten und warmer Anteilnahme, wird ihr schonend beibringen, daß ihr Mann, einer unserer Besten, einem Unglücksfall zum Opfer fiel – Kontorvorsteher Evers mit gutsitzendem Kummer, Kummer nach Maß, ja ihr Mann war einer der Besten, und wir werden helfen, wo zu helfen ist, sein Andenken in Ehren halten.‹

Hoppe blickte über den Strom: Wind und Schnee, er blickte hinab auf die treibenden Eisschollen, knüllte die Zeitung zusammen und warf sie in den Strom. Er steckte sich eine Zigarette an. Er lehnte rauchend an der fensterlosen Bude, sah sich plötzlich um, trat aus dem Windschatten heraus und spähte die Pier hinab, musterte die Luken der Speicher, stand und lauschte auf das schleifende Geräusch einer fernen Straßenbahn; dann trat er zurück, hob ohne Zögern den Karton an und ließ ihn knapp neben der Pier zwischen die Eisschollen fallen: ein tiefes ›Wumm‹ drang zu ihm herauf, ein Laut wie ein tiefes zufriedenes Aufseufzen. Ruhig ergriff er den Pappkoffer, führte ihn nach hinten, diskusgleich, schnellte aus der Hüfte hervor und schleuderte den Koffer mit verlängertem Armschwung auf den Strom hinaus. Der Koffer traf eine Eisscholle, schrammte über sie hinweg und rutschte ins offene Wasser. Er sank nicht. Er sog sich mit Wasser voll und trieb, eingeklemmt von Eisschollen, den Strom hinab. Hoppe wartete, bis Koffer und Karton hinter dem weißen Gitter des Schneetreibens verschwunden waren, dann schnippte er die Kippe der Zigarette fort und ging langsam durch das Schneetreiben zur Stadt hinauf.

1958

Einstein überquert die Elbe bei Hamburg

Geschichte in drei Sätzen

Dies hier ist eine Photographie zum Lesen, zum Suchen und Wiederfinden jedenfalls, denn so ein Weitwinkel beläßt es nicht bei wenigen Worten, der macht dem Auge redselige Angebote – was noch gar nichts heißen, soll; aber man wundert sich doch über die gutmütige, erzählbereite Elbe, die im Vordergrund an Ketten hängende Anlegepontons vorzeigt, zerschrammt und zersplittert unter den Stößen eiserner Bordwände; weiter dann, wo das Wasser schwarz vorbeidrängt, einfach alles zuläßt, was schwimmen kann: Festmacherboote, Getreideheber, Schlepper, Schuten, Tanker und kombinierte Frachtschiffe, die, mit Frohsinn bewimpelt, auf einwandfreiem Kollisionskurs liegen – zumindest sieht es so aus – und die nach einer prachtvollen Massenkollision wohl noch einmal gerammt werden sollen von einem grünweißen, betagten, dennoch rostfreien Elbdampfer, einem Fährschiff, um genauer zu sein, dessen deutliche Schaumspur sowohl der Elbe als auch der ganzen Photographie eine glimmende Diagonale verschafft, eine halb ausgeführte Diagonale natürlich, die aber schon ausreicht, daß man sich nicht in die Flaggen verguckt, nicht in Masten und die im Dauerspagat hängenden Ladebäume, ja nicht einmal in die mennigrote Wand des Schwimmdocks, das vor den Helligen einer Werft verankert ist und, einen widerspruchslosen Hintergrund bildend, der Elbe ihre tatsächliche Breite bestreitet; vielmehr überredet uns die Schaumspur, das grünweiße, ziemlich hochbordige Fährschiff als Mittelpunkt dieses sommerlichen Hafenporträts anzusehen, das, bei leicht schwefligem Licht aufgenommen, einfach die alltägliche Wahrheit des Stroms belegen soll – wozu ja nicht nur Rauchfahnen und Wind gehören, sondern auch drängende, in jedem Fall planvolle Bewegungen all der Boote, Prähme und Schiffe, unter denen, wie gesagt, die Fähre sich besonders hervortut durch ihre Farbe, durch den riskanten Kurs und, wenn man genauer hinsieht, durch die auf dem Achterdeck versammelten Personen, die bereits auf den ersten Blick zu erkennen geben, daß sie etwas verbindet: Beziehungen oder Absichten, vielleicht unerwünschte Verhältnisse; zumindest muß man sich etwas denken bei der deutlichen Besorgnis des Kapitäns, der, seinen Oberkörper sacht über die Brückennock gewinkelt, den Kurs eines langsam mahlenden Schleppzugs abschätzt und ihn mit dem eigenen Kurs in Verbindung bringt, womöglich schon einen Schnittpunkt ermittelt und auch das fällige Manöver erwägt – nicht zuletzt deshalb, weil man ihm einmal in einer Seeamtsverhandlung, als es darum ging, die Schuldfrage bei einer Kollision zu ermitteln, vorgeworfen hatte, das fällige Ausweichmanöver zu spät angeordnet zu haben –, doch das muß man wohl hinzusehen, während von dem großen, kahlen, zum Niedergang hinstürzenden Mann sorglos behauptet werden kann, daß er flieht, daß er sich augenscheinlich von einem Uniformierten absetzen möchte, der schon die behördliche Hand nach ihm ausstreckt, hier, auf dem grünweißen, die Elbe verbissen kreuzenden Fährschiff, das jedem Verfolgten, wenn er sich nicht mit dem Strom anbiedert, dem Strom vertrauend über Bord springt, zur Falle werden muß – was allerdings der große, kahle Mann, der sich eine zu enge Jacke angepellt hat und der seine Hosen gern um eine Handbreit länger herauslassen könnte, vergessen zu haben scheint: denn er hetzt, von seiner Angst getrieben, über das Achterdeck zum Niedergang, vorbei an dem träge dasitzenden Paar, das nicht einmal die Köpfe hebt, nicht das geringste Interesse zeigt für Ludi Leibold, der hier, wenn nicht gestellt, so doch aussichtsreich verfolgt wird – nicht wegen Diebstahls, sondern wegen Mißbrauchs von Barkassen, die er heimlich losbindet und, wenn sie ihm seine Eignung zum Kapitän ausreichend bewiesen haben, einfach auf Grund setzt –, aber das mangelnde Interesse wird glaubwürdig, wenn man festgestellt hat, daß die Frau, die da verkrampft und spreizbeinig neben einem Mann sitzt, nicht nur schwanger, sondern hochschwanger ist und sich ziemlich sicher auf dem Weg zur Klinik befindet, in Begleitung eines Mannes, der einen hilflosen und niedergeschlagenen Eindruck macht, womöglich weil er selbst während der Überfahrt auf einer Fähre zur Welt gekommen ist und sich nun überlegt, was er tun soll, wenn die Frau auf der Fähre niederkommt wie einst seine Mutter – diese Frau, auf der die winkligen Schatten der Reling liegen und der nichts bleibt, als verkrampft zu lauschen und einzusehen, daß jeder Widerspruch hier nutzlos ist, einfach weil alles einem derben und feuchten Zwang unterliegt, einer unleidlichen Gesetzmäßigkeit, die von einem bestimmten Augenblick an stumpfsinnige Befehlsgewalt übernimmt; jedenfalls wird man das auf der grünweißen Fähre so lange annehmen, bis man den gekrümmten, abseits sitzenden Mann entdeckt hat, den Alten unter dem Schlapphut, dem sein dichtes Grauhaar auf die Schulter fällt und der sich auf der Suche nach Wärme tief in seinen Mantel zurückgezogen hat, wo er an seinem kurzstieligen Pfeifchen qualmt und die Schultern hebt wie in ironischem Zweifel über einen Einfall; doch entscheidender als diese Einzelheiten ist das Eingeständnis, daß man diesen Alten irgendwoher kennt, von anderen Photographien, aus dem Film, vielleicht vom Hörensagen, und zwar kennt man nicht nur das Gesicht, sondern auch einige Ansichten, die diesem Original zugeschrieben werden, vor allem bestimmte Unsicherheiten in unseren Wahrnehmungen und Aussagen – und weil jetzt, auch wenn es überrascht, erklärt werden muß, daß der einzelgängerische Passagier tatsächlich Albert Einstein ist, der hier auf einem gewöhnlichen Fährschiff die Elbe bei Hamburg überquert, muß man auch schon die Folgen seiner Anwesenheit zur Kenntnis nehmen.

Ich kann mir nicht helfen: der Alte, gekrümmt, mit Unscheinbarkeit getarnt, läßt sich immer weniger übersehen, immer weniger vergessen, ja, jetzt spürst du, wieviel schon von ihm ausgeht und wieviel auf ihn bezogen ist, hier, auf der schräg kreuzenden Fähre – sogar die über ihm hängenden Möwen scheinen Signale von ihm zu erhalten, Zeichen, die ihnen das vielbewunderte Hochziehen und Abstreichen unmöglich machen, und auf einmal zieht sich die mennigrote Wand des Docks zurück, also die Begrenzung; das Treibende im Strom – leuchtendes Kistenholz, Flaschen, Plastikbecher, Latten – fängt sich in einem Kreisel, zwei kurze, dekorative Rauchfahnen gehorchen nicht mehr dem Wind, aber was dich noch mehr erstaunt, das ist der Kapitän in der Brücken-Nock, der nicht mehr besorgt, sondern nur noch ratlos, ratlos und verblüfft dasteht und aus dem Kurs des langsam mahlenden Schleppzugs und dem eigenen Kurs offenbar nichts mehr ermitteln kann, denn obwohl jeder die Kollision voraussagen möchte, ist sie auf einmal fraglich geworden: beide Fahrzeuge, der Schleppzug und die Fähre, halten zwar ihren Kurs ein, doch sie kommen sich nicht näher trotz unterschiedlicher Geschwindigkeit, vielleicht weil beide, obwohl zu selbständiger Bewegung fähig, von einer anderen wirksamen Bewegung ergriffen werden, einer Strömung, die für immer verhindern wird, daß sich der Bug der Fähre schneidend in der Bordwand der Schute festsetzt, ja, du hast angesichts des gekrümmten Alten das Gefühl, daß weder die Fähre noch all die Barkassen, Tanker, Schlepper Meter über dem Grund gutmachen, denn wie sich die mennigrote Wand des Docks zurückgezogen hat, so ziehen sich auch die Ufer zurück und machen nicht nur jede pünktliche, sondern jede Ankunft überhaupt fraglich, was den Alten mit dem eisengrauen Haar allerdings nicht zu kümmern scheint, ihn vielmehr nur mit behaglicher und zustimmender Ironie erfüllt, weil die plötzliche, gewinnlose Bewegung im Hafen ihn nicht beunruhigt und weil ihm nichts Ähnliches bevorsteht wie dem Kapitän, der heute nachmittag zum zweiten Versöhnungstermin erscheinen soll und auch vorhat hinzugehn, in der Bereitschaft, seiner Frau halbwegs zu vergeben – wenn auch unter der Bedingung, daß sie künftig darauf verzichtet, die Lebensmittel bei seinem einarmigen und noch unverheirateten Bruder zu kaufen –, doch da die Möwen wie an Drähten hängen, die Ufer zurückweichen, die Bewegungen zu nichts führen als zu einem, man muß es schon sagen: erregten Stillstand, der jede ordentliche Erwartung zweifelhaft werden läßt, stellt der Kapitän der Fähre sich unwillkürlich den wartenden Richter und seine wartende Frau vor, erwägt, was sie erwägen werden, wenn er ausbleibt, wenn er später einmal den sonderbaren Grund seiner Abwesenheit nennen wird – wir hatten an diesem Tag keine Chance, das Ufer zu erreichen –, und dabei merkt er, daß er schon auf einer unerklärlichen Unruhe schwimmt, denn alles, was er sich für den Abend nach dem Versöhnungstermin vorgenommen hat, wird ja nun unglaubwürdig; aber noch ist es nicht soweit: auf dem Wasser gibt es für jede Lage ein Manöver, das für Veränderung sorgt; deshalb wird er jetzt das Kommando zu einem Manöver geben, beispielsweise »Halbe Fahrt – Ruder hart Steuerbord«, und das in der Absicht, am geduldig mahlenden Schleppzug achtern vorbeizukommen, und über die Brücken-Nock gelehnt, wird er die sichtbare Wirkung des Manövers erwarten, stehen, warten und danach den Rudergänger zum zweiten Mal fragen, ob das Kommando auch weitergegeben wurde zu dem verdammten Penner in der Maschine unten, der, wie wir mittlerweile wissen, das Notwendige längst getan hat und es dennoch nicht vermochte, den Kapitän sorgloser zu machen, der nun zurückblickt auf die glimmende Diagonale des Kielwassers und dabei den alten, verhüllten Mann streift und nicht stutzt, obwohl das Gesicht ihm bekannt vorkommt – denn jetzt ist er nur noch mit seinem Staunen beschäftigt, jetzt, wo ihm auch ein Blick zurück bestätigt, daß auf diesem Strom nur das Licht hinfährt, nicht aber die kreuzenden, die auslaufenden und einkommenden Schiffe, denen es offenbar unmöglich gemacht worden ist, die Positionen zueinander zu verändern – was natürlich nicht ohne Folgen für den Hafen sein wird, der als schnell gilt und als pünktlich und in dem man bereit ist, Garantien für Ankunftszeiten zu übernehmen; und bei dieser Entdeckung wundert man sich nicht mehr darüber, daß Ludi Leibold, der Schrecken der Barkassen, der, seinen Verfolger ziehend, schon zum zweiten Mal in seinen gelben Rohlederstiefeln über das Achterdeck hetzt, immer noch nicht gestellt ist, ja, sogar den Eindruck macht, daß er gelassener flieht, auf eine Kraft oder ein Gesetz vertrauend, die ihm eine langwährende und deshalb unentschiedene Flucht verheißen, denn ein Mann in seiner Lage würde wohl kaum auf die Idee kommen, während des Laufs aus einem Pappbecher brühheißen Kaffee zu trinken, den er vermutlich im Vorüberhasten vom Kantinentisch riß – worauf seinem von der Allgemeinheit bezahlten Verfolger nichts Besseres einfiel, als Geste und Handlung zu wiederholen, so daß auch er jetzt mit einem Pappbecher in der Hand erscheint, was doch nur heißen kann, daß auch er sich auf Dauer einrichtet; und während du schon mit Namen nennen kannst, was hier außer Kraft gesetzt ist, stellst du dir vor, daß dies Spiel älter und älter wird und daß auch der Fliehende und sein Verfolger älter werden unter hämmernden Schritten, denn so wie es der Fähre nicht gelingt, den Strom zu überqueren, so gelingt es auch dem Uniformierten nicht, Ludi Leibold zu erreichen, und da vorauszusehen ist, daß keiner nachgeben wird, wird die Flucht in die Wochen oder sogar Monate kommen, unterhalten von einem unwiderstehlichen Mechanismus, der vielleicht bewirken wird, daß auch Unerhörtes geschieht: ohne den Abstand zu verringern, wird man zum Beispiel Labskaus essen, man wird sich duschen, rasieren, eine Zigarette anstecken, man wird auch nacheinander die kühle, geflieste Toilette des Fährdampfers aufsuchen; doch ebenso selbstverständlich wird man danach wieder seine Rollen aufnehmen, wird fliehen, wird verfolgen, und das alles ohne Resultat oder sogar die Aussicht auf ein Resultat, nur dem Gesetz gehorchend, das der Alte in dem zu weiten Mantel über das Schiff und alle Bewegungen und Erwartungen auf ihm verhängt hat – das stumme Paar, das zur Klinik unterwegs ist, nicht ausgenommen, denn auch der Mann und seine hochschwangere Frau haben sich verändert, und wenn nicht dies, so stellen sie doch auf einmal Erleichterungen fest, was dazu führt, daß sich zunächst die Art ihres Dasitzens ändert und daß sie ihr Schweigen aufgeben, jetzt, wo Ludi Leibold und sein Verfolger zum zweiten Mal an ihnen vorbeihasten: sie stoßen sich an, tauschen einen Blick und sehen den beiden Männern nach, mit amüsiertem Interesse, als könnte es ihnen nicht gelingen, den Vorgang ernst zu nehmen, und nun, da sie sich einander wieder zuwenden, erscheint der Mann nicht mehr hilflos und niedergeschlagen; auch die Frau scheint nicht mehr verkrampft zu lauschen, denn auf ihrem Gesicht liegt nun der Ausdruck einer hoffnungsvollen Spannung, der möglicherweise dadurch entstanden ist, daß nicht nur die Wehen aufgehört haben, sondern auch dic spürbaren Bewegungen in ihrem Bauch, ja, sie hat in diesem Augenblick das Gefühl, daß es viel zu früh ist, zur Klinik hinüberzufahren, daß sie sich verrechnet hat in der Zeit – auch wenn es ihr nicht gelingt, den Fehler zu entdekken –, und leise, damit der Alte sie nicht hört, beginnt sie auf ihren Mann einzureden, fordert ihn auf, mit ihr zusammen die Zeit nachzurechnen, woran der Mann jedoch gar nicht mehr interessiert ist, einfach weil er nicht wissen will, warum es ihm plötzlich soviel bessergeht, nun, da sich alles zum zweiten Mal als falscher Alarm herausgestellt hat – und statt sich zu erinnern, brennt er sich seine Pfeife an, saugt unter scharfen Platzgeräuschen seiner Lippen, schickt kurze Wölkchen hoch wie der regungslos sitzende Alte und beobachtet erstaunt, daß beider Tabakwolken sich zu vereinigen versuchen, was ihnen auch beinahe gelingt; vor allem aber erkennt er, daß die Wand des Docks nicht unvermeidlich aufwächst und das Ufer nicht zwangsläufig näher rückt, obwohl die Fähre offensichtlich Fahrt macht und die Strecke längst zurückgelegt sein müßte, doch das reicht anscheinend nicht aus zur Beunruhigung, im Gegenteil: lächelnd stellt er sich vor, daß die Frau neben ihm einstweilen nicht niederkommt, nicht berechenbar zumindest, und daß die Schwangerschaft dauern wird durch Monate und Jahre, vielleicht viele Jahre, jedenfalls faßt er bei seiner begründeten Abneigung gegen Kinder die Möglichkeit ins Auge, daß der kleine Koffer, der die Sachen für die Klinik enthält, achtundzwanzig Jahre gepackt bleibt – was für ihn selbst gleichbedeutend damit ist, daß er achtundzwanzig Jahre verschont bleibt von allem –, bis dann, vielleicht an einem kühlen Sommerabend, ein kleiner, bärtiger, gewiß vernünftiger Herr geboren wird, der kein Aufhebens macht und sich als zwar anhänglicher, aber auch selbstbewußter Hausgenosse herausstellt, ein achtundzwanzigjähriges Geschöpf, das den verdutzten Eltern intensive Kindesliebe anbietet und dafür nichts anderes fordert, als daß man ihm erlaubt, die verschiedenen Uhren im Haus zu zerschlagen, womit er gleich zu erkennen gibt, welch ein eigentümliches Verhältnis er zur Zeit hat, und da er das nicht für sich behalten will, stößt der Mann die Frau an und sagt: Stell dir mal vor, wenn uns das passiert –, und noch während seines Entwurfs einer unerhört verzögerten Geburt unterbricht ihn die Frau, hebt den Koffer auf den Schoß, als ob sie aufstehen und gehen möchte, und sagt leise, damit der Alte nichts aufschnappt: Leicht, mir ist auf einmal ganz leicht; mal nur nicht den Teufel an die Wand.

Ich muß zugeben, auch diese unvermutete Schwebe, in die alles geraten ist – deine grünweiße Fähre, die unterschiedlichen Passagiere, der Strom und was auf ihm hinfährt –, kann eine Erlösung sein, eine Lossprechung von Gewohnheiten, und gerade fragst du dich, wie lange sie denn dauern könnte, da bewegt sich der Alte mit dem eisengrauen Haar, steht auf, fröstelt, stellt für sich fest, daß der sehr lange Mantel immer noch nicht lang genug ist, und gekrümmt, niedergezogen von Jahren oder Einsichten, geht er zum Niedergang, vorbei an dem beklommen schweigenden Paar, das ihn nun erkennt oder wiedererkennt, woran er jedoch gewöhnt ist, denn er erwidert keinen Blick, dreht sich vor dem Niedergang um und steigt behutsam, mit den Füßen nach den Stufen tastend, zum unteren Deck hinab, bleibt dort allerdings nicht stehen, sondern geht auf eine weiße, mit Vorreibern gesicherte Eisentür zu, öffnet die Tür, von der du nicht weißt, wohin sie führt, und schließt sie von innen, energisch, wie endgültig; dennoch dauert es eine Weile, bis die Frau ihren Blick von der Tür löst und fragt: War das nicht…? – und keine Antwort erhält, weil ihr Mann sich wegduckt vor einer Möwe, die tadellos angewinkelt aus der Höhe stürzt und dann einen scharfen, kühlen Luftzug fühlbar werden läßt, und auch danach keine Zeit findet, die Frage zu beantworten, weil der Kapitän ein erregtes Kommando gegeben hat, das die Fähre nach Steuerbord krängen, sie aus ihrem alten Kurs ausscheren läßt, wodurch er wahrscheinlich eine Kollision vermieden hat, obwohl weder er noch das Paar vollkommen sicher sind, denn über die Nock, über die Reling gebeugt, beobachten sie, wie der Schleppzug dicht unter dem Bug der Fähre stromaufwärts mahlt – so nah, daß man hinabspringen könnte auf die Hügel aus tonfarbiger Baggererde, die in den Schuten liegen –, während die Fähre fast beidreht und nach den notwendigen, ziemlich verstümmelten Flüchen und Warnungen langsam Fahrt aufnimmt, schneller wird, auf den dunklen Anlegesteg zuhält, wo jetzt Leute aus dem Warteraum treten, unter anderem ein einarmiger Mann, anscheinend der Bruder des Kapitäns, der ausgerechnet eine Überfahrt benutzen will, um über die Frau zu sprechen, die sie beide mehr oder weniger lieben, jedenfalls läßt sich voraussehen, daß es auf der Brücke zu einer Auseinandersetzung kommen wird, deren Folgen durchaus erwogen oder durchgespielt werden können; doch leider wissen wir immer mehr als die, die von uns abhängen, deshalb sollte der Ausschnitt genügen, den das Paar auf dem Achterdeck übersieht, der Ausschnitt des unteren Decks, der einen am Boden liegenden Ludi Leibold zeigt, das Gesicht auf einer Nietenspur, mit den Füßen zuckend, und neben ihm kniend der öffentliche Verfolger, der mit einer gebräuchlichen Fessel hantiert, der ein Handgelenk des Barkassenschrecks schon bezwungen hat und nun versucht, auch das zweite an die Kette zu legen, was ihm durch kräftigeren Druck auch gelingen wird, wonach er ihm, da der Anlegesteg immer mehr heranwächst, nur noch einzuschärfen braucht, daß jeder Fluchtversuch sinnlos und jedes unnötige Aufsehen zu vermeiden sei, besonders wenn sie von Bord gehn und durch die wartenden Leute auf dem hängenden Anlegesteg, der gleich knirschen und aufseufzen wird unter dem Stoß der eisernen Bordwand und der, auch wenn Fender dazwischen liegen, ein paar neue Schrammen abbekommt; doch noch bevor die unvermeidliche Erschütterung durch das Schiff geht, während die Möwen die Verfolgung aufgeben und abstreichen, während schon Leinen klargemacht werden, während der Laufsteg herangeholt wird, setzt die Frau auf dem Achterdeck den Koffer ab, horcht, ergreift das Handgelenk ihres Mannes, der nicht von Ludi Leibold und seinem erfolgreichen Verfolger wegfindet, und sagt: Es ist soweit, und sagt noch einmal, da ihr Mann sie nicht verstanden zu haben scheint: Es geht los, ich spüre, es geht los, worauf er nur in rechtmäßiger Hilflosigkeit feststellen kann: Aber wir haben doch noch keinen Boden unter den Füßen, was der Frau allem Anschein nach gleichgültig ist, denn sie steht auf, wankt aufs knappe Brückendeck – es soll also auf dem Brückendeck und nicht auf dem Achterdeck geschehen – und läßt sich dort nieder in dem Augenblick, in dem die Fähre festmacht und über den herangerollten Laufsteg der Alte als erster von Bord geht, achtlos, die Hände auf dem Rücken verschränkt; und dich selbst interessiert mehr als alles andere die Art seines Weggangs aus dem sommerlichen Hafenbild: geht so nicht einer ab, der selbst bestimmt, was eine Tatsache ist?

1969

Der Verzicht

Mitten in jenem Winter kam er mit Fahrrad und Auftrag hierher, in einer hartgefrorenen Schlittenspur, die ihm nicht erlaubte, den Kopf zu heben und nach vorn zu blicken, sondern ihn unablässig zwang, die Spur, der er sich anvertraut hatte, zu beobachten, denn sobald er aufsah, schrammte die Felge jedesmal an den vereisten Schneewänden entlang, die Lenkstange schlug zur Seite, und wenn er sie herumriß, setzte sich das Vorderrad quer, festgestemmt in der engen Spur, so daß er – in dem langen Uniformmantel, den alten Karabiner quer überm Rücken – Mühe hatte, rechtzeitig abzuspringen. Mühsam kam er den Dorfweg herauf, der an der Schule vorbeiführt, allein und keineswegs eine überzeugende Drohung, vielmehr machte er in der grauen Februar-Dämmerung, vor den rauchfarbenen Hütten unseres Dorfes, den Eindruck eines verzweifelten und verdrossenen Mannes, dem die Spur, in der er zu fahren gezwungen war, bereits mehr abverlangt hatte, als er an Aufmerksamkeit, an Kraft und Geschicklichkeit aufbringen konnte.

Durch die Fenster der Schulklasse sahen wir ihn näherkommen, glaubten sein Stöhnen zu hören, seine Flüche und die Verwünschungen, mit denen er die kufenbreite Spur bedachte und mehr noch sein Los, in ihr entlangfahren zu müssen. Es war Heinrich Bielek. Wir erkannten ihn sofort, mit dem schnellen und untrüglichen Instinkt, mit dem man einen Mann aus seinem Dorf erkennt, selbst in schneegrauer Dämmerung, selbst wenn dieser Mann jetzt eine Uniform trug und einen alten Karabiner quer über dem Rücken: Heinrich Bielek, krank und mit weißem Stoppelhaar – wenn auch nicht so krank, daß sie in jener Zeit auf ihn hätten verzichten wollen. Sie konnten ihn zwar nicht beliebig verwenden oder – ihrem Lieblingswort gemäß – einsetzen, aber er trug ihre Uniform, vermehrte ihre Zahl und gab ihnen die Sicherheit einer Reserve.

Wir beobachteten, wie er sich am Schulhof vorbeiquälte, und glaubten ihn längst am Dorfausgang und unterwegs nach Schalussen oder wohin immer ihn die hartgefrorene Schlittenspur und sein Auftrag führen sollten, als ihn zwei Männer über den Korridor brachten, ihn ins Lehrerzimmer trugen und dort auf ein Sofa niederdrückten. Wie ich später erfuhr, legten sie seinen Karabiner quer über einen verkratzten Ledersessel, öffneten seinen Mantel und sahen eine Weile zu, wie er sich krümmte, nach mehreren Versuchen auf die Seite warf und beide Hände flach auf seinen Leib preßte, ohne einen einzigen Laut, und bevor sie ihm noch anboten, den Arzt aus Drugallen holen zu lassen, richtete er sich wieder auf und beschwichtigte die Männer durch einen Wink: es waren nur die überfälligen Magenkrämpfe, die er schon in der Nacht erwartet hatte und deren Verlauf er so gut kannte, daß er mit dem Schmerz allein fertig zu werden hoffte.

So war es wahrscheinlich auch weniger der Schmerz als der Gedanke an die bläuliche, hartgefrorene Schlittenspur, der ihn später auf dem Sofa im Lehrerzimmer festhielt, neben einer rissigen Wand, unter der Photographie eines uniformierten Mannes mit Kneifer, der sachlich auf ihn herabsah. Obwohl es ihm besser zu gehen schien, erhob er sich nicht, sondern verteilte liegend Zigaretten, ohne selbst zu rauchen, und erwiderte den sachlichen Blick jenes Mannes auf der Photographie, den er für einen Lehrer gehalten hätte, wenn er ihm unbekannt gewesen wäre; doch Heinrich Bielek kannte ihn so gut, daß er selbst die Furcht verstand, die dieser Mann hervorrief oder hervorrufen sollte.

Nachdem er endgültig beschlossen hatte, daß die Magenkrämpfe es ihm nicht mehr erlaubten, in der Schlittenspur weiterzufahren, zog er den schlechtsitzenden Uniformmantel aus, rollte ihn zusammen und schob ihn sich als Kopfkissen unter und musterte aus seinen eichelförmigen Augen die beiden Männer. Er erkundigte sich nicht nach seinem Fahrrad, ein zusätzliches Zeichen dafür, daß er vorerst nicht weiterzufahren gedachte, vielmehr weihte er die Männer in seinen Auftrag ein, wodurch er erreichte, daß beide sich dem unerwünschten Zwang ausgesetzt fühlten, ihm, der ausgestreckt vor ihnen lag, zu helfen.

Das Vertrauen, in das er sie zog, ließ den Männern – einer von ihnen war Feustel, der pensionierte Rektor, ein nach Tabak und Zwiebeln riechender Junggeselle – keine andere Wahl, weshalb sie, noch bevor er sie darum bat, einen Jungen in das Lehrerzimmer riefen und neben das Sofa führten, auf dem Heinrich Bielek lag. Obwohl sie seinen Auftrag kannten, überließen sie es dem Liegenden, ihn an den Jungen weiterzugeben, und als Bielek zu sprechen begann, lag auf ihren Gesichtern ein Ausdruck beflissenen und gespannten Interesses, so als hörten sie alles zum ersten Mal. Der Junge, Bernhard Gummer, mit wulstigem Nacken und schräggelegtem Kopf – jeder bei uns kannte seinen sanften, freundlichen Schwachsinn – starrte auf den alten Karabiner, der quer auf dem Ledersessel lag, und verriet weder durch ein Nicken noch durch einen Blick, ob und wie er den Auftrag oder doch die Verlängerung des Auftrags verstanden hatte, was jetzt Feustel veranlaßte, dem Jungen eine Hand auf die Schulter zu legen und ihn aufzufordern, das, was er gehört hatte, langsam zu wiederholen.

Der Junge enttäuschte sie nicht; ohne das Gesicht zu heben, wiederholte er, daß er nach Schalussen zu gehen habe, zu Wilhelm Heilmann, dem Alteisenhändler, und er sollte ihn hierherbringen, in die Schule, ins Lehrerzimmer, zu dem Mann in der Uniform, zu Heinrich Bielek. Wenn er nicht komme, werde man ihn noch heute holen, es sei dringend. Der ehemalige Rektor richtete sich zufrieden auf, und Bernhard Gummer zog bedächtig seinen Mantel an, setzte die Ohrenschützer auf, lauschte einen Augenblick, als höre er, wie ein Funker, schwache Signale in den Hörmuscheln; dann streifte er die an einer Schnur befestigten Fausthandschuhe über und verließ mit schleppendem Gang die Schule.

Der Junge kannte den Weg, er selbst wohnte in Schalussen, und er kannte auch – wie wir alle – die Hütte von Wilhelm Heilmann und den Schuppen und den Lagerplatz hinter dem Schuppen, auf dem ein Hügel von rostigem Eisen lag: alte Fahrradrahmen, Bleche, braunrotes Drahtgewirr, leere Pumpgehäuse, abgestoßene Hufeisen und zerbeulte Kessel, durch deren Löcher im Sommer der Löwenzahn herauswuchs oder Taubnesseln. Dieser Hügel schien uns mehr ein Wahrzeichen der Heilmanns als ihr Kapital, von dem sie lebten; denn er wurde nie flacher und geringer, wurde nie in unserer Gegenwart auf Lastwagen geladen, wurde nicht einmal, wie Erbsen, nach guten und schlechten Teilen verlesen, sondern lag nur da durch Jahreszeiten und Generationen, ein Hügel der Nutzlosigkeiten. Und doch mußten sie davon leben und gelebt haben, geheimnisvoll und gewitzt; ganze Geschlechter von ihnen hatten altem Eisen vertraut, ernährten sich mit seiner Hilfe, wuchsen heran und ließen den rostroten Hügel wieder den nächsten Heilmanns als Erbe zufallen, die es anscheinend weder mehrten noch minderten, sondern nur darauf aus schienen, es zu erhalten. Unsere Großväter, unsere Väter und wir: Generationen unseres Dorfes stahlen hinten von dem Hügel, wenn sie Groschen brauchten, und gingen vorn zu den Heilmanns und verkauften ihnen, was diese schon dreimal besaßen, wonach unsere Leute nur noch Zeugen wurden, wie der Krempel wieder auf den Hügel flog, so daß dieser zwar nicht seine alte Form, aber doch sein altes Gewicht hatte, was ihm jene seltsame Dauer verlieh. Obwohl Wilhelm Heilmann allein lebte, zweifelten wir nicht daran, daß eines Tages irgendwoher ein neuer Heilmann auftauchen werde, um den Hügel aus altem Eisen in seinen Besitz zu nehmen – zu übernehmen und zu verwalten wie jenes Holzscheit, an dem das Leben hing.

Soviel ich weiß, fand der Junge an jenem Morgen Heilmann lesend im Bett. Er wunderte sich nicht, daß der alte Mann angezogen unter dem schweren Zudeck lag, ging zu ihm, setzte sich auf die Bettkante, schob die Ohrenschützer hoch und wiederholte seinen Auftrag, und nachdem er fertig war und sah, daß der Alte weder Überraschung noch Abwehr oder Furcht zeigte, riet er ihm, sich zu verstecken oder die Hütte zu verschließen, und wenn nicht dies, so doch ein Gewehr zu kaufen, da auch der andere ein Gewehr bei sich hatte, doch Wilhelm Heilmann, der Letzte mosaischen Glaubens in unserer hoffnungslosen Ecke Masurens, lächelte säuerlich, das Lächeln einer ertragbaren und unwiderruflichen Gewißheit, und er schlug das Zudeck zurück und stand auf. Er hatte mit Stiefeln im Bett gelegen. Der Junge ging in die Küche, setzte sich auf eine Fußbank und brach sich ein Stück von einem grauen Hefefladen ab und begann zu essen; er brauchte nicht zu warten, denn der Alte wechselte nur seine Brille, die Lesebrille gegen die Arbeitsbrille, stand schon in der dunklen Küche und forderte den Jungen auf, ihn zu führen. Der alte Mann blickte weder auf die gekalkte Hütte, die er unverschlossen zurückließ, noch auf den schneebedeckten Hügel, unter dem das rostige Erbe der Heilmanns lag, sondern ging dem Jungen voraus neben der Schlittenspur, und unter ihren Schritten krachte der gefrorene Schnee. Vor den Weiden, die mit einer Eisglasur überzogen waren, holte der Junge ihn ein einziges Mal ein und zeigte auf die dunkle, undurchdringbar erscheinende Flanke des Waldes, deutete nur stumm hinüber, wobei seine Geste und seine Haltung nichts als eine heftige Aufforderung ausdrückten; Wilhelm Heilmann lächelte säuerlich und schüttelte den Kopf. Vielleicht wußte er, daß er in unserer Ecke der letzte war, den sie lediglich vergessen oder geschont, wahrscheinlich aber vergessen hatten, was ihn dazu bringen mußte, unversöhnt zu warten bis zu dem Augenblick, da die Reihe an ihn käme. Jetzt, da der Junge ihn holte, war er versöhnt, etwas war erloschen in ihm: seine Wißbegier, die Zweifel, denen er sich ausgeliefert fand, als sie nacheinander die andern holten – wobei sie oft genug durch Schalussen und an seiner Hütte und seinem Eisenhügel vorbeikamen –, ohne ihm selbst zu drohen oder ihm auch nur anzukündigen, was er insgeheim immer mehr erwartete.

Zwei Jahre dauerte es, bis ihre genaue Grausamkeit sich seiner weniger entsann, als ihn vielmehr hervorholte wie etwas, das man nur zurückgestellt, sich aufgespart hatte für eine andere Zeit. Wilhelm Heilmann hatte damit gerechnet und sich nicht ein einziges Mal die Schwäche der Hoffnung geleistet.

In seiner knielangen erdbraunen Joppe ging er dem Jungen voran, durch das Spalier der rauchfarbenen Hütten zur Schule, die er einst selbst besucht hatte; ging den mit Asche und winzigen Schlackenbrocken gestreuten Weg hinauf, entdeckte das Fahrrad, blieb neben ihm stehen, nickte lächelnd und schob die Hände tief in die Taschen. Bernhard Gummer stellte sich neben ihn, sein Gesicht veränderte und näherte sich dem alten Mann, die aufgeworfenen Lippen bewegten sich, flüsterten etwas dringend und unverständlich, dann wandte er sich um und verschwand in der Schule, ohne zurückzublicken.

Der Alte wartete, bis er das Geräusch der genagelten Stiefel auf dem Korridor hörte, stieß sich mit dem Rücken von der Wand ab und trat dem uniformierten Mann entgegen, der in einer Hand den Karabiner trug, sich mit der andern den Mantel zuknöpfte. »Fertig, Wilhelm?« »Fertig, Heinrich.« Es kam Wilhelm Heilmann nicht zu, mehr zu sagen, und es gab nichts für ihn, das ihm wichtig genug erschienen wäre, als daß er es hätte erfahren wollen; das Wissen, das er in sich trug wie eine Konterbande, übertraf alles, was er von Heinrich Bielek je hätte erfahren können, und so folgte er ihm einfach auf die Landstraße, wandte sich mit ihm um und winkte leicht zur Schule zurück, ging neben ihm durch unser Dorf mit der überzeugenden Selbstverständlichkeit eines Mannes, der den Weg und den Plan des andern kennt und teilt. Sie gingen an der Domäne vorbei, über die alte Holzbrücke, an deren Geländer noch die Schrammen der Erntewagen vom letzten Herbst zu erkennen waren. Auf freiem Feld traf sie ein eisiger Wind, schnitt in ihre Gesichter. Wilhelm Heilmann spürte, wie sein Augenlid zu zucken begann. Ein verschneiter Wegweiser zeigte Korczymmen an, vierzehn Kilometer, Grenzgebiet. Flach über den Schnee lief ihnen der Wind entgegen, trieb eine schmerzhafte Kühle in ihre Lungen, und sie senkten ihre Gesichter und legten den Oberkörper nach vorn. »Es ist nicht der freundlichste Tag«, sagte Heinrich Bielek. »Drüben in den Wäldern wird es angenehmer«, sagte Wilhelm Heilmann. Ein Schlitten mit vermummten Leuten kam ihnen entgegen, sie traten zur Seite, Hände winkten ihnen zu, sie grüßten zurück, ohne zu erkennen, wem ihr Gruß galt. Das Gebimmel der Schlittenglocken verklang in einem Tal.

Als sie die Stelle erreichten, wo der Wald die Straße belagerte, hatte Heinrich Bielek ein Gefühl, als ob ein heißes Geschoß in seinen Magen eindrang; es traf ihn so überraschend, mit einer so vollkommenen Gewalt, daß er beide Hände erschrocken auf seinen Leib preßte, das Fahrrad fallen ließ und auf den Knien in den Schnee sank. Seine Mütze fiel vom Kopf. Das Schweißband rutschte aus dem Kragen heraus. Der Riemen des Karabiners schnürte in seine Brust. Wilhelm Heilmann sah ausdruckslos auf ihn herab, und als ihn ein schneller, argwöhnischer Blick traf, hob er das Fahrrad auf und hielt es mit beiden Händen fest – wie eine Last, die er um keinen Preis loslassen wollte oder dürfte, nur um damit schweigend zu bekunden, daß es ihm weder jetzt noch später darauf ankam, eine Gelegenheit auszunutzen. Es war weder Niedergeschlagenheit noch Schwäche, was er in diesem Augenblick bekundete, sondern das Eingeständnis, auf jede Handlung zu verzichten, die das, was er in seinem Lauschen und in seinen Träumen so oft erwartet, erlebt und durchstanden hatte, ändern könnte. Er hielt das Fahrrad fest und wagte nicht, über sein zuckendes Augenlid zu streichen, stand nur und blickte auf den uniformierten Mann im Schnee, der sich jetzt angestrengt auf alle viere erhob, lange zögerte, als ob er nach der entscheidenden Kraft suchte, die ihn auf die Beine bringen sollte, dann die Hände nah zusammenführte, sich hochstemmte mit einem Ruck, und eine Sekunde bang und ungläubig dastand, ehe er sich mit einer knappen Aufforderung an Wilhelm Heilmann wandte. »Also weiter, Wilhelm«, sagte er.

Sie gingen in der Mitte einer frischen Schlittenspur durch unseren alten Wald, geschützt vor dem eisigen Wind, der hoch durch die Kiefern strich und überall Schneelasten von den Ästen riß, die stäubend zwischen den Stämmen niedergingen. In weitem Abstand neben dem Weg lagen Haufen geschnittener Stämme; die Schnittflächen leuchteten gelblich, zeigten ihnen an, wo die Spur verlief. Wilhelm Heilmann schob das Fahrrad, und der andere nahm den Karabiner ab und trug ihn in der Hand. Sie gingen nebeneinander, bemüht, auf gleicher Höhe zu bleiben, auch wenn der Weg es erschwerte, auch wenn er sie dazu zwang, schräg aus den Augenwinkeln auf den andern zu achten, nicht so sehr aus Furcht oder aus Mißtrauen, sondern aus dem Verlangen, gemeinsam vorwärtszukommen, sich ziehen zu lassen vom Schritt des andern. Ein fernes Donnern wie von einem Wintergewitter rollte über sie hin; Heinrich Bielek hob den Kopf, lauschte, ohne stehenzubleiben, und sagte leise: »Schwere Artillerie«, worauf Wilhelm Heilmann ausdruckslos hochblickte – mit der gleichen Ausdruckslosigkeit, mit der er den alten Eisenkrempel auf seinen Hügel geschleudert hatte.

Der Wald wurde freier, sie gingen an den gefrorenen Sümpfen vorbei und den Berg hinauf und wieder in den Wald, der sie mit derselben Bereitwilligkeit aufnahm, wie er sich hinter ihnen schloß, und als sie den verrotteten hölzernen Aussichtsturm erreichten, fiel Schnee. Die Straße teilte sich, ein zweiter Wegweiser zeigte Korczymmen an, elf Kilometer. Sie folgten dem Wegweiser wortlos, als hätten sie sich längst auf ein Ziel geeinigt.

Wilhelm Heilmann dachte an den Mann, der ihn führte oder vielmehr überführte, entsann sich dessen einäugigen Vaters, der Kate, in der die Bieleks wohnten, fleißige und geschickte Besenbinder, deren sichtbarster Reichtum dreckige Kinder waren, die im Frühjahr durch die Birkenwälder schwärmten, um elastische Reiser zu schneiden. Er dachte an den Knaben Heinrich Bielek, der auf den Bäumen gesessen hatte, um Lindenblüten für den Tee zu pflücken, der bis spät in den Oktober barfuß gegangen und bei einer Hochzeit unter die Kutsche gekommen war, in der die Braut gesessen hatte. Er entsann sich sogar jener Begabung Heinrichs, die sie damals immer wieder verblüfft hatte, die Begabung nämlich, ein Schnitzmesser mit der Spitze auf seinen Schenkel fallen zu lassen, und zwar so, daß er sich nicht die geringste Wunde beibrachte. Wilhelm Heilmann wurde auf einmal gewahr, daß er zu schnell ging oder daß der Mann neben ihm langsamer wurde. Er blieb nicht stehen, versuchte nur, sich auf den Schritt des andern einzustellen, was ihm jedoch nicht gelang, so daß er schließlich, als er wieder einen Vorsprung hatte, doch stehenblieb, sich umwandte und Heinrich Bielek nicht mehr hinter sich in der Schlittenspur fand, sondern ihn durch den hohen Schnee seitwärts in den Wald stapfen sah, den Kolben des Karabiners als Stütze benutzend. Sofort hob er das Fahrrad an, kehrte zurück, noch bevor ihn der Befehl erreichte, zurückzukehren, und folgte den Fußstapfen, die zu einer Hütte aus Fichtenstämmen führten, wie sie sich unsere Waldarbeiter für den Sommer bauen. Die Tür war nur mit Draht gesichert, sie bogen ihn auseinander und traten in die Hütte, in der auf dem nackten Fußboden vier Strohsäcke lagen. Kein Fenster, kein Ofen, nur ein Bord, auf dem angelaufene Aluminiumbecher standen; in den Pfosten neben der Tür waren Kerben geschnitten, in einer Ecke lag Schnee. Heinrich Bielek ließ sich auf den ersten Strohsack hinab, streckte sich stöhnend aus und deutete stumm auf den Strohsack neben ihm, auf den sich, nachdem er das Fahrrad in die Hütte gestellt hatte, Wilhelm Heilmann setzte, dann seine Brille abnahm und sie sorgfältig am Ärmel der Joppe putzte. Danach stand er auf und ging zur Tür, um sie zu schließen: ein schwacher Befehl rief ihn zurück, und er sah, wie Heinrich Bielek vom Strohsack aus den Lauf des Karabiners auf ihn gerichtet hielt, den Lauf mühsam schwenkte und mitdrehte, während er langsam durch den Raum zu seinem Strohsack zurückkehrte. Die Tür blieb offen. Plötzliche kleine Böen schleuderten Schnee herein. Kalte Zugluft strömte über sie hin.

Der Schmerz hielt Heinrich Bielek fest wie in einem Griff, preßte ihn an den Strohsack, und er schlug mit den Beinen und warf den Kopf hin und her, ohne jedoch den Mann zu vergessen, der neben ihm saß und ruhig auf ihn herabblickte. Er vergaß ihn so wenig, daß er sich jetzt herumwarf und ihn fortwährend aus aufgerissenen Augen anstarrte, erschrocken, abwehrend, denn er erschien ihm durch den Schmerz hindurch riesenhaft vergrößert und in all seiner körperlichen Überlegenheit so sehr auf Flucht aus zu sein, daß er ihn bereits fliehen sah: die erdbraune Joppe hierhin und dorthin zwischen den Stämmen, hinter den Tannen, unerreichbar selbst für die Kugel, und Heinrich Bielek dachte: ›Nicht, Wilhelm, tu das nicht.‹

Dann spürte er, wie sein Koppelschloß ausgehakt, sein Mantel geöffnet wurde, das heißt, er spürte weit mehr die jähe Erleichterung als die einzelnen Vorgänge, die dazu führten. Er ließ den Karabiner los, legte die Hände flach auf seinen Leib und fühlte nach einer Weile, wie der Krampf ihn freigab und der Griff sich lockerte, so fühlbar nachgab, daß er sich hinsetzte, den Rücken gegen die behauenen Stämme der Wand gelehnt. In einem Augenblick, da Wilhelm Heilmann die Hände vor das Gesicht zog, nahm er den Karabiner wieder an sich, legte ihn quer über seine Schenkel.

Sie saßen sich schweigend gegenüber, und beide hatten, nicht länger als einen Atemzug, den Eindruck einer Sinnestäuschung: keiner suchte den Blick des andern, keiner sagte ein Wort; vielmehr schienen sie einander wahrzunehmen durch ihre lauschenden, reglosen Körper, schienen auch im Einverständnis dieser Körper zu handeln, und als sich der eine erhob, erhob sich der andere fast gleichzeitig, stand in der gleichen Unschlüssigkeit da, setzte sich mit dem gleichen Zögern in Bewegung. Gemeinsam traten sie aus der Hütte, später, als es aufgehört hatte zu schneien, traten hinaus ohne Angst und ohne Hoffnung. Wilhelm Heilmann führte das Fahrrad, er dachte nicht an die verlorene Chance, zwang seine Erinnerung nicht zurück zu jenen Minuten, in denen er unbemerkt und risikolos die Hütte hätte verlassen oder tun können, was die absolute Wehrlosigkeit des andern nahelegte. Er ließ Heinrich Bielek vorangehen. Sie gingen weiter durch die Wälder, den Weg nach Korczymmen.

Vor dem Grenzdorf, das Wilhelm Heilmann kannte, aber seit Jahren nicht betreten hatte, bogen sie vom Hauptweg ab und folgten einer ausgetretenen Spur im Schnee, bis sie die klumpigen, gefrorenen Wälle des Grabens erreichten, der mitten durch den Wald lief. Sie hörten das Geräusch von Spitzhacken und Schaufeln und das Krachen von Erdklumpen, die gegen die Stämme geschleudert wurden.

Sie sahen Frauen in Kopftüchern und alte Männer auf dem Grund des Grabens arbeiten und sahen Kinder, die Steine, Wurzeln und harte Brocken von Erde an den Wänden hochstemmten. Wilhelm Heilmann nickte ihnen im Vorübergehen zu. Weit vor ihnen schoß ein Maschinengewehr, und danach hörten sie einzelne Revolverschüsse. Hinter den Wällen standen Posten. Auf einen Wink lehnte Wilhelm Heilmann das Fahrrad gegen einen Baum und ging sofort weiter in die Richtung, aus der sie die Schüsse gehört hatten. Ein junger, breitgesichtiger Mann kam ihnen entgegen, sein Gewehr schräg vor der Brust. Er trat zwischen sie. Er befahl Heinrich Bielek zurückzugehen. Als er sich umdrehte, bemerkte er, daß der Mann in der erdbraunen Joppe, den er weiterzuführen hatte, ihm bereits mehrere Schritte stillschweigend vorausgegangen war.

1960

Ein Kriegsende

Unser Minensucher glitt mit kleiner Fahrt durch den Sund, und sie hoben nur einmal den Blick und drehten sich weg. Von ihren Fischkuttern, von ihren Prähmen und verworfenen Holzstegen linsten sie zu uns herüber, schnell und gleichmütig, anscheinend gleichmütig, und kaum daß sie uns aufgefaßt hatten, wandten sie sich ab und stapelten weiter ihre Kisten mit Dorsch und Makrele, schrubbten die Decks, schlugen die Netze aus oder setzten mit weggetauchtem Gesicht die letzten Tabakkrümel in Brand. So wie sie durch uns hindurchsehen konnten, wenn wir ihnen in den krummen Straßen der kleinen Hafenstadt begegneten, so registrierten sie interesselos jedes Auslaufen von MX12, tauschten keine Signale, taxierten nicht, sahen sich nicht fest; mitunter kehrten sie uns sogar den Rücken zu, wenn wir mit entkleidetem Buggeschütz vorbeiglitten, und arbeiteten nur heftiger, fast erbittert. Sie schienen sich an MX12 gewöhnt zu haben, an den grauen Minensucher, sie ertrugen seine beherrschende Silhouette vor dem getünchten, kastenförmigen Gebäude des Hafenkommandanten, ertrugen sie, indem sie achtlos über sie hinwegblickten – nicht alle, aber doch die meisten in diesem stillen dänischen Hafen, in dem wir in den letzten Monaten des Krieges stationiert waren.

Die Ufer traten zurück, der Sund öffnete sich, bei schwachem Wind hängten sich Möwen übers Achterdeck, wie für alle Fälle. Wir passierten die Mole, der weißgelackte Leuchtturm glänzte in der Sonne, wir passierten die bröckelnde Festung, in der einst ein umnachteter König seine letzten Jahre verbracht hatte. Unsere schwach auslaufenden Bugwellen leckten die Steine, hoben die kleinen vertäuten Boote an und ließen sie dümpeln. Keines unserer Geschütze war besetzt.

Fern, im Schutz der Inseln, in ihrem vermeintlichen Schutz, ankerte eine heimatlose Armada: alte Frachter, Werkstattschiffe, Schlepper und Lastkähne. Sie waren aus den Häfen des Ostens geflohen, die nun verloren waren, sie hatten sich mit ihrem letzten Öl, mit letzter Kohle westwärts retten können, einzeln und in trägen Konvois, über eine unsichere Ostsee, die gesprenkelt war von Treibgut. Seit Wochen lagen sie auf Warteposition, doch sie erhielten keine Erlaubnis, die wenigen verbliebenen Häfen anzulaufen, deren Piers von Kriegsschiffen besetzt waren.

Es frischte nicht auf, feiner Dunst lag über der See, als wir das mächtige Wrack passierten, einen ehemaligen Truppentransporter, der mit nur geringer Krängung auf Grund lag, am Rande des Fahrwassers. Die sanfte Dünung spülte über die rostigen Plattformen der Flak, warf sich klatschend an den Aufbauten hoch, fiel zurück und floß in schäumenden Zungen ab. Auf den Spieren, signalhaft aufgereiht, saßen Mantelmöwen, die hin und wieder einzeln abschwangen und nach knappem Rundflug wiederkehrten. Immer noch liefen wir kleine Fahrt. Der Kommandant rief einige von uns zur Brükke, er sah wie abwesend über die See, als er unseren Auftrag bekanntgab, er sprach in wechselnder Lautstärke, mitunter fiel er ins Platt. Kurland also; wir hatten den Auftrag bekommen, nach Kurland zu laufen, wo eine eingeschlossene Armee immer noch kämpfte, sich eingrub und widerstand mit dem Rücken zur Ostsee, obwohl alles verloren war. Wir gehen nach

Libau, sagte der Kommandant, wir werden im Hafen Verwundete an Bord nehmen und sie nach Kiel bringen. Befehl vom Flottillenkommando. Er knöpfte die Uniformjacke über dem Rollkragenpullover zu, suchte den Blick des Steuermanns und stand eine Weile da, als erwartete er etwas, eine Frage, einen Einspruch, doch weder der Steuermann noch ein anderer sagte ein Wort zu unserem Auftrag, sie harrten nur schweigend aus, als verlangten sie zu dieser Nachricht eine Erläuterung. Der Kommandant ließ das Zwillingsgeschütz besetzen.

Am Ruder stehend, hörte ich, wie sie den Kurs erwogen. Seit die Häfen in Pommern und Ostpreußen verlorengegangen waren, lief kein Geleit mehr ostwärts, dem wir uns hätten anschließen können; wir mußten versuchen, allein durchzukommen, fern von der Küste, um nicht von ihren Flugzeugen entdeckt zu werden. Der Kommandant sprach sich für einen nordöstlichen Kurs aus, am schwedischen Gotland vorbei; er schlug vor, an schwedischen Hoheitsgewässern weiterzulaufen, um dann, auf südöstlichem Kurs, die Ostsee nachts zu überqueren. Der Steuermann sagte: Wir kommen nicht durch, Tim, und der Kommandant darauf, zögernd und wie immer ein wenig abweisend: Ich war noch nie in Libau, vielleicht ist das die letzte Gelegenheit. Sie stammten aus demselben Nest in Friesland, vor dem Krieg hatten beide Fischdampfer gefahren, beide als Kapitän.

Wir liefen mit Marschgeschwindigkeit auf einem Kurs, den allein der Kommandant bestimmt und abgesteckt hatte; die See krauste sich, ein Torpedoboot passierte uns in sehr schneller Fahrt. Durch das Glas waren überall in den Gängen Soldaten mit Verbänden zu erkennen. Zum Schluß, sagte der Kommandant, fahren alle als Lazarettschiff. Der Himmel war klar, hoch über uns zerliefen Kondensstreifen. Zwei leere Schlauchboote trieben auf dem Wasser, unsere Hecksee ließ sie torkeln. Der Funkmaat brachte einen Notruf auf die Brücke, den ein sinkendes Schiff abgesetzt hatte, ein großes Wohnschiff, die »Cap Beliza«; sie meldete Minenexplosion. Über die Karte gebeugt, ermittelte der Kommandant die Unglücksstelle; wir konnten ihnen nicht zu Hilfe kommen, wir standen zu weit ab. Es ist Wahnsinn, Tim, sagte der Steuermann, wir kommen nie durch bis Libau. Sie tauschten wortlos ihren Tabak, stopften gleichzeitig die Pfeifen und steckten sie an. Ihre Flugzeuge, sagte der Steuermann, ihre Flugzeuge und U-Boote: östlich von Bornholm räumen die alles ab. Wir haben einen Auftrag, sagte der Kommandant, in Kurland warten sie auf uns.

Nachdem wir gestoppt hatten, driftete das Rettungsfloß an unserer Bordwand entlang, eine Leine flog hinunter, die einer der beiden barfüßigen Soldaten auffing und an einem Querholz festmachte. Sie waren waffenlos, ihr Besitz lag in einer zusammengebundenen Zeltbahn, die sie an Bord gehievt haben wollten, bevor sie selbst das Floß verließen. Sie brauchten Hilfe bei ihrem Versuch, das ausgebrachte Fallreep hinaufzuklimmen, und bei ihrem Gang zur Kajüte mußten sie gestützt werden. Gerade hatten wir Fahrt aufgenommen, als von Westen her, knapp überm Wasser, mehrere Maschinen auf uns zuflogen; wie aus dem Horizont geschleudert, schossen sie heran, ihre Propeller blitzten und schienen sich sirrend vor und zurück zu bewegen, wie in Filmen. Noch röhrte und quakte unser Alarmhorn, da schlugen schon, scharfe Fontänen aufwerfend, die Geschosse ins Wasser, sägten übers Deck, über Brücke und Vorschiff, einer von uns wurde in die Nock geschleudert; unser Zwillingsgeschütz schwang herum und feuerte mit Leuchtspurmunition, die Geschoßbahnen gingen über die Maschinen hinweg. Es war der einzige Anflug. Der tote Signalgast wurde in Segeltuch geschnürt – nicht eingenäht, sondern nur geschnürt – und, mit zwei Gewichten beschwert, übers Heck dem Wasser übergeben.

Der Steuermann sprach mit den barfüßigen Soldaten; sie hatten zu einem Stab gehört, der in einem pommerschen Hafen aufgebrochen war, auf einem bewaffneten Schlepper. Ein Tanker hatte sie nachts gerammt. Sie wollten nicht glauben, daß wir nach Kurland unterwegs waren, Angst lag auf ihren Gesichtern; der, der für beide sprach, bat darum, irgendwo an Land abgesetzt zu werden. Sie hielten sich aneinander fest. Es wurde ihnen gesagt, daß sie, da wir unterwegs keinen Hafen anlaufen würden, während der ganzen Fahrt an Bord bleiben müßten. Der, der für beide sprach, sagte darauf leise und wie zu sich selbst: Aber es geht doch zu Ende, vielleicht ist alles schon zu Ende.

Auch der verschärfte Ausguck meldete nichts. Wir liefen auf nordöstlichem Kurs, mitunter gerieten wir in sehr leichte Nebelbänke, die die Sonne schwach durchdrang; die See blieb ruhig. Kaum Wind. Wandernde Kolonien von Quallen, die sich unter ebenmäßigen Kontraktionen fortbewegten, gaben dem Wasser einen milchigen Schimmer; wenn wir hindurchpflügten, glänzte es tausendfach neben der Bordwand auf. Einmal sichteten wir eine flache Rauchfahne, die wie herkunftslos am Horizont lag. Die Stille, der Raum, die Leere: sie gaben uns das Gefühl, durch ungefährdetes Gebiet zu fahren, durch verschonte Weite – für Augenblicke zumindest. Wir fuhren unter Kriegswache. Überall auf ihren Gefechtsstationen saßen und standen sie zusammen, ihre Diskussionen hörten nicht auf.

Der Funkmaat selbst brachte das Gerücht zur Brücke; er rückte nicht gleich damit heraus, er erzählte zunächst von den

Rettungsmaßnahmen für die »Cap Beliza« – vier Schiffe, darunter zwei Zerstörer, waren bei ihr –, studierte die ausliegenden Karten und überschlug unseren Kurs, stand danach eine Weile rauchend in der Brückennock, und erst kurz bevor er uns verließ, im Wegdrehen, sagte er: Da läuft etwas, da liegt was in der Luft. Was meinst du, fragte der Steuermann. Kapitulation, sagte der Funkmaat. Wenn mich nicht alles täuscht, stehen wir kurz vor der Kapitulation.

Recht voraus hob sich ein mächtiges weißes Schiff über die Kimm, ein schwedischer Passagierdampfer, Blau und Gelb an der Bordwand und an den beiden Schornsteinen, er lief mit voller Fahrt, selbstbewußt, im Schutz der Neutralität; auf dem Sonnendeck Passagiere in Liegestühlen, vermutlich in Kamelhaardecken gehüllt, Paare flanierten oder standen entspannt an der Reling, während Stewards mit Tabletts nach ihren Auftraggebern spähten.

Es war nicht leicht, geradeaus zu blicken, über das Ruder hinweg, als sie hinterm Rücken wieder anfingen, als der Steuermann fragte: Was dann, Tim, was dann, wenn es eintrifft; und der Kommandant nach einer Pause sagte: Zerbrich dir nicht den Kopf, bei der Flottille werden sie uns nicht vergessen.

»Und wenn sie auf einmal schweigt?«

»Wir haben einen Auftrag.«

»Nicht nur einen.«

»Wie meinst du das?«

»Das Boot. Die Besatzung. Es ist zu Ende, Tim. Sie sind in Berlin... Wir kommen nie durch nach Kurland. Warum willst du alles aufs Spiel setzen?«

»Was schlägst du vor?«

»Wir laufen nach Kiel. Oder nach Flensburg. Heil zurückkommen: das ist auch ein Auftrag. Der letzte.«

»Ich denk an die armen Hunde... Die ganze Nehrung soll voll sein, die Nehrung vor Libau. Verwundet in Gefangenschaft... Stell dir vor: du kommst verwundet in Gefangenschaft. Beim Iwan.«

»Wenn's nur eine Chance gäbe... Du kennst mich, Tim. Aber ich sag dir: wir werden keinen rausholen. Wir liegen alle im Bach, noch bevor die Küste in Sicht ist. Und so denken viele...«

»Wen meinst du?«

»Die Besatzung. Es hat sich rumgesprochen, daß bald Schluß ist.«

»Wir müssen es riskieren.«

»Die Leute sind anderer Meinung.«

»Und du, Bertram?«

»Bring sie nach Haus. Ich kann dir nur sagen: Bring sie nach Haus.«

Die Backen waren von der Freiwache besetzt; hier droschen sie Doppelkopf, dort lag einer mit dem Oberkörper auf der Tischplatte und schlief; unter den Bulleyes erregten sie sich in vorsichtigem Gespräch, vor der Spindwand kauten sie ihre unförmigen Schmalzfleischstullen und tranken dazu Kaffee aus Aluminiumbechern. Es roch nach Öl und Farbe. Der Neue, ein sehr junger Bursche in ledernem Overall, saß für sich und las, las und schloß die Augen und lehnte sich zurück, beide Handflächen auf dem fleckigen Buch.

Die Vibrationen des Bootes: jetzt, in einem Augenblick der Ruhe, waren sie überall spürbar. Plötzlich öffnete der Funkmaat das Schott, trat langsam ein, versteifte, sein Blick ging über uns hinweg, er stand da, als lauschte er, nicht uns, nicht den verhaltenen Stimmen unterm Bulleye, sondern fernen Signalen, einem Knistern im Äther, das ihn ratlos machte, nicht unglücklich oder verzweifelt, sondern nur ratlos, und da er seine Haltung nicht veränderte, zog er wie von selbst alle Aufmerksamkeit auf sich. Was issen los? rief einer. Bei Lüneburg, sagte er leise, Friedeburg hat unterzeichnet, Generaladmiral von Friedeburg: die Kapitulation. Und in die Stille hinein sagte er mit fester Stimme: An der ganzen britischen Front haben wir kapituliert, auch in Holland, auch hier in Dänemark. Er ließ sich eine Zigarette geben und sagte: In Montgomerys Hauptquartier bei Lüneburg. Dann blickte er von einem zum andern, dringlich, auffordernd, auf eine einzige Gewißheit aus, doch keiner von uns wagte sich mit einem Wort hervor. Keiner von uns rührte sich, starr nur saßen wir da, wie angeschweißt, eine ganze Weile. Der erste, der sichtbar reagierte, war Jellinek, unser ältester Feuerwerker – auf MX12 wurde gemunkelt, daß er in langer Fahrenszeit zweimal degradiert worden war. Ruhig stemmte er sich von der Back ab, trat an sein Spind, zog unterm Wollzeug eine Rumflasche hervor und setzte sie mit einladender Geste ab. Er fand keine Zustimmung, niemand griff nach seiner Flasche, alle Blicke richteten sich wieder auf den Funkmaat, gerade so, als habe der noch nicht alles gesagt, als halte er etwas in petto, das uns direkt betraf, unser Boot. Kaum einer sah, daß dem Neuen Tränen in den Augen standen.

Unterm Abendrot lag die Ostsee wie gedämmt da, die zerlaufenden Farben fanden sich zu mutwilligen Gebilden, hier und da schäumte das Wasser, brauste und kochte – dort, wo Makrelen in gestellte Heringsschwärme hineinschossen. Der Kommandant ließ sich Tee auf die Brücke bringen; beim Rauchen umschloß seine Hand aus Gewohnheit den Pfeifenkopf, um den schwachen Schein der Glut zu verbergen. Dem Ausguck schien es an der Zeit, die Gläser zu wechseln, das Tagglas gegen das schwere Nachtglas; wie mechanisch er sich in den Hüften drehte, während er den Horizont absuchte. Es gab nichts zu melden; MX12 lief mit Marschfahrt durch die zögernde Dunkelheit – ein, wie es schien, unauffindbares Ziel in der Weite der See.

Keiner schlief, wollte schlafen; das Boot war abgeblendet; sie saßen um die Backen herum in trüber Notbeleuchtung und hörten dem alten Feuerwerker zu, der zu wissen schien, was die Kapitulation für MX12 bedeutete. Das ist klar, sagte er, das ist doch immer so: Festliegen bis zur Übergabe; keine Beschädigungen, keine Selbstversenkung, und schon gar keine Unternehmung. Er hob den Kopf, deutete in Richtung zur Brücke und zuckte die Achseln, resigniert, verständnislos, als wollte er sagen: Sie haben wohl nicht begriffen da oben, wissen wohl nicht, daß sie auf Gegenkurs gehen müssen, zurück zu unserm Liegeplatz. Einer sagte: Das wär 'n Ding, wenn wir jetzt noch eins verpaßt bekämen, nach der Kapitulation – worauf der Neue, der lange brütend dagesessen hatte, mit gepreßter Stimme bemerkte: Geht doch in die Boote, steigt doch aus, wenn ihr Schiß habt. Ihr müßtet euch mal hören können – zum Kotzen.

Ein tiefliegendes Schiff kam auf, ein Tanker, der in der lichten Dunkelheit westwärts lief, und noch bevor er achteraus war, gaben sie U-Boot-Alarm für MX12. Der Tanker änderte sogleich seinen Kurs und drehte mit äußerster Kraft ab, während wir auf die Stelle zuliefen, an der der Ausguck das Periskop entdeckt hatte, seine glimmende Bahn – wobei keinem auf der Brücke klar war, was der Kommandant mit diesem Manöver bezweckte, denn wir hatten keine Wasserbomben an Bord. Vielleicht glaubte er das U-Boot rammen zu können, vielleicht wollte er auch nur durch unsere Angriffsfahrt dem Tanker eine Chance verschaffen, zu entkommen; jedenfalls überliefen wir das Gebiet mehrmals, die Geschütze waren besetzt, erst nach längerer Suche nahmen wir den alten Kurs wieder auf. Rausholen, sagte der Kommandant, jetzt können wir nur noch das tun: so viele wie möglich rausholen.

»Wir haben kapituliert, Tim«, sagte der Steuermann.

»Es ist eine Teilkapitulation.«

»Du weißt, woran die uns bindet.«

»Ob wir morgen übergeben oder übermorgen… und wenn wir bloß eine Handvoll in den Westen bringen… Die Seekriegsleitung hat nur noch dieses Ziel: unsere Leute in den Westen zu bringen… aus dem Osten zu holen… Wo willst du das Boot übergeben?«

»Wo? Vielleicht in Kiel. Oder in Flensburg.«

»Du bist also entschlossen?«

»Ja. Wir gehen nach Kurland und nehmen die Leute auf und dann: heimwärts.«

»Du weißt, daß alle Unternehmungen abgebrochen werden müssen.«

»Dies ist unser letztes Unternehmen.«

»Sie können uns belangen. Dich. Die Besatzung.«

»Was ist los mit dir, Bertram?«

»Hör zu, Tim. Die Leute warten unten. Sie machen das nicht mit. Das Risiko – es lohnt sich nicht. Nach der Kapitulation.«

»Und was wollt ihr?«

»Daß du auf Gegenkurs gehst.«

»Redest du für sie?«

»Für sie. Und für die Vernunft. Aber rede selbst mit ihnen. Nach allem... Sie haben nur einen Wunsch nach allem: daß du sie nach Hause bringst.«

»Ist dir klar, was das bedeutet?«

»Sie sind entschlossen.«

»Ich frage nur: wißt ihr, was das bedeutet?«

»Sie haben ein Recht darauf. Jetzt, wo alles vorbei ist.«

»Was ihr vorhabt – es kann ins Auge gehen... Bertram, ich hab die Verantwortung für das Boot. Ich gebe hier die Befehle.«

Noch bevor die Mittelwache aufzog, besetzten sie die Brücke; sie stapften unduldsam und entschieden herauf, sechs oder acht Männer, die offensichtlich auf Widerstand gefaßt waren, zumindest aber auf Weigerung, und die nun, da ausblieb, womit sie gerechnet hatten, die Karabiner über die Achsel hängten, Lauf nach unten. Sie umringten den Kommandanten, der ihr Schweigen aushielt und ruhig weiterrauchte; zwei von ihnen drängten den Ersten Wachoffizier in den Kartenraum. Einen Augenblick sah es so aus, als habe sie der Mut verlassen oder als sei ihnen allen gleichzeitig das Risiko des ersten Satzes aufgegangen. Ich stand am Ruder und spürte ihre Betretenheit, ihr Zaudern, spürte aber auch, je länger das Schweigen dauerte, eine seltsame Verlegenheit, die wohl deshalb auftrat, weil der begründete Respekt, mit dem sie dem Kommandanten bisher begegnet waren, immer noch vorhanden und wirksam war. Aber dann stiegen der Feuerwerker und der Steuermann herauf, sie schienen sich abgesprochen, die Rollen verteilt zu haben. Sie zwängten sich durch die dichtgedrängt stehenden Männer, und der alte Feuerwerker suchte den Blick des Kommandanten und sprach ohne besondere Härte die Forderung der Besatzung aus. Seine ersten Sätze schienen noch von der

Hoffnung erfüllt, daß der Kommandant die Forderung der Leute anerkennen und ihr, wenn auch nur widerstrebend, nachkommen würde. Er sagte: Sie wissen, Herr Kaleu, daß wir zu Ihnen stehen. Die meisten von uns sind alle Unternehmen mitgefahren. Manch einer weiß, was er Ihnen zu verdanken hat, auch persönlich. Nun ist das Ende da. Und wir haben nur eine Bitte: Geben Sie den Befehl, zurückzulaufen. Der Kommandant sah von einem zum andern, sah den Halbkreis der dunklen Gesichter ab. Er schien sich nicht bedroht zu fühlen. Er sagte: Geht auf eure Station, los; und, da sich niemand rührte: Auf Station, hab ich gesagt! Unerregt klang seine Stimme, beherrscht wie immer, und sie blieb sich gleich, als er nach einigem Warten feststellte: Das ist Befehlsverweigerung.

Der Feuerwerker sagte: Wir wollen nur heil nach Hause, gehen Sie mit uns zurück, Herr Kaleu.

Nach einer Warnung, die einigen fast familiär vorkam – macht euch nicht unglücklich, Leute –, erinnerte der Kommandant die Männer daran, daß MX12 einen begrenzten Auftrag habe, und erklärte, daß er diesen Auftrag auszuführen gedenke, es sei denn, das Flottillenkommando ändere seine Befehle.

Jeder merkte, daß dies die letzte Chance war, die er den Besetzern der Brücke geben konnte, und als ob er erproben wollte, wieviel er mit seinem Appell erreicht hatte, bewegte er sich rückwärts zum Kartenhaus, augenscheinlich, um den I. W. O. herauszuholen. Auf einen Wink des Feuerwerkers traten zwei Männer hinter ihn und vereitelten seine Absicht. Gut, sagte der Kommandant tonlos, also gut; gemeinschaftliche Befehlsverweigerung auf See, das ist Meuterei. Gehen Sie in Ihre Kammer, sagte der Feuerwerker, Sie und der I. W. O. Für die Dauer der Heimfahrt stehen Sie unter Arrest. Hört zu, sagte der Kommandant, hört gut zu, noch habe ich das Kommando an Bord; was ihr tut, das ist Meuterei. In die Spannung hinein, in die Ungewißheit hörten wir plötzlich den Steuermann sagen: Ich enthebe Sie des Kommandos. Um die Sicherheit des Bootes und seiner Besatzung zu gewährleisten, übernehme ich, mit allen Konsequenzen, das Kommando an Bord. Ich werde mich dafür verantworten. Das war so belegt und formelhaft gesprochen, daß ich mich erst umwenden mußte, um mich zu vergewissern, daß es wirklich der Steuermann war, der diese Sätze gesagt hatte. Der Kommandant und er, sie standen sehr dicht voreinander, ihre Körper berührten sich nahezu. Sie achteten nicht auf die Läufe der Karabiner, die sich ihnen mechanisch entgegenhoben.

Unentdeckt, unter schleirigem Mond, drehte MX12 bei glatter See auf Gegenkurs, der schäumende Bogen des Heckwassers starb schnell weg. Ein ferner Beobachter hätte von unserem plötzlichen Manöver den Eindruck haben können, an Bord sei man einem überraschendem Befehl oder einfach einer Laune gefolgt oder, da wir bald mit äußerster Kraft auf Gegenkurs abliefen, einer panischen Eingebung. Wer konnte, hielt sich an Deck auf, an Deck oder auf der Brücke, wo es so eng war wie nie zuvor; das bedrängte sich, schob sich aneinander vorbei, befragte und vergewisserte sich, immer wieder wollte einer von mir erfahren, welcher Kurs anliegt. Nach Kiel also? Ja, nach Kiel. Freude war es nicht, die sie so erregt machte, die sie veranlaßte, den Steuermann zu umlagern, der verschlossen auf einem Segeltuchstuhl hockte mit hängenden Schultern, Freude nicht.

Der Steuermann prüfte den Inhalt seines Tabakpäckchens, kniff einen langen, faserigen Batzen für sich heraus, schloß das Päckchen wieder und übergab es dem Feuerwerker. Bringen

Sie das dem Kommandanten, sagte er. Der Feuerwerker lächelte. Er fragte belustigt: Erkennst du mich nicht wieder, Bertram? Der Steuermann schwieg, die Frage schien ihn nicht erreicht zu haben; ohne hinzusehen, stopfte er sich die Stummelpfeife und hielt sie kalt zwischen den Zähnen.

»Du hast dir nichts vorzuwerfen«, sagte der Feuerwerker. »Du mußtest das tun.«

»Die Besatzung soll auf Station gehen«, sagte der Steuermann. »Alle. Wir gehen Kriegswache bis Kiel. In ein paar Stunden wird es aufhellen.«

»Gut, Bertram. Du kannst dich auf uns verlassen.«

»Die beiden Landser bleiben unter Deck.«

»Sie wissen, daß es nach Hause geht. Sie wollen hier rauf – dir danken.«

»Ihren Dank können sie für sich behalten.«

»Soll ich dir was bringen lassen? Tee? Brot?«

»Nichts. Ich brauch nichts.«

»Ich möchte dir noch was sagen, Bertram. Du kennst meine Papiere. Du weißt, daß sie mich degradiert haben... Beide Male wegen Befehlsverweigerung. Und ich würd's wieder machen... wieder, ja...«

»Ist gut.«

»Du verstehst, was ich sagen will. Ich kann einen Befehl nur ausführen, wenn ich ihn einsehe. Wenn er sich verantworten läßt. Man muß ein Recht haben zu fragen...«

»Noch was?«

»Du denkst an den Alten, nicht? Mancher kann eben nicht über seinen Schatten springen. Vielleicht aber denkt er so wie wir... Für sich, meine ich, insgeheim...«

»Bring ihm den Tabak.«

Zuerst meldete der Ausguck nur ein Fahrzeug steuerbord voraus; langsam hoben sich die Aufbauten herauf, die Silhouette wurde bestimmbar, und nach einer Weile wußten wir, daß es MX 18 war, unser Schwesterschiff. Es lief westnordwestlichen Kurs, vermutlich zu den Inseln; bei seinem Anblick konnte man das Gefühl haben, sich selbst zu begegnen. Alle bei uns sahen hinüber, alle warteten wir, beklommen oder gespannt, und dann zuckte ein Licht auf, ihr Signalscheinwerfer rief uns an, K an K, Kommandant an Kommandant. Unser zweiter Signalgast hob die Klappbuchse auf das Gestänge der Brükkennock, bereit, zu antworten, er sprach die Anfrage mit, die sie drüben wiederholten, K an K, immer nur dies, ausdauernd, fordernd, doch wir gaben keine Antwort.

Mehrmals blickte sich der Signalgast zum Steuermann um, besorgt, er könnte eine Anweisung überhört haben; der Steuermann stand nur aufmerksam da und spähte hinüber, ohne sein Glas zu Hilfe zu nehmen.

Er ließ die Anfragen unseres Schwesterschiffes unbeantwortet, und da auf seinen Befehl auch unser Funkschapp vorübergehend schwieg, entgingen wir jeder Rechenschaft – von den andern vermutlich als Penner verdammt und weniger argwöhnisch als kopfschüttelnd beobachtet.

Im Morgengrauen brachten sie Brot und heißen Kaffee auf die Brücke, und wir aßen und tranken wortlos und sahen über die graue, stille See, auf der sich bald das erste Licht brechen würde. Es war keine vollkommene Stille, einem geduldigen Blick entging nicht, wie aus der Tiefe Bewegung entstand, sanfte Wellen, die für kurze Zeit einer Richtung folgten und sich dann verliefen. Die Wolkentürme über der Kimm änderten ihre Form, zogen sich zusammen und teilten sich. Der Feuerwerker brachte dem Steuermann den Tabak, den der Kommandant zurückgewiesen hatte.

Bei der Flottille hatten sie uns nicht vergessen. Sie schickten einen Funkspruch, der den Steuermann unsicher machte für eine Weile; obwohl ich selbst den Text nicht gelesen habe, hörte ich aus den schleppenden Beratungen heraus, daß die Flottille das Unternehmen, auf dem sie uns glaubte, bestätigte, und nicht nur dies: sie wies uns an, den Kurs leicht zu ändern und querab von Gotland ein Schwesterschiff zu treffen, MX 21; mit ihm gemeinsam sollten wir die Fahrt nach Kurland fortsetzen. Sie verlangten genaue Positionsangabe. Noch während sie beratschlagten, Antworten erwogen und verwarfen, wurde ein zweiter Funkspruch empfangen, der die Fortsetzung des Unternehmens auf eigene Faust empfahl; MX 21 trieb nach einem Fliegerangriff manövrierunfähig mit Maschinenschaden. Regungslos bedachte der Steuermann die Vorschläge, die ihm der Funkmaat und der Feuerwerker machten, vielleicht nahm er sie auch gar nicht zur Kenntnis und nickte nur von Zeit zu Zeit verloren, um Aufmerksamkeit vorzutäuschen; jedenfalls war es zum Schluß sein eigener Text, den er an die Flottille durchgeben ließ. Um Boot und Besatzung nicht zu gefährden, meldete er, mußte das Kommando gewechselt werden; MX12 werde nach Kiel laufen und dort weitere Befehle abwarten.

Wir hätten die Fahrt herabsetzen sollen. Die Fischkutter hatten ihre Netze ausgebracht, kleine, nebelgraue Kutter, die allesamt schleppten im frühen Licht und von den schweren Stahltrossen auf der Stelle gehalten zu werden schienen. Rasch kamen wir auf, niemand dachte daran, die plumpe Armada zu umgehen, auf der sich kaum ein Mann zeigte. Alle Kutter führten den Danebrog-Wimpel. Wir liefen in voller Fahrt zwischen ihnen hindurch, immer noch fern genug, als daß wir eines ihrer Netze hätten wegschneiden können, aber doch so nah, daß ihre Boote in unserer Bugsee schwankten und die flaschengrünen Glaskugeln der Netze torkelten. Da trat einer der Fischer aus seinem engen selbstgebauten Steuerhaus, trat sichtbar heraus und drohte uns. Jetzt können sie sich's wieder leisten, sagte der Feuerwerker, jetzt können sie sich's leisten, uns zu drohen.

Die Inseln kamen in Sicht, wir wollten sie an Steuerbord passieren, um dann auf südlichen Kurs zu gehen, als sich aus dem verwaschenen Blau ein Fahrzeug löste, ein flaches Boot, das mit hoher Geschwindigkeit an den ankernden Schiffen vorbeilief, eines der neuen Schnellboote. Der Bug hatte sich aus dem Wasser gehoben, Gischt und weißer Qualm verbargen das Heck. Es hielt auf uns zu, die breite, blasige Bahn, die es über die ruhige See zog, bog sich zu uns hin, als wir den Kurs leicht veränderten – fast sah es so aus, als suchte das Boot die Kollision. Sie meinen uns, sagte der Steuermann und gab dem Signalgast ein Zeichen, sich bereit zu halten. Wir gingen mit der Fahrt herunter, das Schnellboot umrundete uns einmal, und dann sahen wir mit bloßem Auge, wie sich die Klappen der beiden Torpedorohre öffneten. Ihr Schnellfeuergeschütz blieb unbesetzt, nur die beiden Torpedorohre waren auf uns gerichtet, gegen unsere zerschrammte, verbeulte Breitseite, das heißt, mit dem nötigen Vorhaltewinkel – kein Manöver hätte uns da helfen können. Wie sie uns beobachteten! Sie ließen sich Zeit mit dem Befehl, warteten mit gedrosselten Motoren, ihrer Überlegenheit gewiß – vielleicht kam es uns auch nur so vor. Endlich gaben sie den Befehl: Zurücklaufen in den Sund, zu unserem alten Liegeplatz, und MX12 nahm wieder Fahrt auf, eskortiert von dem Schnellboot, das sich achteraus an der Backbordseite hielt und das, bei aller Verhaltenheit, die Kraft ahnen ließ, über die es verfügte. Von weitem gesehen, riefen wir wohl den Eindruck hervor, unter Bedeckung zu fahren, mit irgendeiner kostbaren Fracht an Bord. Der Feuerwerker setzte das Glas ab und trat neben den Steuermann.

»Wir hätten die Fahrt fortsetzen sollen, Bertram. Ich glaube nicht mal, daß die Torpedos an Bord haben.«

»Das glaubst du.«

»Und wenn... Die hätten MX12 doch nicht versenkt. Schau mal rüber.«

»Du kennst die Befehle nicht, die sie haben. Ich will nichts riskieren.«

»Außerdem... sie haben kein Recht. Die Kapitulation ist doch unterschrieben. Die Gesetze gelten auch für sie. Von Rechts wegen müßten die an der Pier liegen und auf die Übergabe warten... wie wir... wie alle.«

»Sag ihnen das mal.«

»Glaubst du wirklich, die würden uns fertigmachen?«

»Ja. Es sind Landsleute. Vergiß das nicht.«

»Du meinst, wir haben noch einiges zu erwarten?«

»Es wird einen Empfang geben; auf unsere Art.«

»Die Besatzung ist auf deiner Seite.«

»Wir wollen sehen.«

»Soll ich mal anfragen lassen?«

»Was?«

»Die da drüben auf dem Schnellboot... vielleicht haben die noch nicht mitbekommen, daß alles vorbei ist. Kann doch sein.«

»Die tun ihre Pflicht. Oder das, was sie dafür halten.«

Ein schlaffer Danebrog hing über der bröckelnden Festung, auch das Krankenhaus war beflaggt und die Auktionshalle der Fischer und sogar der ramponierte Bagger, der nach einer mysteriösen Explosion seine Eimerkette verloren hatte. Staunend sahen sie von den Ufern zu uns herüber, als wir durch den Sund in den Hafen einliefen; offenbar hatte niemand angenommen, daß MX12 noch einmal zurückkehren, wie immer in der Mitte des Hafenbeckens wenden und vor dem Gebäude des Hafenkommandanten festmachen würde. Jetzt, im Hafen, ließ der Kommandant unserer Eskorte das Schnellfeuergeschütz besetzen; sie warteten, bis wir angelegt hatten, dann wendete auch das flache, schlanke Boot und ging hinter uns an die Pier.

Sie hatten uns erwartet. Kaum waren die Leinen rübergegeben, als ein bewaffneter Zug – Seestiefel, Koppelzeug, Karabiner umgehängt – aus dem Schatten der Kommandantur heranmarschierte, von einem Offizier befehligt, der seinen Auftrag so sicher erfüllte, als hätte er alle Einzelheiten vorher geübt. Er ließ den Zug vor dem Laufsteg halten, kam mit raschen Schritten an Bord und ging blicklos und ohne Zögern an unseren Männern vorbei zur Kammer des Kommandanten, wo er bei offener Tür weniger verhandelte als Meldung überbrachte und danach den Kommandanten und den Ersten Wachoffizier an den Laufsteg geleitete.

Der Kommandant sprach mit keinem von uns. Er sah nicht zur Brücke hinauf, wandte sich nicht ein einziges Mal um; achtlos und in sich gekehrt ging er auf das getünchte Gebäude zu, ohne dem I. W. O. zu danken, der ihm die Tür aufhielt. Nachdem er verschwunden war, gab der Offizier zwei Marinesoldaten einen Wink, und zu dritt erschienen sie auf der Brücke; ernste, verschattete Gesichter.

Sie sind festgenommen, sagte der Offizier, und das war schon alles, kein erläuterndes Wort, keine bedauernde oder auffordernde Geste, nur diesen einzigen Satz, der für uns alle auf der Brücke galt. Beim Abstieg spürte ich die Erschöpfung; wir alle mußten uns am Geländer festhalten, auch der Steuermann. An Deck, vor dem Laufsteg, sammelte sich die Besatzung, widerwillig öffneten die Männer eine Gasse für uns, manche nickten uns aufmunternd zu, stupsten uns zuversichtlich. Bis bald, sagten sie, oder: Nur ruhig Blut, oder: Das kriegen wir schon hin. Ein Befehl des Offiziers forderte sie auf, sich bereit zu halten.

Bevor wir die Kommandantur betraten, drehte ich mich noch einmal um und sah zu unserem Boot zurück und hinüber zum anderen Ufer, zu den Kuttern und Prähmen, wo sie in diesem Augenblick nicht ihrer Arbeit nachgingen, sondern starr zu uns herüberlinsten, gebannt von einem Ereignis, für das sie keine Erklärung fanden.

Es muß ein Archivraum gewesen sein, in den sie uns führten. Auf dunkelgebeizten Regalen standen Ordner, Handbücher, lagen eingerollte Plakate und verschnürte Packen von Formularen und Berichten – ein Teil der offiziellen Geschichte des kleinen Hafens. Türen und Fenster hatten Milchglasscheiben, die Doppelposten waren nur als verschwommene Silhouetten erkennbar. Einer von uns ging zu einem gesprungenen Handstein und trank aus dem Strahl, und vier andere taten es ihm nach.

Nach einer Weile setzten wir uns auf den Tisch, auf den Fußboden; ich spürte einen ziehenden Schmerz hinter den Schläfen, ich lehnte mich gegen die Heizung und schloß die Augen. Trotz der Müdigkeit konnte ich nicht schlafen, da der

Feuerwerker unaufhörlich redete; für jeden hatte er ein Wort übrig, jedem glaubte er versichern zu müssen, daß sich alles sogleich als Irrtum herausstellen werde; den Geistern habe die Stunde geschlagen. Er sagte: Ich lach mir einen Ast, wenn die Tür aufgeht, und der englische Commander lädt uns zum Tee ein. Er blickte verständnislos, als der Signalgast ihn zunächst gequält darum bat, zu schweigen, und ihn, da er weitersprach, kurz darauf anschrie: Halt die Schnauze, oder es passiert was. Der Feuerwerker ging zur Tür und lauschte, er bewegte den Drücker behutsam, er war überrascht, als die Tür sich öffnete, fing sich aber gleich wieder beim Anblick der beiden Posten und fragte sie, was denn hier »steigen« solle. Einer der Posten sagte: Mach keinen Quatsch, Kamerad, und verzieh dich, los. Ob die Engländer schon da seien, wollte der Feuerwerker wissen, ob man die Übergabe der Boote schon terminiert habe, worauf dem Posten nicht mehr einfiel als: Halt die Klappe und mach die Tür zu.

Zu ungewohnter Zeit schleppten sie einen Aluminiumkessel und Kochgeschirre zu uns herein, ein blasser Hüne in Drillichzeug schöpfte jedem eine Portion ab, glasige Nudeln, in Speck gebraten – wie verbissen er die Portionen verteilte, wie hastig, seine Stirn glänzte vor Schweiß. Nicht ein einziges Mal reichte er die gefüllten Geschirre weiter, er kleckste sie nur voll und ließ sie auf dem Tisch stehen, und es war ihm Erleichterung anzumerken, als er uns verließ. Während wir aßen, wurden die Posten abgelöst, wir hörten ihre formelhaften Verständigungen hinter dem Fenster, hinter der Tür. Der Steuermann aß nur sehr wenig, mit müder Geste stellte er uns frei, den Rest seiner Portion aufzuteilen. Sein einziges Interesse schien der Tageszeit zu gelten: mehrmals stand er auf und betrachtete den Himmel.

In der Dämmerung belebte sich das Gespräch, jeder wußte etwas, ahnte etwas, aus jeder Ecke boten sie ihre Bekenntnisse an, ihre Mutmaßungen, das ging kreuz und quer, hielt sich an keine ruhige Folge. Einer sagte: Von der Besatzung ist nichts zu sehen und zu hören, und der andere: Kapituliert ist kapituliert; da hört jede Befehlsgewalt auf. Unerregt lösten sich die Stimmen ab.

»Möchte nur wissen, was sie mit uns vorhaben.«
»Sie können doch nicht die ganze Besatzung...«
»Bei kleinem sollten sie uns mal Bescheid stoßen.«
»Der Alte diktiert wohl sein Protokoll.«
»Meuterei können die uns nicht anhängen.«
»Vielleicht haben sie sich schon abgesetzt, die da oben.«
»Ich hau mich hin, weckt mich, wenn was Wichtiges passiert.«

Auf einmal war es still; sie reckten sich, sie horchten, lauschten dem Geräusch schwerer Wagen, die unter den Fenstern hielten, eiligen Schritten und einer formellen Begrüßung beim Eingang.

Alle sahen dem Steuermann zu, der im letzten Licht aufstand, an die Regale trat und hastig Ordner und Formulare durchstöberte, bis er ein kaum beschriebenes Blatt gefunden hatte. Er riß es heraus, trug es zum Fensterbrett und begann stehend zu schreiben – er schrieb, ohne abzusetzen; alles schien vorbedacht; wir wußten nicht, was er schrieb, doch jeder von uns hatte das Gefühl, daß es auch ihn anging und mit betraf, und vielleicht war dies der Grund, warum keiner zu sprechen wagte. Große Umschläge lagen bei den Handtüchern; der Steuermann entleerte einen, kreuzte die Anschrift durch und schrieb einen Namen in Blockbuchstaben drauf, Dienstgrad und Namen des Kommandanten. Dann faltete er den Umschlag, kam zu mir und ließ sich erschöpft neben mir nieder. Hier, sagte er, geben Sie das dem Kommandanten, irgendwann.

Einer von uns rief »Achtung!«, und wir standen auf und nahmen Haltung an vor einem noch jungen, grauhaarigen Offizier, der, ohne anzuklopfen, hereingekommen war. Er winkte ab. Eine Weile stand er grüblerisch da, dann schlenderte er von einem zum andern, nickte jedem zu, bot aus einer Blechschachtel Zigaretten an, wobei ich sah, daß ihm drei Finger an der rechten Hand fehlten. Er hob sich aufs Fensterbrett hinauf und sagte, auf den Fußboden hinabsprechend: Ich bin Ihr Verteidiger, es sieht schlecht aus, Männer; und mit schleppender Stimme fügte er hinzu: Die Anklage lautet auf Bedrohung eines Vorgesetzten, Befehlsverweigerung und Meuterei.

Die Stille, diese vollkommene Stille auf einmal, keiner von uns hob die Zigarette an den Mund. Der erste, der sich faßte, war der Feuerwerker. Er fragte: Wir haben doch kapituliert? Ja, sagte der Offizier, eine Teilkapitulation ist unterzeichnet. Dann können wir doch nicht angeklagt werden, sagte der Feuerwerker, jedenfalls nicht vor einem deutschen Kriegsgericht. Für die Angehörigen der deutschen Kriegsmarine, sagte der Offizier, besteht die deutsche Militärgerichtsbarkeit weiter; sie ist ausdrücklich nicht aufgehoben. Aber wir sind doch, sagte der Feuerwerker, wir sind doch jetzt in britischem Gewahrsam? Ja, sagte der Offizier, aber das ändert nichts an der Justizhoheit. Er forderte uns auf, näher heranzukommen, und während er fast unbeweglich vor uns saß, ließ er sich erzählen, was an Bord von MX12 geschehen war.

Der Trigeminusschmerz hielt an, er pochte und brannte, und ein Auge begann zu wässern. Während wir einen trüben, von Posten gesicherten Gang hinabgingen, drückte ich ein Taschentuch leicht gegen Auge und Schläfe; ein Posten verstellte mir den Weg, ich mußte das zusammengelegte Taschentuch entfalten und hin und her schwenken. Danach gab er mir einen gefühlvollen Stoß, und ich schloß zu den andern auf, die wortlos in einer Reihe gingen, unter gerahmten Abbildungen von alten Schiffen. Der Gemeinschaftsraum, in den sie uns führten – es mag ein Speise- oder Vortragssaal gewesen sein –, war schlecht beleuchtet; an den Wänden standen Posten unter Stahlhelm, Maschinenpistole vor der Brust; zu beiden Seiten eines mächtigen, groben Tisches, von dem die Reichskriegsflagge herabhing, waren Bänke und Hocker aufgestellt, zu viele Bänke und Hocker. Wir waren acht. Wir marschierten – jetzt marschierten wir – über den Holzfußboden, von einem säbelbeinigen Bootsmann befehligt, traten vor den Bänken auf der Stelle, hielten auf sein Zeichen; setzen durften wir uns nicht. Dann erschien der Kommandant, ein Offizier geleitete ihn und den I. W. O. in den Raum, sie kamen durch dieselbe Tür, durch die auch wir eingetreten waren, sie gingen zu den Hockern uns gegenüber und stellten sich dort auf in Erwartung. Kein Blick, keine Erwiderung des Blicks; obwohl wir alle unentwegt zu ihm hinübersahen, wandte er uns nicht das Gesicht zu, er sah einfach an uns vorbei, geduldig, wie abwesend. Auch den I. W. O., der neben ihm stand, schien er nicht zu bemerken.

Der Marinerichter und die anderen traten durch eine Seitentür ein, sie gingen schweigend auf den Tisch zu, sechs Männer, alle uniformiert, am Schluß der Verteidiger, und nachdem sie auf ein Nicken des Richters Platz genommen hatten, durften auch wir uns setzen. Geschäftsmäßig eröffnete der Richter die Verhandlung, ein älterer Mann mit eingefallenen Wangen und Tränensäcken unter den Augen, er sprach stoßweise, verhalten, ab und zu hob er das Gesicht und blinzelte in die Deckenbeleuchtung. Zuerst, als er die Anklagepunkte nannte, schien er nur mäßig beteiligt, doch als er unsere Namen nannte, Dienstgrad und Stammrolle, war es, als überwände er allmählich eine alte Müdigkeit; seine Stimme wurde deutlicher, mitunter akzentuierte er seine Worte, indem er mit einem Silberstift rhythmisch auf die Tischplatte klopfte. Mit einer gemessenen Handbewegung gab er das Wort an einen Offizier ab, der mir eigentümlich bekannt vorkam – vielleicht hatte ich sein Bild in einer Zeitschrift gesehen, das Bild eines helläugigen Mannes, der nur eine einzige hohe Tapferkeitsauszeichnung trug und dessen stumpfblondes Haar sehr kurz geschnitten war. Sorgsam hatte er seine Mütze vor sich auf den Tisch gelegt, sie hatte keine Delle, keinen Kniff, der blaue Stoff war drahtsteif gespannt. Notizen halfen ihm, die letzte Fahrt von MX12 zu rekonstruieren: Zeit des Auslaufens, Bekanntgabe des Auftrags auf See, Beginn einer Verschwörung und bewaffnete Bedrohung des Kommandanten, die mit seiner Enthebung vom Kommando endete; schließlich Abbruch des Unternehmens und eigenmächtiger Entschluß, auf Gegenkurs zu gehen. Als er feststellte, daß diese Vorfälle sich zu einem Zeitpunkt ereigneten, da das deutsche Volk sich in einem »Schicksalskampf auf Leben und Tod« befand, blickte unser Verteidiger ihn forschend an und schrieb dann eilig etwas auf einen Merkzettel.

Der Kommandant tat nicht, was sie von ihm erwarteten; anstatt die Ereignisse an Bord zusammenhängend zu schildern, beschränkte er sich darauf, die Fragen zu beantworten, die ihm gestellt wurden – zögernd, und weniger an den hochdekorierten Offizier gewandt als an den Protokollführer, auf dessen Gesicht ein Ausdruck fortwährenden Staunens lag.

»Sagen Sie uns, wie Ihr Befehl lautete.«

»Kurland. Wir sollten nach Libau in Kurland laufen.«

»Mit welchem Auftrag?«

»Wir sollten Verwundete übernehmen.«

»Übernehmen?«

»Und rausbringen. Nach Kiel.«

»Kannte die Besatzung den Befehl?«

»Sobald wir auf See waren, habe ich ihn bekanntgegeben.«

»Die Besatzung kannte also den Befehl?«

»Jawohl.«

»Welchen Kurs wollten Sie laufen?«

»Nordöstlich, an den schwedischen Hoheitsgewässern entlang. Später wollten wir auf Südost gehen.«

»Wußten Ihre Leute, daß in Kurland noch gekämpft wird? Daß eine ganze Armee – obwohl eingeschlossen – heldenhaft Widerstand leistet?«

»Die meisten wußten es wohl.«

»Sie wußten also, daß ihre kämpfenden Kameraden Hilfe brauchten?«

»MX12 hatte den Auftrag, Verwundete zu übernehmen.«

»Verwundete, ja, verwundete Kameraden, die seit Tagen auf der Nehrung vor Libau liegen. Und warten. Auf ihren Transport in die Heimat warten.«

»Das war uns bekannt.«

»So, bekannt. Und dennoch verweigerte die Besatzung den Befehl. Sie wußte, was auf dem Spiel stand, und verweigerte den Befehl. Aus Feigheit.«

»Es war nicht Feigheit.«

»Nicht? Was denn sonst?«

»Seit zwei Jahren bin ich Kommandant von MX12. Ich kenne die Männer. Es war nicht Feigheit.«

»Dann sagen Sie uns, warum die Besatzung den Kommandanten bedrohte. Warum er seines Kommandos enthoben wurde...«

»Das Risiko. Sie schätzten wohl das Risiko zu hoch ein.«

»War das auch Ihre Ansicht?«

»Nein.«

»Das Risiko eines Unternehmens zu kalkulieren ist Sache des Vorgesetzten. Er trägt die Verantwortung. Darin stimmen Sie mir doch zu?«

»Jawohl.«

Auf einmal, als der Verteidiger ihn bat, die Ereignisse auf der Brücke zu schildern, sah der Kommandant zu uns herüber. Sein Blick lief über uns hin und blieb auf dem Steuermann ruhen, lange; es war, als ob sie sich blickweise austauschten, nicht hart und vorwurfsvoll, sondern eher fassungslos. Und nach einer Aufforderung des Verteidigers, die Vorfälle aus seiner Sicht darzustellen, erwähnte der Kommandant zuerst die umlaufenden Gerüchte über ein bevorstehendes Ende des Krieges, er sprach von der Stimmung, die diese Gerüchte auslösten – schon während der Liegezeit im Hafen, nicht erst auf See –, stellte aber auch fest, daß es an Bord keinen Verstoß gegen die Disziplin gegeben habe. Wir liefen befehlsgemäß aus, sagte er, die Besatzung bewährte sich bei einer Rettungsaktion und bei einem Fliegerangriff. Kurz vor dem Aufzug der Mittelwache wurde die Brücke besetzt, die Männer waren bewaffnet. Sie forderten, das Unternehmen abzubrechen und nach Kiel zu laufen. Das wurde ihnen verweigert. Steuermann Heimsohn enthob den Kommandanten des Kommandos. Er übernahm die Befehlsgewalt an Bord. Der Kommandant und der I. W. O. wurden unter Arrest gestellt.

»Herr Kapitänleutnant«, fragte der Verteidiger, »wußte die Besatzung, daß eine Teilkapitulation unterzeichnet war?«

»Jawohl«, sagte der Kommandant.

»Wann erfuhr sie es?«

»Wir waren etwa zehn Stunden auf See.«

»Haben Sie die Kapitulation bekanntgegeben?«

»Nein.«

»Aber Sie haben mit einzelnen Besatzungsmitgliedern darüber gesprochen?«

»Jawohl.«

»Mit wem?«

»Mit Steuermann Heimsohn.«

»In welchem Sinne? Können Sie sich erinnern?«

»Wir sprachen über die Bedingungen der Kapitulation.«

»Über die Bedingungen… Ihnen ist bekannt, daß eine Bedingung der Kapitulation Waffenruhe ist?«

»Jawohl.«

»Hätten Sie sich daran gehalten?«

»Ich glaube doch.«

»Auch wenn man Sie angegriffen hätte? Wenn sowjetische Flugzeuge MX12 angegriffen hätten?«

»Ich weiß nicht.«

»Um den Kapitulationsbedingungen zu genügen, hätten Sie aber auf jede Gegenwehr verzichten müssen. MX12 fällt unter britisches Gewahrsamsrecht. Eine weitere Bedingung besagt übrigens, daß alle Unternehmungen abzubrechen sind.«

»Ich bekam Befehle vom Flottillenkommando.«

»Das heißt: Sie hätten Ihren Auftrag in jedem Fall ausgeführt? Auch wenn Sie dabei die Bedingungen der Kapitulation verletzt hätten?«

»An etwas muß man sich halten.«

»Herr Kapitänleutnant, wie gut kennen Sie Ihre Besatzung?«

»Die meisten waren schon an Bord, als MX12 in Norwegen stationiert war.«

»Heißt das, daß Sie bereit waren, sich auf Ihre Männer zu verlassen?«

»Jawohl.«

»In jeder Lage?«

»In jeder Lage.«

»Hätten Sie je daran gedacht, daß man Sie Ihres Kommandos entheben könnte?«

»Nein. – Nein.«

»Wie, glauben Sie, konnte es geschehen? Was kam da zusammen?«

»Ich sagte es schon: das Risiko. Es erschien den meisten zu hoch. Sie gaben MX12 keine Chance, bis Kurland durchzukommen.«

»Könnte es sein, daß das Verhalten der Besatzung beeinflußt wurde durch die Nachricht von der Kapitulation?«

»Ganz bestimmt.«

»Es gibt da keinen Zweifel für Sie?«

»Keinen.«

»Mit anderen Worten: halten Sie es für denkbar, daß die Besatzung Ihrem Befehl gefolgt wäre, wenn die Nachricht von der Kapitulation sie nicht erreicht hätte?«

»Wir sind viele Unternehmungen zusammen gefahren, auch schwierige.«

»Antworten Sie auf meine Frage.«

»Ich denke, wenn die Kapitulation nicht gekommen wäre, liefe MX12 jetzt mit Kurs auf Libau.«

Einmal machten sie eine Verhandlungspause, die am Tisch zogen sich zurück, dem Kommandanten und dem I. W. O. wurde freigestellt, den Raum zu verlassen, doch beide blieben. Sie neigten sich einander zu und flüsterten, so wie auch wir begannen, uns flüsternd abzustimmen – nach einem Augenblick höchster Erwartung, in dem wir, vom Gericht allein gelassen, gespannt zur Gegenseite hinübersahen, gerade so, als müßte nun etwas gesagt werden, was die andern nichts anging. Kein Wort, kein Zuruf, keine Beschuldigung; wir verharrten in schweigendem Gegenüber und wandten uns schließlich dem Nebenmann zu, der seine Ratschläge zu verteilen hatte, oder gaben selbst leise weiter, was wir für nützlich hielten. Nur der Feuerwerker flüsterte nicht, er nahm keine Rücksicht auf die anwesenden Posten vor den Türen; so, daß jeder es mitbekommen konnte, erklärte er, daß er dieses Kriegsgericht – er nannte es auch Verlegenheitsgericht – nicht anerkenne, da der Krieg vorbei sei, und daß Recht, wenn überhaupt, nur noch im Namen des englischen Königs gesprochen werden könne. Vielleicht weil ihm niemand von uns widersprach, meldete er sich gleich nach der Rückkehr des Gerichts zu Wort, man erlaubte ihm, seine Erklärung abzugeben, man hörte ihm unwillig, erstaunt zu, und für einen Moment sah es so aus, als wollte der Marinerichter ihm das Wort entziehen; doch er ließ den Feuerwerker aussprechen, und dann sagte er sarkastisch: Es hätte mich gewundert, wenn ein Mann mit Ihrer Vergangenheit nicht die Zuständigkeit des Gerichts bezweifelte.

Das Licht flackerte, mehrmals fiel es in kurzen Abständen aus. In der Dunkelheit massierte ich die Schläfe und preßte das Taschentuch auf das Auge; die geringe Feuchtigkeit, die der Stoff bewahrte, brachte Erleichterung. Jedesmal, wenn das Licht ausfiel, spürte ich eine tastende Hand an meiner Schulter, die Hand des Steuermanns, der neben mir stand und stehend die Fragen des hochdekorierten Offiziers beantwortete, monoton und pausenreich, mitunter schuldbewußt. Jawohl, sagte er oft, ich gebe es zu, jawohl.

»Das ist Meuterei«, sagte der Offizier. »Gemeinschaftliche Befehlsverweigerung auf hoher See ist Meuterei. Wissen Sie, was darauf steht?«

»Jawohl.«

»Sie haben sich angemaßt, den Kommandanten seines Kommandos zu entheben. Auf Kriegsmarsch. Ich wiederhole: auf Kriegsmarsch. Während deutsche Soldaten überall gehorsam ihre letzte Pflicht erfüllen, haben Sie die Besatzung zum Ungehorsam aufgewiegelt. Sie haben sich zum Rädelsführer der Meuterei gemacht.«

»Zu diesem Zeitpunkt hatten wir nur ein Ziel: Boot und Besatzung zu retten.«

»Was Sie nicht sagen! Boot und Besatzung wollten Sie retten? Davonstehlen wollten Sie sich, stiftengehen! Laßt doch andere nach Kurland laufen, wir wollen heim, wir machen Feierabend.«

»Die Besatzung war entschlossen, das Unternehmen abzubrechen.«

»Die ganze Besatzung?«

»Fast alle. Der Kommandant wußte es.«

»So, der Kommandant wußte es. Und dennoch hielt er sich

an seinen Befehl. Und dennoch war er bereit, seinen Auftrag auszuführen. Er gab allen ein Beispiel für Pflichterfüllung. – Glauben Sie, daß er MX12 opfern wollte? Glauben Sie das?«

»Nein.«

»Sehen Sie! Männern wie Ihrem Kommandanten ist es zu verdanken, daß Hunderttausende in Sicherheit gebracht wurden – Männern wie ihm, die bereit waren, etwas zu riskieren, sich notfalls zu opfern.«

»Wir wollten Opfer vermeiden, sinnlose Opfer.«

»Maßen Sie sich etwa an, zu beurteilen, was ein sinnloses Opfer ist?«

»Jawohl.«

»So, und weil Sie sich das zutrauen, enterten Sie mit Ihrem Haufen die Brücke. Und setzten den Kommandanten ab. Und stellten ihn unter Arrest.«

»Wenn ich es nicht getan hätte... Die Besatzung war entschlossen, Gewalt anzuwenden. Sie hatten sich selbst bewaffnet, ohne meinen Befehl.«

»Ach so... Es ist also Ihr Verdienst, daß es zu keiner Auseinandersetzung an Bord kam? Daß nicht geschossen wurde...? Verstehe ich Sie richtig? Dadurch, daß Sie den Kommandanten seines Postens enthoben, haben Sie Blutvergießen verhindert?«

»Ich habe es versucht. Die Konsequenzen waren mir bekannt.«

»Dann war Ihnen auch bekannt, daß der Kommandant eines Schiffes auf Kriegsmarsch die Disziplinargewalt besitzt?«

»Jawohl.«

»Er hätte das Recht gehabt, Sie zu erschießen. Er hat es aber nicht getan. Um zu vermeiden, daß Blut vergossen wird, befolgte er Ihre Anweisungen.«

Der Offizier, der die Verteidigung übernommen hatte, wußte augenscheinlich, daß der Steuermann während des Krieges zweimal sein Schiff verloren hatte. Er fragte, wo das geschehen sei, und der Steuermann sagte: Das erste Mal in Narvik, dann beim Minenräumen in der Deutschen Bucht.

»Was geschah nach Ihrer Rettung?« fragte der Verteidiger.

»Nachdem sie mich aufgefischt hatten«, sagte der Steuermann, »habe ich mich gleich wieder gemeldet, Bordkommando.«

»Wie lange gehören Sie zur Besatzung von MX12?«

»Zwei Jahre.«

»Wie war Ihr Verhältnis zum Kommandanten?«

»Darüber möchte ich nicht sprechen.«

»Möchten Sie etwas über seine seemännischen Fähigkeiten sagen?«

»Das steht mir nicht zu.«

»Aber Sie haben sie anerkannt?«

»Jawohl. Immer.«

»Und dennoch haben Sie ihm nicht zugetraut, MX12 nach Kurland zu bringen? Und zurück?«

»Keiner hätte es geschafft, nicht der beste Seemann.«

»Woher wissen Sie das?«

»Ich habe die Schiffsfriedhöfe gesehen – vor Riga, vor Memel, vor Swinemünde... Wir haben Hilfe geleistet bei mehreren Untergängen... Und die Notrufe. Aus dem Funkraum erfuhren wir, wie viele Notrufe abgesetzt wurden. Östlich von Bornholm war kein Durchkommen.«

»Nachdem Sie MX12 unter Ihr Kommando gebracht hatten, erhielten Sie von der Flottille einen Befehl.«

»Jawohl.«

»Wie lautete der Befehl?«

»Treffen mit MX 21.«

»Wo?«

»Bei Gotland.«

»Zu welchem Zweck?«

»Gemeinsamer Marsch nach Kurland.«

»Es ist nicht dazu gekommen?«

»Nein. MX 21 wurde in Brand geschossen. Bei einem Fliegerangriff. Es trieb manövrierunfähig mit Maschinenschaden.«

Zuletzt rief der Marinerichter mich auf. Die anderen, die er vor mir vernahm, hatten angeblich kaum etwas gehört, kaum etwas gesehen; ihre ausweichenden Antworten ließen erkennen, wie sehr sie darauf aus waren, den Steuermann nicht zu belasten. Der Marinerichter sah jetzt erschöpft aus, er hatte die Haut eines Malariakranken. Mit müder Stimme fragte er mich, ob ich als Rudergänger ebensowenig mitbekommen hatte wie die andern, und ich sah zum Kommandanten hinüber und sagte: Nein. Da hob er den Kopf und nickte mir eine ironische Belobigung zu, so als wollte er sagen: Na, so was! Alle Achtung!

Ich war entschlossen, alles zu sagen, was ich wußte, und ich tat es, ja. Sie standen sehr gut zueinander, der Kommandant und der Steuermann; soviel ich verstand, sind sie alte Freunde... Nein, eine Drohung habe ich nie gehört... Nein, der Steuermann hat nie erklärt, daß die Besatzung sich bewaffnen würde... Nur die Sorge um MX12 und die Besatzung... Auf keinen Fall gab der Steuermann den Befehl, die Brücke zu besetzen... Ja, seine Stimme hörte ich erst, als etwas in der Luft lag. Gewalt... Wer ihn unter Arrest stellte, weiß ich nicht mehr... Jawohl, den Satz höre ich noch genau: Ich übernehme mit allen Konsequenzen das Kommando an Bord. Er sagte noch: Ich werde mich dafür verantworten. Der Marinerichter hörte mir nachdenklich zu, und plötzlich fragte er: Weinen Sie, Mann? Nein, sagte ich, es sind die Schmerzen.

Sie zogen sich zur Beratung zurück, und wieder saßen wir in stummem Gegenüber. Der Kommandant saß aufgerichtet da, seine Haltung hatte etwas Abweisendes; ich wagte es nicht, einfach aufzustehen und ihm den Brief zu bringen, den mir der Steuermann anvertraut hatte. Der Feuerwerker drehte unaufhörlich Zigaretten und gab sie verdeckt an uns weiter – für später. Mit geschlossenen Augen, so als meditierte er, hockte der Steuermann neben mir, während der Funkmaat – ich sah es genau – mit seiner Müdigkeit kämpfte, schwankte, hochschreckte. Ohne Befehl erhoben wir uns, als das Gericht zurückkehrte, und da die Männer hinter dem Tisch stehen blieben, blieben auch wir stehen. Der Schmerz unter dem Auge, in der Schläfe wummerte und lärmte, plötzlich hatte ich den Eindruck, daß die Zahl der Richter sich vermehrte, und nicht nur dies: obwohl der Marinerichter allein sprach, kam es mir vor, als hörte ich mehrere Stimmen; das verband und ergänzte, überlagerte und verstümmelte sich. Vom Kriegsrecht war die Rede, dem alles andere unterzuordnen sei, von Disziplin und Manneszucht und Pflichterfüllung in der letzten Stunde. Ein abschreckendes historisches Beispiel wurde erwähnt: meuternde Elemente an Bord von Großkampfschiffen. Kameradschaft auf See wurde beschworen, Kameradschaft im Kampf und im Chaos, und immer wieder Disziplin – eiserne Disziplin, die eine Voraussetzung fürs Überleben ist. Um befürchteten Auflösungserscheinungen wirksam zu begegnen, hatte der Großadmiral besondere Befehle erlassen; aus ihnen wurde abschließend zitiert. Wegen Befehlsverweigerung, tätlicher Bedrohung eines Vorgesetzten und bewaffneter Meuterei auf Kriegsmarsch: Todesstrafe für Steuermann Heimsohn, für Feuerwerker Jellinek. Etwas leiser sagte die Stimme: Das Urteil muß noch bestätigt werden.

Ich blickte zum Kommandanten hinüber, der entsetzt dastand, dann, wie zur Probe, die Lippen bewegte und schließlich für alle verständlich sagte: Wahnsinn, das ist Wahnsinn. Er ging auf den Richtertisch zu, zäh, mit mühsamen Schritten, er streckte eine Hand gegen den Richter aus und wiederholte: Wahnsinn; das kann doch kein Urteil sein. Der Marinerichter überging seine Bemerkung und zählte unsere Arreststrafen auf.

Auch wir redeten ihnen zu, nicht nur der Verteidiger, und es war gewiß Mitternacht, als sie endlich nachgaben und sich nebeneinandersetzten, um ein Gnadengesuch zu schreiben, auf Papier, das der Verteidiger mitgebracht hatte. Sie drucksten, der Steuermann und der Feuerwerker, sie seufzten und sahen, um Wendungen verlegen, Beistand suchend zum Verteidiger auf, der rauchend auf der Fensterbank saß und nicht bereit schien, ihnen mit Worten auszuhelfen; nur die Anschrift diktierte er ihnen, und er selbst faltete auch die Gesuche und steckte sie in mitgebrachte Briefumschläge. Zum Urteil hatte er nichts zu sagen, vielleicht wollte er auch nichts sagen; wann immer der Signalgast oder der Funkmaat ihn baten, den Schuldspruch zu kommentieren, zuckte er die Achseln und gab sich zuversichtlich: Wartet nur, wartet nur ab. Bevor er uns verließ, verlangte mir der Steuermann den Brief ab, der an den Kommandanten adressiert war; an der Tür übergab er ihn dem Verteidiger, mahnend, besorgt, als ob für ihn viel davon abhinge. Zum Abschied legte der Verteidiger dem Steuermann die Hand auf die Schulter. Einer, der sich vor die Regale gelegt hatte, rief: Macht das Licht aus, und ich drehte den Schalter um und ließ mich auf den Fußboden nieder. Jeder spürte, wieviel gesagt werden müßte, keiner wagte, den Anfang zu machen, und je länger die Stille im Archivraum dauerte, desto bereitwilliger fanden wir uns mit ihr ab.

Vorsichtig öffnete ein Posten die Tür, er spähte eine Weile auf uns herab, ehe er die beiden Namen rief, nicht laut rief, nicht im Befehlston, sondern anfragend. Wir standen alle auf und bewegten uns zur Tür, und unser ruhiges, forderndes Dastehen veranlaßte den Posten, bis zur Schwelle zurückzugehen. Jellinek, sagte er, Jellinek und Steuermann Heimsohn, wir sollen Sie an Bord bringen. Wieso an Bord, fragte einer von uns, und der Posten darauf: Da tut sich was, hoher Besuch. Wir sahen uns an, verblüfft, ein Schimmer von Hoffnung zeigte sich auf den grauen Gesichtern: An Bord… Das Gnadengesuch… Ihr sollt an Bord… Und wir machten ihnen Platz und gingen herum und konnten nicht aufhören, die schnell entstandene Hoffnung zu begründen. Der blasse Hüne mit seinem Helfer brachte uns Brot und Marmelade, stellte einen dampfenden Aluminiumpott auf den Tisch und verzog sich grußlos. Keiner rührte sein Frühstück an. Als die Salven fielen – nein, keine Salven, es waren zwei Stöße aus einer Maschinenpistole –, stöhnte der Signalgast auf, und einer ging vor der Heizung auf die Knie und würgte, als müßte er sich übergeben. Wir lauschten. Manch einer mußte etwas anfassen. Dieser Irrsinn, sagte der Signalgast, diese Schweine – der Krieg ist doch vorbei! Der wird nie aufhören, der Krieg, sagte der Funkmaat, für uns, die wir dabei waren, wird er nie aufhören. Das ist doch kein Urteil, sagte der Signalgast, das ist Mord. Hört ihr, das ist Mord! Der

Funkmaat beugte sich über den, der vor der Heizung kniete, und sah ihm ins Gesicht. Geh an den Ausguß, sagte er, los, geh an den Ausguß.

1983

Schwierige Trauer

Eine Grabrede auf Henry Smolka

Vielleicht, Vater, hast du gesehen, daß wir weniger erschraken als uns weigerten, zu glauben, was uns die Leitung des Obdachlosen-Asyls schrieb; denn in all den Jahren – und was sollten wir anderes tun? – hatten wir uns damit abgefunden, daß du verschwunden warst und deine Spur für immer unauffindbar bleiben würde: irgendwo zwischen Luknow, wo du aufbrachst, und dem Ziel, das nur du allein kanntest, als ihr in jener eisigen Februarnacht auf den letzten Lastwagen stiegt, der euch zur Flucht verhelfen sollte. Wir hatten uns an deine Verschollenheit gewöhnt und waren auf dem besten Wege, dich und deine Aufgabe zu vergessen, die du damals übernommen hattest und von der wir immer wieder in Gerüchten hörten, und es war keine Hoffnung im Spiel, als wir dich zuerst für vermißt, zehn Jahre später für tot erklären ließen. Wir taten dies deinetwegen und unsretwegen; deinetwegen: weil wir dir die letzte Ehre, vergessen zu werden, verschaffen wollten; und unsretwegen: weil wir uns insgeheim davor schützen wollten, daß du mit deinem absurden Besitz aus der Verschollenheit auftauchst, um uns die Ruhe zu nehmen. Alles, Vater, was wir für dich empfanden, empfanden wir für den Vermißten.

Doch nun bist du aufgetaucht: der einstige Bürgermeister von Luknow, unserer alten Grenzstadt im Osten, starb in einem Obdachlosen-Asyl, wo er unter falschem Namen einen Strohsack besetzt gehalten und eifrig verteidigt hatte gegen die zänkischen Ansprüche alter Schlawiner, starb und begrub bis zuletzt mit seinem Körper den wasserdichten Beutel, in dem, nach deiner Meinung, die Geschichte und das Schicksal unserer Stadt ruhten, oder vielmehr nur das, was von ihrer Geschichte und ihrem Schicksal übriggeblieben war, seitdem du dich in jener Februarnacht davongemacht hattest. Deine Spur ist wieder zum Vorschein gekommen wie eine Spur im Tal der Dünen, die der Wind noch einmal freigefegt hat, bevor er sie endgültig löscht, und du zwingst uns, Vater, uns noch einmal mit dir zu beschäftigen, in deiner Spur zu lesen und uns an die Stunde zu erinnern, in der du die Aufgabe übernahmst, die dich für immer von uns trennte und mit der du uns bis heute nichts hinterlassen hast als Scham, Verlegenheit und eine schwierige Trauer. Wir können dir keine mildernden Umstände zugute halten, denn wir wissen, daß du bis zuletzt nicht ein einziges Mal an deiner Aufgabe gezweifelt hast.

Du warst überzeugt, gleich damals in jener klaren Februarnacht, als dich der Auftrag des Landrats erreichte, das Archiv der Stadt, die Dokumente von Luknows 600jähriger Geschichte vor der Roten Armee in Sicherheit zu bringen. Unsere Soldaten hatten die Stadt bereits verlassen, nur Verwundete waren noch da und Zivilisten, die an den Ausfallstraßen lagen und warteten, warteten auf ein Gefährt, das sie aufnehmen sollte; doch es kam nichts, kein knirschendes Geräusch von Schlittenkufen, kein Holpern eines Wagenrades auf unserem schäbigen Pflaster, nur das Springen der Eisdecke auf dem See, in die der Frost lange Risse brach. Doch dann, um Mitternacht, näherte sich ein einzelnes Motorengeräusch, bei dem die Wartenden an der Ausfallstraße die Köpfe hoben, sich aus ihren Vermummungen befreiten; es gelang ihnen nicht, den Lastwagen zum Halten zu bringen, und so verfolgten sie ihn bis zum Stadthaus, immer dem schleifenden Motorengeräusch folgend, stellten ihn und bewegten sich nun von allen Seiten auf ihn zu wie Rinnsale, die schwollen und größer wurden durch immer neue Ankömmlinge, an Druck und Strömung gewannen, so daß sie schließlich vorrückten und den Wagen festkeilten, der mit der Ladefläche gegen die Treppe des Stadthauses stand. Du, Vater, standest oben auf der Treppe, neben dir das bewaffnete Begleitkommando, das die wogende Mauer der Körper zurückhielt, und während ihr dort standet, luden andere das Archiv der Stadt auf die Ladefläche: Kisten mit Dokumenten, Urkunden, Briefen, Bündel von Manifesten, Aufrufen, von gehaltenen und gebrochenen Verträgen – der letzte Bürgermeister von Luknow ließ die Geschichte seiner Stadt verladen, ließ ihre weder ruhmvolle noch ruhmlose Vergangenheit in Sicherheit bringen, weil ihr glaubtet, über die Stadt verfügen zu können, solange ihr über ihre Geschichte verfügtet. Dabei hattet ihr nur übersehen, daß die Geschichte alles enthält außer jener blinden Gerechtigkeit, die ihr – ohne selbst allzu gerecht zu sein – in eurer Überheblichkeit voraussetztet. Und als die ganze verbürgte Vergangenheit von Luknow verstaut war, fuhrt ihr davon, mit Drohungen und Gewalt durch die Mauer der Leiber, die den Lastwagen bis zuletzt umschloß; du sahst, wie einige sich festhielten wie an einem Floß, mitliefen, bettelten und euch schließlich verfluchten; war Greta nicht unter ihnen? Habt ihr mit den Kolben eurer Gewehre auch auf ihre Hände geschlagen, bis sie sich lösten? Greta war sechzehn damals, sehr blaß, von dieser träumerischen Traurigkeit, die euch mißtrauisch machte, so daß ihr es nicht allzu gern saht, wenn ich mit ihr zusammen war – weißt du noch, Vater, ja? Hast du auch sie zurückgestoßen in die Dunkelheit, hast du sie mit den andern aufgegeben, weil dir die Vergangenheit Luknows kostbarer erschien als das Leben der Wartenden? Bedeutete dir die Urkunde über den abgewiesenen Tatareneinfall mehr als Greta? Ihr wart die letzten, die Luknow verließen, verlassen konnten in jener Nacht, und ihr fuhrt durch unsere Wälder nach Norden zur Küste, mit eurem absurden Fluchtgepäck, das euch dereinst einen absurden Anspruch erleichtern sollte, und wo ihr euch befandet, da war auch die Stadt, die ihr entleert hattet von ihrer Geschichte. Vielleicht glaubtet ihr damals, den anderen Soldaten nicht mehr überlassen zu haben als kaltes Gestein, zeugenlose Wände, eine leere Stadt, in die erst wieder Leben käme, sobald die Stimmen der Vergangenheit zurückkehrten – ihr täuschtet euch.

Mit der fliehenden Front zogt ihr nach Norden, und noch vor dem Haff, in einem verschneiten Tal, erwischte euch ein Flugzeug, flog euch zweimal an und schoß den Lastwagen in Brand, wonach ihr nur eine Kiste und mehrere Bündel mit Dokumenten retten konntet. Ihr habt den Chauffeur nicht begraben, ihr ließt ihn im ausgebrannten Führerhaus stekken, verschaffttet euch einen Schlitten, ludet die verringerte, angekohlte Vergangenheit Luknows auf und zogt weiter am Haff entlang zu den vereisten Piers von Pillau. In einem Güterwagen, Vater, mußtet ihr vier Tage und vier Nächte auf ein Schiff warten, und während dieser Zeit gingst du daran, den verbliebenen Bestand an Geschichte zu sichten, den Verlust zu notieren. Was war verlorengegangen? Die Zeugnisse der Pest in Luknow, oder das gesiegelte Dokument, mit dem einer der schwammigen Herzöge von Kolsk das damalige Dorf Luknow seiner zwölfjährigen Mätresse überschrieb? Oder hatte unsere Stadt die Urkunden über ihren großen Sohn Fittko eingebüßt, jenen General während der Grenzkriege, der alle Gefangenen eigenhändig tötete? Hatte Fittko nun nie mehr gelebt? Du führtest Buch über den Verlust an Vergangenheit, Vater, du bilanziertest das Kapitel an Geschichte, das euch verblieben war, dir und deinem letzten Helfer, Sbrisny, dem Invaliden, der dich begleitete. Und ihr bekamt ein Schiff; obwohl die Pier voll von Verwundeten war, gelang es dir, einen Dringlichkeitsschein zu erhalten, der euch erlaubte, mit der Kiste und den Bündeln an Bord zu gehen; vier Verwundete blieben zurück, wurden für die Zeugnisse von Luknows Tradition geopfert. Es war ein alter Holzschoner, der euch rausbrachte und westwärts über die Danziger Bucht bis zur Reede von Swinemünde, wo ihr Anker warft und im Morgengrauen, beim Schwojen an der Kette, Berührung mit einer Mine fandet, endgültige Berührung, die das Schiff in Höhe des Maschinenraums auseinanderriß, so daß es in zwei Teilen wegsackte. Niemand hatte Gelegenheit, etwas zu retten, niemand außer dir: du warst in dem Floß, das du schweigend ausersehn hattest für solch einen Fall, mit all deiner umständlichen und manchmal unerträglichen Sorgfalt, und zur größeren Ehre Luknows verzichtetest du auf Sbrisny und nahmst einige Bündel von Urkunden ins Floß, wahllos, denn die Katastrophe ließ dir keine Zeit. Die Kiste versank. Der träge Zug des Wassers schwemmte die Papiere hinaus, trieb sie lautlos über den Grund wie tote Fische – Luknows verflossene Schicksale. Das Salzwasser tilgte die Schrift: der große Brand unserer Stadt hatte nicht stattgefunden, eine Hungersnot hatte es nie gegeben, kein Zeugnis sprach mehr davon, welche namentlich erwähnten Herren einst das Recht gehabt hatten, jeden Unbekannten zu töten, der ihr Land betrat. Und ihr hättet nie mehr belegen können, daß Luknow einst die Spielschulden des mächtigen Wranka übernahm, denn auch seine Quittungen waren in der Kiste.

Du aber, Vater, glaubtest, noch genug im Floß zu haben, so daß du Sbrisny zurückließest, wie du Greta zurückgelassen hattest, du gelangtest an den Strand, schlepptest die dezimierte Geschichte in die Dünen, blicktest nicht auf die Reede hinaus, sondern zogst weiter, als du deiner Kraft wieder vertrauen zu können glaubtest. Du hattest dem Landrat versprochen, die Aufgabe zu übernehmen, und du hieltest dich an dies Versprechen, erkanntest nichts anderes an. Du hattest dich gegen jeden Zweifel durch deine Überzeugung geschützt, für Luknow zu handeln, und du zogst weiter nach Westen, gelangtest durch deine List, die du so kunstgerecht tarnen konntest, auf die Puffer des letzten Zuges, der Swinemünde verließ. Und du überstandest die Fahrt, auch wenn du wieder einen Teil unserer Geschichte einbüßen mußtest: bei einer unvorsichtigen Bewegung rutschte ein Bündel aus deinen klammen Fingern, fiel in den Schnee zwischen den Schienen, wurde vom Wind erfaßt, über den Damm gewirbelt und wie riesige Schneeflocken über das flache Land. Verloren war auch dies: das Zeugnis eines frühen Bürgermeisters, der einst die Stadt retten wollte, indem er sich in einen Zweikampf mit dem Führer der Angreifer einließ und verlor; die Beurkundung einer öffentlichen Blendung von aufsässigen Knechten und all die anderen gegebenen, beglaubigten und gezeichneten Dokumente, die vom Glück und Unglück, vom Triumph und der Schande unserer Stadt Kunde gaben. Bis dahin, bis auf die Puffer des Zuges, hatten wir deine Spur verfolgt, und zwar weniger aus Anteilnahme – denn dazu gabst du uns keinen Anlaß –, als um die letzte Bestätigung für unseren Glauben zu erhalten, daß der verhängnisvollste Irrtum deines Lebens die Überzeugung war, die Geschichte einer Stadt wöge das Leben eines einzigen Menschen auf.

Dann bliebst du verschollen, zogst durch das Land auf der

verzweifelten Suche nach deinem Auftraggeber, Stück um Stück der Geschichte Luknows ging verloren: die Zeit der Besetzung, der Aufstände, der drohenden Erscheinungen am Himmel, und zuletzt blieb nur noch der wasserdichte Beutel, den du in deinem Argwohn an der Haut fühlen mußtest Tag und Nacht. Auch wenn du das Gegenteil erreichen wolltest, durch dich erst wurde die Vergangenheit unserer Stadt in alle Winde gestreut, ihre mittelmäßige Geschichte, die ihr so hoch schätztet, weil ihr die Gegenwart insgeheim verachtetet. Wir wissen nicht, Vater, wohin dich dein Weg führte, nachdem du den Zug verlassen hattest; wir haben auch nicht den Wunsch, es zu erfahren. Das Obdachlosen-Asyl, in dem du starbst, schickte uns deinen Napf und dein Besteck, eine Blechdose mit Kleingeld und Kippen und den Beutel, in dem die Reste von Luknows vergangener Zeit steckten. Wir legen keinen Wert darauf. Wir verachten sie nicht, aber wir fühlen auch keinen Grund, ihr das Geringste zu opfern oder gar für sie einzutreten, wie du für sie eingetreten bist. Hier, nimm deinen Beutel und fahr wohl.

1960

Lieblingsspeise der Hyänen

Er saß mit dem Rücken zur Wand, unter dem präparierten Kopf eines Keilers, und neben ihm saßen die beiden Frauen. Ich hörte, wie die Frauen auf ihn einsprachen, hörte schon vom Eingang der Kneipe her den Vorwurf in ihren Stimmen, die drohenden Ermahnungen, die sie in sein junges, bewegungsloses Gesicht hineinsprachen: abwechselnd, ungeduldig, in milder Empörung redeten sie auf ihn ein, und er saß da und schwieg. Der junge Amerikaner sagte kein Wort, als die beiden Frauen gleichzeitig aufstanden; er erhob sich nicht, sah sie nicht an, als sie ihre Taschen nahmen, ein Paket unter seinen Tisch schoben und untergehakt an mir vorbei zum Ausgang gingen. Sehr fest hielten sie sich untergehakt, gingen tuschelnd vorbei, und ich sah ihre saubere, rosige Haut, ihre gepflegten Haare, auf denen sie die gleichen Hüte trugen, flache Hüte, die aussahen wie Spiegeleier mit Veilchen. Noch einmal sah ich sie draußen an der Scheibe vorbeigehen, Arm in Arm, mit der Zärtlichkeit verschworener Freundinnen, und beide lächelten.

Wir waren allein. In scharfem Zug trank er sein Glas aus, bestellte einen doppelten Kognak nach, rauchte und saß mit bewegungslosem Gesicht unter dem präparierten Kopf des Keilers, der aus künstlichen Augen, mit erstarrtem Grinsen durch den Zigarettenqualm sah. Die gekrümmten Hauer wirkten spröde, ausgetrocknet; sandfarben bogen sie sich zu den

Augen hinauf. Ich trank einen einfachen Kognak, blickte zu ihm hinüber: brütend und athletisch saß er da, ein jung aussehender Mann in offenem Kamelhaarmantel, mit kraftvoll gebürstetem Haar. Er sah gut aus; er erinnerte mich an den Mann auf dem Plakat, der von Freunden beneidet wird, weil er von seiner Frau ausschließlich sportliche Unterwäsche geschenkt bekommt.

Er setzte einen Fuß auf das Paket, das die beiden Frauen ihm anvertraut hatten; das Hosenbein wurde hochgezogen, gab den gummierten Rand einer Socke frei, ein Stück des Beins, das glatthäutig war, muskulös. Mehrmals kam der magere Kellner an seinen Tisch, stellte ein volles Glas hin, trug das leere fort, und ich sah, daß es immer Doppelte waren, die er in scharfem Zug, ohne sein Gesicht zu verändern, trank. Schließlich schien ihm der Kellner leid zu tun; er ließ sich eine Flasche bringen, goß selbst ein und stellte die Flasche auf den verkratzten Marmortisch.

Und jetzt wandte er sich um; als ob er beim Klirren der Flasche auf dem Marmortisch erwacht wäre, hob er den Kopf, blickte die rauchgeschwärzte Tapete an, entdeckte den Keilerkopf über sich und dann mich in meiner Ecke. Traurig lächelte er mir zu. Ich erwiderte das Lächeln, er zeigte mit dem Daumen über sich auf den Keiler und sagte: »Wissen Sie, wann er zum letztenmal zu trinken bekam?«

»Heute morgen«, sagte ich.

»Gut«, sagte er, »dann ist nichts zu befürchten.«

Überraschend hob er die Flasche an, hielt sie mir einladend entgegen: »Wie wär's«, sagte er, »bevor der da oben Durst bekommt« – und ich nahm mein Glas und zog an seinen Tisch. Ein Geruch von sehr gutem Rasierwasser umgab ihn; sein Hals war faltenlos, nirgendwo in seinem Gebiß konnte ich eine Plombe entdecken. Sicher goß er mein Glas voll, sagte »also«, und wir tranken aus. »Worauf?« fragte ich.

»Auf alles, was wir hassen«, sagte er. Während er sprach, wippte die Zigarette zwischen seinen Lippen. Er hatte braune, schräg geschnittene Augen, dünne Brauen, und ich sah, daß sein Gesicht unter den Augen faltenlos war. »Noch einen?« fragte er.

»Langsam«, sagte ich.

»Sie kommen bald zurück. Wir sollten fertig sein, wenn sie wieder hier sind. Es wird nicht sehr lange dauern.«

»Also gut«, sagte ich, »einverstanden.«

Wieder füllte er die Gläser, warf einen Blick durch die Scheibe und zog seinen Mantel aus, indem er halb aufstand, die Arme steif nach hinten streckte und den Mantel herabrutschen ließ. Ich fing seinen Blick auf und fragte: »Zum ersten Mal in Deutschland?«

»Nein«, sagte er, »ich nicht, aber meine Frau und meine Tochter. Sie sind zum ersten Mal hier.«

»Ihre Tochter?«

»Marjorie, ja. Sie sind gerade unterwegs, um Schuhe zu kaufen.«

»Es gibt solide Schuhe hier«, sagte ich.

»Ah«, sagte er angewidert, »sie haben sich überall Schuhe gekauft, in Paris zuerst, dann in Italien und jetzt hier.« Ein Ausdruck von resignierter Verachtung erschien auf seinem Gesicht, eine müde Erbitterung, und er rieb die kleine Glut von der Zigarette und warf die Kippe in den Aschenbecher, daß es stäubte.

»Schuhe«, sagte er verächtlich, »wohin wir auch kommen, wollen sie zuerst Schuhe sehen. Als ob Europa nichts anderes zu bieten hätte als Schuhläden. Diese Reise wäre ein Grund, damit ich zeitlebens barfuß ginge. Ich hasse sie.«

»Machen Sie eine Erholungsreise?« fragte ich.

Er sah mich überrascht an, mit einem Ausdruck von Wohlwollen, der mich erschreckte; eilig füllte er mein Glas nach, schnippte er uns zwei Zigaretten aus seiner Packung, zündete sie an, und ich spürte, daß er etwas mit mir vorhatte. Sein junges Gesicht schob sich über den verkratzten Marmortisch heran, stärker wurde der Geruch des sehr guten Rasierwassers: »Ich hasse sie«, sagte er, »keiner kann sich vorstellen, wie ich sie hasse.«

»Auch Ihre Tochter«, fragte ich, »auch Marjorie?«

»Es ist kein Unterschied zwischen beiden, zumindest besteht für mich kein Unterschied: sie sind Frauen.«

Er seufzte, schob die leicht geöffneten Lippen nach vorn, so daß es aussah, als wollte er über eine heiße Suppe blasen; die Augäpfel röteten sich an den Rändern, eine Gänsehaut fuhr über sein Gesicht, ein Schauder, hervorgerufen durch Alkohol und Erinnerung; etwas Mühsames lag in seiner Haltung, mühsam versuchte er, das Herabfallen des linken Augenlids zu verhindern, das Abgleiten seines Blicks – er begann, betrunken zu werden. Ich dachte an die Frauen, mit denen er reiste, an ihre rosige Haut, dachte an ihre verschworene Zärtlichkeit und daran, daß ich sie zunächst für Schwestern gehalten hatte; und während ich sie noch einmal vor mir sah, tuschelnd, untergehakt, in ihrer herausfordernden Gesundheit, merkte ich, daß ich Mitleid für ihn empfand. Und ich sagte: »Es tut mir sehr leid.«

»Danke«, sagte er, »es war nicht umsonst, jetzt weiß ich, was ich zu tun habe, und ich werde es tun. Jetzt bin ich aufgewacht. Diese Reise hat mir die Augen geöffnet.«

»Eine Reise ist manchmal gut dafür.«

»Nachbar«, sagte er, »es war eine Reise, die ich jedem Mann wünsche, der etwas von Frauen hält.«

»Hat's Ärger gegeben?«

»Wir sind nicht rübergekommen, um Schuhe zu kaufen, Nachbar. Zuerst sind wir nach Paris gefahren, weil man in Paris ankommt, aber da wollten wir nicht bleiben. In die Nähe von Bernay wollten wir, rauf in die Normandie, zu einer flachen Waldwiese vor einem schnellen Fluß; das war besprochen. Während des Krieges, im Morgengrauen Anfang November, mußten wir notlanden auf dieser flachen Waldwiese bei Bernay, mit zerschossener Benzinleitung. Ich war Pilot, und ich wollte noch einmal diese Wiese sehen, von der ich nichts hielt und die uns nicht enttäuschte, als ich die Maschine aufsetzte und kurz vor dem schnellen Fluß zum Stehen brachte. Ich wollte diese schäbige Wiese sehen, die uns hinterher, nachdem wir die Leitung geflickt hatten, sogar wieder starten ließ. Das war der Grund, warum wir in die Nähe von Bernay wollten.«

»Und?« fragte ich.

»Ich habe sie nicht wiedergesehen«, sagte er. »Wir blieben in Paris, sie konnten sich nicht trennen, sie kauften Schuhe. Wir kamen aus dieser Stadt nicht raus, bis die Zeit, die wir für Frankreich hatten, vorbei war. Wir sind nach Italien gefahren; die kleine Wiese habe ich nicht gesehen.« Er sprach leise, ohne Verachtung jetzt, ohne Erbitterung, seine Stimme hatte etwas Gleichgültiges, den Ton wirkungsvoller Sachlichkeit; sie glich einer Stimme, die ich manchmal im Radio höre – von fern her aus unsichtbarem Verlies erreicht sie mich, setzt eine Beziehung voraus, läßt keine Möglichkeit des Einwandes und will nicht mehr, als daß man ihr recht gebe. Ich gab ihm recht; ich war auf seiner Seite, weil die Frauen mit der rosigen Haut verhindert hatten, daß er seine Wiese zu sehen bekam, das bange Glück erfuhr, die Narben der Landespur wiederzufinden, und ich nickte ihm beistimmend zu. Er füllte die Gläser nach, trank seinen Doppelten in scharfem Zug aus und lächelte resigniert.

»Und in Italien?« sagte ich.

»Die Italiener machen die besten Schuhe«, sagte er. »Marlene Dietrich kauft ihre Schuhe in Italien und Soraya auch, und wer nur etwas auf sich hält, der sollte seine Schuhe bei den Makkaronis kaufen.«

»Kannten Sie Italien?«

»Nachbar«, sagte er, »als ich nach Italien kam, hatte ich die zweithöchste Auszeichnung. Und jetzt sind wir wieder hingefahren, weil ich einen Mann suchen wollte. Ich weiß nicht, wie er heißt, weiß nur, daß er am Berg über einer Brücke wohnen muß. Damals gaben sie mir den Auftrag, die Brücke zu zerstören, und ich flog hin, um es ihnen zu besorgen, aber während des Angriffs erschienen Schafe auf der Brücke, eine ganze Herde im Staub unter mir und ein Mann, der die Schafe trieb. Wir konnten nicht warten, konnten die Schafe nicht bitten, die Brücke zu verlassen; wir besorgten den Auftrag, und während des Rückflugs schon nahm ich mir vor, später den Mann, der die Schafe trieb, aufzusuchen und ihm etwas zu bringen.«

»Lebte er?«

»Wir haben Schuhe gekauft«, sagte er. »Ich habe den Mann nicht gesehen, weil sie mich nicht hinfahren ließen. Sie konnten allein ausgehen, sie kauften ohne mich ein, doch wenn sie zurückkamen ins Hotel, wollten sie mich vorfinden. Sie glaubten sterben zu müssen, bekamen nervöse Zusammenbrüche und Hautausschlag, wenn ich nicht auf sie wartete. Oh, ich hasse sie, ich hasse diese sanften Anklagen, ihre weichen Vorwürfe, und am meisten hasse ich sie, wenn sie auf ihre Schutzlosigkeit anspielen oder sich an den sogenannten Gentleman in uns wenden... Kennen Sie die Lieblingsspeise der Hyänen, Nachbar? Es sind Schuhe, bei Gott...«

Die Zigarette wippte zwischen seinen Lippen, der Rauch ringelte sich an seinem Gesicht vorbei, stieg hoch und staute sich unter dem drahtborstigen Kopf des Keilers, dessen Schnauze so weit geöffnet war, daß die rissige Gipsmasse im Zungenbett rosa hervorschimmerte. Mit schmerzlichem Wohlwollen sah mich der junge Amerikaner an, füllte mein Glas nach, forderte mich freundlich auf, auszutrinken, und ich trank. Sein Gesicht war leicht gedunsen vom Alkohol, sein Blick nicht mehr zielsicher, doch seine Stimme veränderte sich nicht. Seine Stimme war leise, sprach mit wirkungsvoller Sachlichkeit auf mich ein, und ich wagte nicht, nach einem Einwand zu suchen – ich gab ihm recht wie jener Stimme im Radio.

»Und von Italien sind Sie zu uns gekommen?«

»Ja«, sagte er, »von Italien hierher. Und ich betete unterwegs, daß Wolken von Ameisen über die deutschen Schuhläden herfallen möchten – mein Gebet wurde nicht erhört, Nachbar. Als sie den ersten Schuhladen sahen, blieben sie stehen, doch diesmal gab ich es nicht so schnell auf; diesmal steht für mich etwas auf dem Spiel.

Vierzig Kilometer von hier, nach einem Angriff auf diese Stadt, haben sie mich abgeschossen, das ganze Leitwerk wurde wegrasiert, so daß wir Mühe hatten, auszusteigen. Aber ich kam raus, der Fallschirm öffnete sich gut, und ich schwebte runter und sah schräg unter mir den Fluß. Doch gleich darauf, nachdem sich mein Fallschirm geöffnet hatte, fiel Charles auf mich zu: die Arme ausgebreitet, hinter sich, schlagend und flatternd, die Leinen und den Schirm, der sich nicht öffnete. So stürzte er herunter, und ich glaubte, er werde auf meinen Schirm fallen. Aber er streifte ihn nicht einmal, sauste neben mir vorbei; ich konnte seine Leinen fassen und festhalten. An meinem Fallschirm landeten wir beide im Fluß. Charles war verwundet, er ertrank.«

»Das war vierzig Kilometer von hier?«

»Nicht weiter. Damals hörte der Krieg für mich auf. Und jetzt will ich rausfahren an das Grab von Charles und ihm sagen, daß ich hier bin. Wir waren Freunde schon in der Schule. Seit vier Tagen sind wir in dieser Stadt, und ich bin immer noch nicht rausgefahren zu ihm… oh, ich hasse sie. Aber jetzt weiß ich, was ich zu tun habe.«

Heftig ergriff er die Flasche, drückte zu; ich sah seine Knöchel weiß werden, sah, wie sich sein Mund schmal zusammenzog, und plötzlich legte er sich zurück, versetzte dem Paket unter dem Tisch einen Fußtritt. Das Paket rutschte zwischen meinen Stuhlbeinen hindurch, rutschte weiter durch den Mittelgang der Kneipe bis zur braunen Filzportiere des Eingangs.

»Schuhe«, sagte er, »auch da sind Schuhe drin; die Lieblingsspeise der Hyänen.«

Der magere Kellner schob argwöhnisch seinen Kopf durch die Schiebetür der Küche.

»Zahlen!« sagte der Amerikaner. Der Kellner kam, und er zahlte.

Als er ohne Hast seinen Mantel anzog, sah ich draußen, hinter der Scheibe, die beiden Frauen aus einem Taxi aussteigen: eilig, mit ihren flachen Hüten, die so aussahen wie Spiegeleier mit Veilchen. Eine von ihnen – ich konnte nicht entscheiden, ob es Marjorie war oder ihre Mutter – trug an einem Bindfaden ein Paket. Sie schlugen die Filzportiere zurück, hoben ohne Erstaunen das Paket auf, das dort lag, und kamen an unseren Tisch. Er war sehr ruhig. Er ließ sich von einer der Frauen gleichgültig auf die Wange küssen. Sein Gesicht war bewegungslos, als sie ihm beide Pakete über den verkratzten Marmortisch schoben, wortlos nahm er sie auf. Ich wartete, wartete auf irgend etwas, von dem ich glaubte, daß es geschehen müsse, doch es geschah nichts. Er sah mich nur einmal an, mit einem Blick unergründlicher Dankbarkeit, dann gingen sie zum Taxi: er wußte, was er zu tun hatte.

1958

Risiko für Weihnachtsmänner

Sie hatten schnellen Nebenverdienst versprochen, und ich ging hin in ihr Büro und stellte mich vor. Das Büro war in einer Kneipe, hinter einer beschlagenen Glasvitrine, in der kalte Frikadellen lagen, Heringsfilets mit grau angelaufenen Zwiebelringen, Drops und sanft leuchtende Gurken in Gläsern. Hier stand der Tisch, an dem Mulka saß, neben ihm eine magere, rauchende Sekretärin: alles war notdürftig eingerichtet in der Ecke, dem schnellen Nebenverdienst angemessen. Mulka hatte einen großen Stadtplan vor sich ausgebreitet, einen breiten Zimmermannsbleistift in der Hand, und ich sah, wie er Kreise in die Stadt hineinmalte, energische Rechtecke, die er nach hastiger Überlegung durchkreuzte: großzügige Generalstabsarbeit.

Mulkas Büro, das in einer Annonce schnellen Nebenverdienst versprochen hatte, vermittelte Weihnachtsmänner; überall in der Stadt, wo der Freudenbringer, der himmlische Onkel im roten Mantel, fehlte, dirigierte er einen hin. Er lieferte den flockigen Bart, die rotgefrorene, mild grinsende Maske; Mantel stellte er, Stiefel und einen Kleinbus, mit dem die himmlischen Onkel in die Häuser gefahren wurden, in die ›Einsatzgebiete‹, wie Mulka sagte: die Freude war straff organisiert.

Die magere Sekretärin blickte mich an, blickte auf meine künstliche Nase, die sie mir nach der Verwundung angenäht hatten, und dann tippte sie meinen Namen, meine Adresse, während sie von einer kalten Frikadelle abbiß und nach jedem Bissen einen Zug von der Zigarette nahm. Müde schob sie den Zettel mit meinen Personalien Mulka hinüber, der brütend über dem Stadtplan saß, seiner ›Einsatzkarte‹, der breite Zimmermannsbleistift hob sich, kreiste über dem Plan und stieß plötzlich nieder. »Hier«, sagte Mulka, »hier kommst du zum Einsatz, in Hochfeld. Ein gutes Viertel, sehr gut sogar. Du meldest dich bei Köhnke.«

»Und die Sachen?« sagte ich.

»Uniform wirst du im Bus empfangen«, sagte er. »Im Bus kannst du dich auch fertigmachen. Und benimm dich wie ein Weihnachtsmann!«

Ich versprach es. Ich bekam einen Vorschuß, bestellte ein Bier und trank und wartete, bis Mulka mich aufrief; der Chauffeur nahm mich mit hinaus. Wir gingen durch den kalten Regen zum Kleinbus, kletterten in den Laderaum, wo bereits vier frierende Weihnachtsmänner saßen, und ich nahm die Sachen in Empfang, den Mantel, den flockigen Bart, die rotweiße Uniform der Freude. Das Zeug war noch nicht ausgekühlt, wohltuend war die Körperwärme älterer Weihnachtsmänner, meiner Vorgänger, zu spüren, die ihren Freudendienst schon hinter sich hatten; es fiel mir nicht schwer, die Sachen anzuziehen. Alles paßte, die Stiefel paßten, die Mütze, nur die Maske paßte nicht: zu scharf drückten die Pappkanten gegen meine künstliche Nase; schließlich nahmen wir eine offene Maske, die meine Nase nicht verbarg.

Der Chauffeur half mir bei allem, begutachtete mich, taxierte den Grad der Freude, der von mir ausging, und bevor er nach vorn ging ins Führerhaus, steckte er mir eine brennende Zigarette in den Mund: in wilder Fahrt brachte er mich raus nach Hochfeld, zum sehr guten Einsatzort. Unter einer Laterne stoppte der Kleinbus, die Tür wurde geöffnet, und der Chauffeur winkte mich heraus.

»Hier ist es«, sagte er, »Nummer vierzehn, bei Köhnke; mach sie froh. Und wenn du fertig bist damit, warte hier an der Straße; ich bring nur die andern Weihnachtsmänner weg, dann pick ich dich auf.«

»Gut«, sagte ich, »in einer halben Stunde etwa.«

Er schlug mir ermunternd auf die Schulter, ich zog die Maske zurecht, strich den roten Mantel glatt und ging durch einen Vorgarten auf das stille Haus zu, in dem schneller Nebenverdienst auf mich wartete. ›Köhnke‹, dachte ich, ›ja, er hieß Köhnke damals in Demjansk.‹

Zögernd drückte ich die Klingel, lauschte; ein kleiner Schritt erklang, eine fröhliche Vorwarnung, dann wurde die Tür geöffnet, und eine schmale Frau mit Haarknoten und weißgemusterter Schürze stand vor mir. Ein glückliches Erschrecken lag für eine Sekunde auf ihrem Gesicht, knappes Leuchten, doch es verschwand sofort; ungeduldig zerrte sie mich am Ärmel hinein und deutete auf einen Sack, der in einer schrägen Kammer unter der Treppe stand.

»Rasch«, sagte sie, »ich darf nicht lange draußen sein. Sie müssen gleich hinter mir kommen. Die Pakete sind alle beschriftet, und Sie werden doch wohl hoffentlich lesen können.«

»Sicher«, sagte ich, »zur Not.«

»Und lassen Sie sich Zeit beim Verteilen der Sachen. Drohen Sie auch zwischendurch mal.«

»Wem«, fragte ich, »wem soll ich drohen?«

»Meinem Mann natürlich, wem sonst!«

»Wird ausgeführt«, sagte ich.

Ich schwang den Sack auf die Schulter, stapfte fest, mit

schwerem, freudebringendem Schritt die Treppe hinauf – der Schritt war im Preis einbegriffen. Vor der Tür, hinter der die Frau verschwunden war, hielt ich an, räusperte mich tief, stieß dunklen Waldeslaut aus, Laut der Verheißung, und nach heftigem Klopfen und nach ungestümem »Herein!«, das die Frau mir aus dem Zimmer zurief, trat ich ein.

Es waren keine Kinder da; der Baum brannte, zischend versprühten zwei Wunderkerzen, und vor dem Baum, unter den feuerspritzenden Kerzen, stand ein schwerer Mann in schwarzem Anzug, stand ruhig da mit ineinandergelegten Händen und blickte mich erleichtert und erwartungsvoll an: es war Köhnke, mein Oberst in Demjansk. Ich stellte den Sack auf den Boden, zögerte, sah mich ratlos um zu der schmalen Frau, und als sie näher kam, flüsterte ich: »Die Kinder? Wo sind die Kinder?«

»Wir haben keine Kinder«, antwortete sie leise, und unwillig: »Fangen Sie doch an.«

Immer noch zaudernd, öffnete ich den Sack, ratlos von ihr zu ihm blickend: die Frau nickte, er schaute mich lächelnd an, lächelnd und sonderbar erleichtert. Langsam tasteten meine Finger in den Sack hinein, bis sie die Schnur eines Pakets erwischten; das Paket war für ihn. »Ludwig!« las ich laut. »Hier!« rief er glücklich, und er trug das Paket auf beiden Händen zu einem Tisch und packte einen Pyjama aus. Und nun zog ich nacheinander Pakete heraus, rief laut ihre Namen, rief einmal »Ludwig«, und einmal »Hannah«, und sie nahmen glücklich die Geschenke in Empfang und packten sie aus. Heimlich gab mir die Frau ein Zeichen, ihm mit der Rute zu drohen; ich schwankte, die Frau wiederholte ihr Zeichen. Doch jetzt, als ich ansetzen wollte zur Drohung, jetzt drehte sich der Oberst zu mir um; respektvoll, mit vorgestreckten Händen kam er auf mich zu, mit zitternden Lippen. Wieder winkte mir die Frau, ihm zu drohen – wieder konnte ich es nicht. »Es ist Ihnen gelungen«, sagte der Oberst plötzlich, »Sie haben sich durchgeschlagen. Ich hatte Angst, daß Sie es nicht schaffen würden.«

»Ich habe Ihr Haus gleich gefunden«, sagte ich.

»Sie haben eine gute Nase, mein Sohn.«

»Das ist ein Weihnachtsgeschenk, Herr Oberst. Damals bekam ich die Nase zu Weihnachten.«

»Ich freue mich, daß Sie uns erreicht haben.«

»Es war leicht, Herr Oberst; es ging sehr schnell.«

»Ich habe jedesmal Angst, daß Sie es nicht schaffen würden. Jedesmal…«

»Dazu besteht kein Grund«, sagte ich, »Weihnachtsmänner kommen immer ans Ziel.«

»Ja«, sagte er, »im allgemeinen kommen sie wohl ans Ziel. Aber jedesmal habe ich diese Angst, seit Demjansk damals.«

»Seit Demjansk«, sagte ich.

»Damals warteten wir im Gefechtsstand auf ihn. Sie hatten schon vom Stab telephoniert, daß er unterwegs war zu uns, doch es dauerte und dauerte. Es dauerte so lange, bis wir unruhig wurden und ich einen Mann losschickte, um den Weihnachtsmann zu uns zu bringen.«

»Der Mann kam nicht zurück«, sagte ich.

»Nein«, sagte er. »Auch der Mann blieb weg, obwohl sie nur Störfeuer schossen, sehr vereinzelt.«

»Wunderkerzen schossen sie, Herr Oberst.«

»Mein Sohn«, sagte er milde, »ach, mein Sohn. Wir gingen raus und suchten sie im Schnee vor dem Wald. Und zuerst fanden wir den Mann. Er lebte noch.«

»Er lebt immer noch, Herr Oberst.«

»Und im Schnee vor dem Wald lag der Weihnachtsmann, mit einem Postsack und der Rute, und rührte sich nicht.«

»Ein toter Weihnachtsmann, Herr Oberst.«

»Er hatte noch seinen Bart um, er trug noch den roten Mantel und die gefütterten Stiefel. Er lag auf dem Gesicht. Nie, nie habe ich etwas gesehen, das so traurig war wie der tote Weihnachtsmann.«

»Es besteht immer ein Risiko«, sagte ich, »auch für den, der Freude verteilt, auch für Weihnachtsmänner besteht ein Risiko.«

»Mein Sohn«, sagte er, »für Weihnachtsmänner sollte es kein Risiko geben, nicht für sie. Weihnachtsmänner sollten außer Gefahr stehen.«

»Eine Gefahr läuft man immer«, sagte ich.

»Ja«, sagte er, »ich weiß es. Und darum denke ich immer, seit Demjansk damals, als ich den toten Weihnachtsmann vor dem Wald liegen sah – immer denke ich, daß er nicht durchkommen könnte zu mir. Es ist eine große Angst jedesmal, denn vieles habe ich gesehn, aber nichts war so schlimm wie der tote Weihnachtsmann.«

Der Oberst senkte den Kopf, angestrengt machte seine Frau mir Zeichen, ihm mit der Rute zu drohen; ich konnte es nicht. Ich konnte es nicht, obwohl ich fürchten mußte, daß sie sich bei Mulka über mich beschweren und daß Mulka mir etwas von meinem Verdienst abziehen könnte. Die muntere Ermahnung mit der Rute gelang mir nicht.

Leise ging ich zur Tür, den schlaffen Sack hinter mir herziehend; vorsichtig öffnete ich die Tür, als mich ein Blick des Obersten traf, ein glücklicher, besorgter Blick: »Vorsicht«, flüsterte er, »Vorsicht«, und ich nickte und trat hinaus. Ich wußte, daß seine Warnung aufrichtig war.

Unten wartete der Kleinbus auf mich; sechs frierende Weihnachtsmänner saßen im Laderaum, schweigsam und frierend, erschöpft vom Dienst an der Freude; während der Fahrt zum Hauptquartier sprach keiner ein Wort. Ich zog das Zeug aus und meldete mich bei Mulka hinter der beschlagenen Glasvitrine, er blickte nicht auf. Sein Bleistift kreiste über dem Stadtplan, wurde langsamer im Kreisen, schoß herab: »Hier«, sagte er, »hier ist ein neuer Einsatz für dich. Du kannst die Uniform gleich wieder anziehen.«

»Danke«, sagte ich, »vielen Dank.«

»Willst du nicht mehr? Willst du keine Freude mehr bringen?«

»Wem?« sagte ich. »Ich weiß nicht, zu wem ich jetzt komme. Zuerst muß ich einen Schnaps trinken. Das Risiko – das Risiko ist zu groß.«

1958

Aus den Bekenntnissen eines Schwarzhändlers

I

Die Not ist meine schönste Zeit. Schon früh erkannte ich, welche Möglichkeiten der Mangel birgt, die Knappheit an allen Dingen; schon als Schüler war mir der Unterschied vertraut zwischen Haben und Nicht-Haben, und nicht nur dies: ich habe einen Gaumen für spezifische Not, spüre eine gewisse schöpferische Erregbarkeit, sobald irgendwo ein quälender Bedarf besteht; kurz gesagt, Armut ist mein höchstes Glück. Nichts inspiriert mich tiefer als die Not der anderen, niemals ist meine Phantasie so zuverlässig, als wenn es darum geht, den Mangel der anderen zu beheben – schon als Junge merkte ich es. Ich merkte es beispielsweise, wenn sich meine jüngere Schwester, sobald sie nichts mehr hatte, Sahnebonbons von mir lieh: bereitwillig half ich ihr aus der Verlegenheit, allerdings mußte sie diese Verlegenheit extra bezahlen. Ich bekam die doppelte Anzahl von Bonbons zurück. Und ich stieß auf die schöpferischen Möglichkeiten des Mangels, als sich mein Vater gegen Monatsende den Rest meines Taschengeldes pumpte, zögernd zuerst, dann mit einträglicher Regelmäßigkeit; ich half ihm, wo ich konnte, denn er zahlte pünktlich fünfzig Prozent Zinsen und war mir sicher.

So erwarb ich bereits im zarten Alter die Erkenntnis, daß die Not viele Vorzüge hat, und daß sie den, der auf sie baut, nicht nur ernährt, sondern auch in seinen Begabungen fördert. Denn Begabung ist nötig, um all die Chancen wahrzunehmen, die sich aus dringendem Mangel ergeben.

In Zeiten des Überflusses stirbt die Phantasie, nichts wird uns abverlangt an Überlegung, an Abenteuer, an Ungewißheit; wem es an irgend etwas mangelt, der drückt die Klinke des nächsten Geschäfts und deckt seinen Bedarf. Diese Zeit ist nicht meine Zeit. Wie einfallslos, wie degeneriert und unkünstlerisch erscheint unser Markt: überschwemmt von Angeboten, überwacht von Preisbehörden, besucht von Leuten, die jederzeit wissen, was sie brauchen und wieviel sie für die Mark bekommen. Überall ist man sich des Wertes gewiß und des Gegenwertes; keine Unsicherheit, kein Zaudern und blitzartiges Zupacken, und auf allen Gesichtern, die ich auf dem weißen Markt des Überflusses sehe, liegt die gleiche Freudlosigkeit, die gleiche träge Selbstgewißheit und der gleiche Überdruß. Die Sinne sind nicht mehr geschärft, das helle, räuberische Bewußtsein ist nicht mehr auf Beute gerichtet: die große Zeit ist vorbei, die Zeit der wundervollen Not.

Damit ist meine Zeit vorbei: der Überfluß hat alle meine Begabungen außer Kraft gesetzt, der Wohlstand hat meine Fähigkeiten verkümmern lassen – alles, was mir bleibt, ist die Erinnerung und die Sehnsucht. Ja, an kühlen Abenden habe ich oft Sehnsucht nach der Zeit der Not, erinnere ich mich an das Abenteuer meines Marktes – des Schwarzen Marktes –, und stumm vor Rührung denke ich an den Ruhm, den ich mir damals erwarb. Der Schwarze Markt war mein Metier.

Ich war für ihn geschaffen, wie Churchill für den Posten eines Kriegspremiers geschaffen war. Meine Fähigkeiten wurden immer vollkommener, und ich näherte mich meiner Vollendung. Schon begann man sich in einigen Hamburger Kreisen ehrenvolle Namen für mich auszudenken, als der Tag hereinbrach, der meine gesamte Muskulatur lähmte: der 20. Juni 1948, der schmähliche Sonntag der Währungsreform.

Seitdem habe ich gewartet, gehofft, daß meine große Zeit wiederkehre – bisher ist sie nicht wiedergekehrt. Ich finde nur noch den Trost der Erinnerung. Erinnerung ist das einzige, was mich wach und aufrecht hält, doch da auch sie – ich spüre es – mehr und mehr an Schärfe verliert wie alte Photographien, möchte ich alles aufschreiben, zum Nutzen eines Gleichgesinnten, für mich selbst aus Notwehr. Wäre ich ein Dichter wie Whitman, würde ich sagen: »Ich singe den Schwarzen Markt« –, doch ich bin nur ein Künstler des Mangels, und ich möchte nur aufschreiben, wie alles gewesen ist: mein Markt, mein Ruhm, mein Untergang. Ich möchte, da ich die nötige Schwermut des Erzählers zu besitzen glaube, anfangen, wo es begann, und enden, wo einstweilen alles endete.

Zuerst kamen Autos mit hohen Offizieren vorbei, Tag und Nacht; dann kamen Omnibusse mit nicht sehr hohen Offizieren, dann Pferdewagen, und zum Schluß staubgepuderte Soldaten ohne Waffen, die Tag und Nacht an dem Gutshof vorbeimarschierten, in dem unser Marinestab damals untergebracht war. Die Offiziere in den Autos und Omnibussen sahen enttäuscht aus, saßen mit schweigender Bitterkeit in den Lederpolstern, während die Soldaten uns zuwinkten und lachten und riefen, daß der ganze Mist vorbei sei. Alle, die müde und lachend vorbeimarschierten, riefen es uns zu, Tag und Nacht, und schließlich muß es unser Admiral gehört haben, denn er nahm sein Auto und fuhr enttäuscht weg. Und nachdem er weg war und die waffenlosen Soldaten nicht aufhörten zu rufen, daß der ganze Mist vorbei sei, setzte sich unser Korvettenkapitän mit den verschiedenen Leutnants in den Omnibus und fuhr ebenfalls enttäuscht weg. Für den Bootsmann war kein Pferdewagen da, so verließ er uns zu Fuß, und während draußen noch immer Soldaten vorbeimarschierten, rief der letzte Stabsgefreite die Schreiber und Burschen zusammen und erklärte uns, daß nun alles vorbei sei. Er führte uns ins Magazin und forderte uns auf, von den Sachen so viel zu nehmen, wie wir tragen konnten, denn hinterher wollte er den Rest in die Luft sprengen. Wir suchten hastig nach Sahnemilch, nach Kognak, Zigaretten und Büchsenschokolade – aber seltsamerweise fanden wir nur Sauerkraut in Dosen und Erbsen und allenfalls fettes Schweinefleisch. Die besseren Sachen mußten offenbar termingerecht ausgegangen sein. Als ich mit meinem Seesack ankam, war nicht einmal mehr fettes Schweinefleisch da, und ich suchte verzweifelt herum, bis ich eine riesige Pappkiste fand, die man offenbar auch schon vor mir entdeckt, doch, weil nichts darin zu finden gewesen war, mit Fußtritten in eine Ecke geschubst hatte, denn quer über die Kiste zogen sich Schrammen von Stiefelsohlen hin – wie Stigmen der Enttäuschung. Ungeduldig öffnete ich die Kiste, sah, daß sie gefüllt war mit Sahnelöffeln, Hunderten von Sahnelöffeln in rosa schimmerndem Seidenpapier, und gerade als ich ihr den letzten Fußtritt geben wollte, rief der Stabsgefreite von unten, daß die Sprengung vorbereitet sei. Verzweifelt sah ich mich um; nichts war in der Nähe als Sauerkraut und ein Gebirge von grauer RIF-Seife, deren Anblick schon genügte, um ein Schaudern hervorzurufen. So zwängte ich – vor der Wahl, entweder ohne etwas umzukehren oder mit dem absurden Reichtum der Sahnelöffel in Sicherheit zu gelangen (denn etwas mußte ich doch mitnehmen) – zwängte ich also die Pappkiste mit Hunderten von Sahnelöffeln in meinen Seesack, schwang ihn auf die Schulter, brach nahezu unter dem Gewicht zusammen, doch die Gefahr, die bereits Hölderlin in ähnlichem Zusammenhang erwähnte, gab mir die rettende Kraft: ich ließ den Seesack die Treppe hinunterfallen und sprang hinterher, gerade noch rechtzeitig genug. Später, nach der Sprengung, habe ich die Löffel gezählt, es waren zweihundertvierzig, oder zwanzig Dutzend, und mit ihnen auf dem Rücken zog ich die Straßen, die auch die lachenden Soldaten gezogen waren, die uns so oft zugerufen hatten, daß der ganze Mist vorbei sei.

Auch die Soldaten brachten etwas aus dem Krieg nach Hause: Konserven, Kugellager, Schnaps, Werkzeuge oder Zigaretten, und einer, der vom Nordkap kam, vertraute mir an, daß er sich zehntausend Stopfnadeln aus einem Schneidermagazin geholt hatte, bevor es in die Luft gesprengt worden war: jeder schleppte etwas nach Hause, die seltsamste Beute manchmal, doch Sahnelöffel hatte keiner, Sahnelöffel hatte nur ich, und ich verdankte diesen überraschenden Besitz lediglich dem Umstand, daß unser Marinestab zwei Jahre in Dänemark stationiert gewesen war. So war ich, als der Friede losbrach, Eigentümer von zweihundertvierzig Sahnelöffeln, ein Besitz, der mich anfangs ständig irritierte, denn einmal haßte ich Sahne, und zum anderen glaubte ich mich überwinden zu können, Schlagsahne, wenn es schon sein mußte, auch mit einem schlichten Löffel zu essen. Das verwirrte mich zunächst sehr, und es gab Stunden, Mittagsstunden in hämmernder Hitze, in denen ich, was sonst keineswegs üblich ist, meinen Besitz verfluchte. Doch ich brachte es nicht übers Herz, mich von ihm zu trennen, vor allem deswegen nicht, weil ich die Sahnelöffel mit der Zeit als ein ausgefallenes Honorar ansah, mit dem man mich für den ganzen Mist bezahlte, in dem ich gesteckt hatte. Ich behielt es also bei mir, zog in südliche Richtung und erreichte in frischem Frieden die Freie und Hansestadt Hamburg.

Da ich mich nicht entscheiden konnte, ob die Stadt mir gefiel, marschierte ich zum Bahnhof, ging in den Wartesaal und schob den Seesack unter den Tisch und stellte einen Fuß drauf, so wie alle, die ich sah, einen Fuß auf ihren Koffer, ihren Karton oder Beutel gestellt hatten. Ich bestellte eine warme Steckrübensuppe, einen Steckrübensalat hinterher, und während ich aß, kam ein kleiner Junge an meinen Tisch, Rotz und Fröhlichkeit im Gesicht; er beobachtete mich durch das blaßgrüne Glas einer Flasche, schnitt mir Grimassen, dann tauchte er, nestelte unter dem Tisch an meinem Seesack, und bevor ich ihn wegjagen konnte, hatte er drei Sahnelöffel in der Hand, mit denen er zu seiner Mutter rannte. Seine Mutter riß ihm die Löffel aus der Hand und brachte sie mir unter Entschuldigungen zurück.

Als ich bezahlen wollte, den verdrossenen Kellner heranwinkte, fiel sein Blick sofort auf die Sahnelöffel. Überraschend beugte er sich zu mir herab und flüsterte: »Wieviel?« Und ich flüsterte zurück: »Wieviel was?«, und er legte eine Schachtel englischer Zigaretten auf den Tisch, legte fünfzig Mark dazu und strich die Löffel ein und fragte: »Einverstanden?« Ich verstand schneller, als ihm angenehm sein konnte, obwohl ich mir Mühe geben mußte, meine Verblüffung zu verbergen. Ich brachte einen Ausdruck von Zögern, von Unentschiedenheit in mein Gesicht, worauf er zwanzig Mark zulegte und ging. Instinktiv hob ich meinen Seesack auf, nahm ihn fest zwischen die Knie – so als sei mir in diesem Augenblick erst bewußt geworden, welch einen Schatz ich bei mir hatte.

Meine Verblüffung schwand und schwand nicht: in welch eine Zeit war ich hineingeraten? Was hatte es zu bedeuten, daß man nur Sahnelöffel auf den Tisch zu legen brauchte, um sofort ein Angebot zu erhalten? War das die neue Währung?

Trugen die Leute neuerdings vielleicht Sahnelöffel in der Lohntüte nach Hause? Ich studierte die Speisekarte, in der Meinung, es herrsche ein Überangebot an Sahne, zu der man nur entsprechende Löffel brauchte, doch auf der Speisekarte waren lediglich Heißgetränke erwähnt, Räucherfischpaste und die dralle Steckrübe in vierundzwanzig Variationen. Wahrscheinlich, sagte ich mir, ist in meiner Abwesenheit ein Vorhaben Nietzsches ausgeführt worden, eine Umwertung aller Werte, bei der Löffel einen neuen Kurs erhalten hatten. Neugierde, und zwar schöpferische Neugierde, erwachte in mir, die Freie und Hansestadt Hamburg begann mir zu gefallen, und mit zweihundertsiebenunddreißig blanken Dingerchen auf dem Rücken beschloß ich, ein Zimmer zu suchen.

Das Wohnungsamt war wegen Überfüllung geschlossen, doch ich konnte warten, legte mich neben die rote Backsteinmauer, nahm meinen Seesack als Kopfkissen. Ich schlief nicht ein, denn ständig kamen Leute vorbei, wütende, schimpfende, aufgebrachte Zeitgenossen, die ergebnislos verhandelt hatten und nun die interessantesten Flüche hören ließen. Ich merkte mir einige der Flüche für alle Fälle, dann wurde ein neuer Schub reingelassen, wälzte sich unendlich langsam durch die Korridore, verteilte sich vor Zimmertüren, an denen Pappschilder mit Anfangsbuchstaben angeklebt waren, und schließlich stand ich in einem kahlen Raum, sah mich einem feindseligen, zerknitterten Gesicht gegenüber, das sozusagen lippenlos geworden war vom vielen Nein-Sagen. Argwöhnisches Warten, während ich, nach einem sehr höflichen Gruß, meinen Seesack bumsend absetzte, die Schnur aufzog und – wortlos, ohne Eile – eine Handvoll Sahnelöffel aus dem rosafarbenen Papier wickelte. Mit schöner Selbstverständlichkeit legte ich das blitzende Zeug auf den Festungstisch, hinter dem, unerreichbar, das feindselige Gesicht stand. Jetzt blickte ich es mit der mir eigenen, großäugigen Melancholie an und sagte leise: »Nun bin ich zurückgekommen. Ich habe mir erlaubt, unterwegs an Sie zu denken. Es ist nur ein kleiner Gruß von vorn.« Darauf senkte ich den Blick, sah zwei gelbliche, magere Hände über dem Tisch erscheinen und nach den Sahnelöffeln, es waren sieben, schnappen, wie ein Fisch nach einem Insekt schnappt, sah weiter, wie meine Löffel herabgezogen wurden in die Dämmerung heimlicher Schubladen, und als ich den Kopf wieder hob, sah ich ein nachdenkliches Gesicht vor mir.

»Ich habe nur ein unheizbares Zimmer.«

»Es wird reichen«, sagte ich, in Gedanken an die zweihundertdreißig Sahnelöffel, die noch im Seesack steckten.

Dann empfing ich meinen Einweisungsschein, wechselte einen warmen Händedruck und machte mich vergnügt pfeifend zu meinem neuen Heim auf, mißtrauisch verfolgt von den Blicken der Wartenden.

Meine Wirtin, eine schwermütige, athletische Frau, empfing mich im Kittel, blickte flüchtig auf den Einweisungsschein und zeigte mir mein Zimmer. Sie hatte einst bei der weiblichen Polizei gedient, war norddeutsche Judo-Meisterin gewesen, doch aus irgendeinem Grund hatte sie vorzeitigen Abschied genommen. Zur Begrüßung kochte sie Kaffee. Ich schenkte ihr einen Sahnelöffel, den sie lange betrachtete und mir dann zurückgeben wollte, weil sie glaubte, er sei zu kostbar. Als ich ihr anvertraute, wieviel ich davon besaß, verschwand sie für kurze Zeit und kehrte mit einer Flasche wieder, die zu einem Drittel mit Schnaps gefüllt war. Wir tranken den Schnaps, worauf ich mich auf die kratzige, rote Plüsch-Couch legte und acht Tage liegenblieb. Meine Wirtin versorgte mich. Geschäftig ging sie hin und her, brachte Tee, Käsebrote, manchmal auch

Fleisch und Honig; sanft servierte sie, sanft trug sie ab, und nach acht Tagen war ich ausgeschlafen und hatte die Wirkung des Alkohols überwunden. Während ich mich vergnügt über dem Ausguß rasierte, brachte sie das Frühstück herein, und bei diesem Frühstück vollzog sich sozusagen die Wiedergeburt eines jungen Mannes aus dem Geiste des Mangels.

Sie – meine Wirtin – gestand mir, daß sie während meiner achttägigen Müdigkeit mehrere Sahnelöffel eingetauscht hatte, auf dem Schwarzen Markt, wie sie sagte, und sie erinnerte mich an Käse, Fleisch und Honig, die sie dafür bekommen hatte. Von ihr hörte ich den Ausdruck zum ersten Mal: »Schwarzer Markt«; ich muß gestehen, daß ich einen Augenblick lang an Brikett dachte, doch nur einen Augenblick, denn ich empfand sofort eine eigentümliche Sympathie für diesen Ausdruck, eine unerklärliche Hingezogenheit – etwa wie Rimbaud zu illegalen Waffengeschäften.

Ich wiederholte unhörbar diesen Ausdruck, der auf Geheimnis und Vorteil zu verweisen schien, und später, nachdem ich gefrühstückt, nähere Auskünfte erhalten und mir – für alle Fälle – einige Sahnelöffel eingesteckt hatte, zog ich los, um den Schwarzen Markt leibhaftig zu erfahren. Meine Wirtin hatte mir die Straße beschrieben, in der mein Markt stattfand, eine stille Trümmerstraße, in der einst Villen gestanden hatten; ich fuhr hin, glücklich und verwirrt. Ah, ich werde diese erste Begegnung nie vergessen, die sonderbare Überraschung, die ich erlebte! Ich hatte nichts vor. Ich wollte nur sehen, und ich sah mehr, als ich erwartet hatte.

Die Sonne schien. Die Straße war still, ohne Verkehr. Nirgendwo ein Stand, eine Marktbude; nur Männer und Frauen, die – und das mutete einen Fremden zunächst rätselhaft an – auf und ab schlenderten, gelassen nach außen hin, wenn auch eine versteckte Wachsamkeit in ihren Gesichtern lag. Sie gingen vorbei, ohne einander anzusehen, mit vorgegebener Gleichgültigkeit. Niemand schien in Eile. Auch ich ging die stille Straße hinab, schlendernd wie die anderen. War das der Markt, den ich erträumt hatte? Wo war das Geheimnis, wo der Vorteil? Und wie erfolgte der Handel? Aufmerksam ging ich weiter, und dann, ja, dann merkte ich es: ich hörte die Vorübergehenden leise sprechen, es klang wie Selbstgespräche, so daß ich an Kinder denken mußte, die, wenn man sie zum Einkaufen schickt, unaufhörlich wiederholen, was sie mitbringen sollen: einen Liter Milch, einen Liter Milch...

Auch die Leute, die sich hier gelassen aneinander vorbeischoben, wiederholten unaufhörlich denselben Spruch, als fürchteten sie, sie könnten ihr Stichwort vergessen. Ich hörte genau hin, hörte Stimmen, die im Vorbeigehen ehrgeizlos flüsterten: »Brotmarken« oder »Nähgarn«, hörte eine Frau, die mit gesenktem Blick nur ein einziges Wort sagte: »Marinaden, Marinaden«, ein Greis murmelte: »Bettzeug«, ein rotgesichtiges Mädchen: »Amis«. Jede Stimme empfahl ehrgeizlos etwas anderes: Schuhe, Fischwurst, Stopfnadeln – vielleicht waren es die vom Nordkap –, Uhren, Schinken, Kaffee und Eipulver. Niemand gab sich aufdringlich, marktschreierisch – wie wohltuend war doch die Diskretion meines Marktes. Ich empfand, während ich leise »Sahnelöffel, Sahnelöffel« zu flüstern begann, die tiefere Bedeutung dieses Vorgangs: die Nachfrage übertraf das Angebot bei weitem, der Mangel triumphierte, bestimmte den Kurs, und die Zeitgenossen bewiesen, daß sie dem Mangel gewachsen waren. Eine Revision der alten Werte hatte stattgefunden, die Not setzte den Preis fest. Man bezog, was man gerade effektiv brauchte, und nicht, was man zu brauchen glaubte – nicht mehr. Der unmittelbare Bedarf hatte den Vorrang. Die Bezahlung wurde von gegenwärtigem, nicht von zukünftigem Verlangen bestimmt, und was besonders zu Ehren kam, war die uralte Praxis der ersten Märkte – der Tausch. Ich selbst wurde es gewahr, denn nachdem ich mehrmals »Sahnelöffel, Sahnelöffel« geflüstert hatte, setzte sich mir ein hagerer Mann auf die Spur, drängte mich hinter eine geborstene Mauer, wo ich – nur aus Spaß und Neugierde – ein Angora-Kaninchen eintauschte. Allerdings trug ich es nicht nach Hause, sondern stieß es gleich gegen wollenes Unterzeug ab, erhielt dafür wieder englische Zigaretten und bezahlte mit ihnen drei Flaschen Bratenöl, das sich indes, später zu Hause, als Torpedoöl herausstellte. Doch obzwar die Bratkartoffeln das Bild einer Seeschlacht vor meinem Auge hervorriefen, war ich mit allem zufrieden, was ich für den Anfang erfahren hatte. Ich war auf den Geschmack gekommen. Die erste Begegnung hatte mich bereits elektrisiert. Ein Ziel begann sich deutlich abzuzeichnen, die Zuversicht einzustellen, daß ich dieses Ziel erreichen würde. Ich hatte ohne Anstrengung einen Beruf gefunden. Das Abenteuer konnte beginnen.

II

Mit dem Ruhm ist es wie mit dem Kapital: das erste Guthaben erwirbt man sehr mühsam, von einer gewissen Höhe ab braucht man nichts mehr zu tun; dann vermehren sich Ruhm und Kapital mit der überzeugenden Fruchtbarkeit der Natur. Auch mein Anfang war von Mühe nicht frei. Zwar besaß ich noch über zweihundert Sahnelöffel, die aus dem Magazin meines Marinestabes stammten, doch ich kann nicht sagen, daß sie ausreichten, um meinen Ruf auf dem Schwarzen Markt zu begründen. Ich benutzte sie allenfalls zu gelegentlichen Subalterngeschäften – tauschte etwa eine Matratze ein, ein Bild (Heidelandschaft) und eine Kiste Margarine, aber es gelang mir einstweilen nicht, einen interessanten Namen zu erwerben, sozusagen eine Gütemarke meines schwarzen Wappenschildes. Das erfolgte erst später, und zwar anläßlich einer Siegesfeier, die unsere alliierten Freunde in ihrem Victory-House feiern wollten. Diese Siegesfeier verhalf mir zu unerwartetem Prestige, und ich kann ohne Eitelkeit sagen, daß mich ein ganzes Bataillon der berühmten »Wüstenratten«, das sich in Nordafrika so bemerkenswert hervorgetan hatte, als Künstler des Mangels feierte – was natürlich nicht verborgen blieb und auf meinen Markt zurückschlug.

Jene Siegesfeier, welche unsere alliierten Freunde zu feiern entschlossen waren, litt unter einem überraschenden Mangel: es fehlte ein gewisses Quantum Schnaps, ohne den ja – was jeder weiß – auch ein strahlender Sieg eine melancholische Angelegenheit werden kann; und außerdem handelte es sich bei den Teilnehmern der Feier um »Wüstenratten«, bei denen man chronischen Durst schon beim Klang des Namens voraussetzen darf. Ich erfuhr das von Allan, einem sehr liebenswürdigen Korporal, den meine Wirtin, schwermütig und athletisch, eines Tages in die Wohnung brachte. Allan war Kantinen-Korporal, was für den Instinkt meiner Wirtin sprach – wenngleich ich es ihr auch nicht allzu hoch anrechnete, da sie ja ehedem bei der weiblichen Polizei gedient hatte. Jedesmal, wenn Allan uns besuchte, war er tadellos gepolstert mit Schokolade, Konserven und Büchsenkaffee, und während wir ihn am Anfang in ungestümem Spiel Zentimeter für Zentimeter absuchten, begnügten wir uns später damit, zuzusehen, wie er lakonisch die Feldbluse hochzog und seine Mitbringsel auf den Boden plumpsen ließ – gleichsam ein lustloses Wunderhorn.

Seine Lustlosigkeit war an jenem Abend besonders groß, als er uns anvertraute, daß eine Siegesfeier zwar terminiert war, daß aber alle seine Kameraden ihr ohne Freude entgegensähen, da pro Mann nur eine drittel Flasche Whisky vorgesehen sei. Wir, meine Wirtin und ich, empfanden freundschaftliches Bedauern, ja, da es sich um nicht vorhandenen Alkohol handelte, sogar Mitleid; schließlich hatte bereits Dostojewskij, der vom Trinken etwas verstand, verlautbart: Mann, Mann, ohne Mitleid geht es nicht.

Da es mir wirklich leid getan hätte, wenn die berühmten »Wüstenratten« auf ihrer Siegesfeier gewissermaßen mit einer Fatamorgana hätten vorliebnehmen müssen, forschte ich verzweifelt nach einer Möglichkeit, um das ganze Bataillon – bildlich gesprochen – zu einer Zisterne zu führen.

Ich fand keine Möglichkeit; doch in leichtsinniger Kühnheit sprang ich plötzlich auf – so wie möglicherweise Entdecker aufspringen, wenn sie einen Bazillus unverhofft ausgemacht haben – und sagte zu Allan: »Sorry, Allan, daß ihr für die Siegesfeier keinen Schnaps habt, sehr sorry. Aber macht euch keine Sorgen. Ich werde ihn beschaffen, und zwar für alle, fürs ganze Bataillon.« Allan reichte mir spontan die Hand, meine Wirtin jedoch musterte mich mit durchdringender Skepsis. Ich gestehe, in diesem Augenblick war ihre Skepsis angebracht. Ein wesentliches Element des Schwarzen Marktes ist die Überraschung, ist der Zufall; d. h. man kauft zunächst einmal nicht das, was man gerne will, sondern was sich zufällig oder günstig bietet. Der schönste Markt herrscht immer da, wo man den Augenblick am Schwanz packen kann. Worauf hatte ich mich nur eingelassen mit meinem leichtfertigen Versprechen? Würde mein Markt solch ein Angebot bereithalten? Nachdem Allan gegangen war, machte meine Wirtin mir die erwarteten

Vorwürfe; sie liefen an mir herunter wie Wasser an einer Ente. Ich spürte nichts als eine Chance und setzte auf sie.

Am nächsten Morgen bereits machte ich mich auf in die Trümmerstraße, wo – lautlos, argwöhnisch und diskret – der Schwarze Markt stattfand. Wachsame Gesichter schoben sich vorbei, ich hörte die halblauten, monoton geflüsterten Angebote: »Marinaden, Marinaden«, hörte eine Frauenstimme sagen: »Socken für den Winter«, Angebote, die ich nicht zur Kenntnis nahm.

Eine begründete Unruhe begann mir zuzusetzen: ich dachte an die anberaumte Siegesfeier, an ein durstiges Bataillon von »Wüstenratten«, das sich auf die Feier freute, weil es meinem Versprechen vertraute. Ich hatte vier Tage Zeit. Ich ging die Straße hinauf und hinab, horchte auf die Stimmen und kalkulierte Preis und Gewinn: vier Schachteln Zigaretten wollten die »Wüstenratten« pro Flasche zahlen; eine Schachtel kostete hundertzwanzig Mark, eine Flasche Schnaps zweihundertvierzig –: zügig rechnete ich alles durch und kam zu dem Ergebnis, daß ich bei rund fünfhundert Flaschen beiläufig tausend Schachteln Zigaretten für meine schöpferische Begabung erhalten würde, wenn sie den akuten Mangel der »Wüstenratten« aufhob. Triumph der Gelegenheit! Mit der Erregbarkeit des Künstlers tat ich mich um. Es sah schwarz aus. Obwohl ich – bis auf eine kurze Mittagspause – den ganzen Tag arbeitete, hörte ich nur zweimal eine Stimme »Alkohol« murmeln: einmal war es ein unrentabler Krönungskognak aus der Zeit Napoleons, den eine gebildete alte Dame anbot; beim zweiten Mal handelte es sich um einen Kanister Brennspiritus – von einem Mann offeriert, der wie ein hungernder Feuerschlucker aussah, der seine eiserne Ration abstoßen wollte. Nach kurzer Vergewisserung verzichtete ich auf beides.

Schon wollte ich den Schwarzen Markt verlassen, als – in der Dämmerung – doch noch das Glück kam. Dieses Glück – das sich allerdings später nicht als vollkommen rein erwies – kam in Gestalt einer kräftigen, energischen Frau, die wie eine Fregatte durch die Trümmerstraße segelte, selbstgewiß um sich blickte und, ohne eine Hand vor den Mund zu nehmen, »Fusel« sagte, »prima Fusel.« Sie sagte nicht Kognak oder Schnaps oder Alkohol, sondern »prima Fusel«, und das klang wie eine aufrechte Untertreibung, hinter der sich, wie mir schien, ein sozusagen köstlicher Tropfen verbarg. Als sie es zu mir sagte, hob ich den Kopf, nickte und gab ihr durch mein Nicken zu verstehen, daß ich interessiert sei. Von diesem Augenblick an schwieg sie, gab mir Gelegenheit, mich auf ihre Spur zu setzen, und sie ging vor mir her zu einer Kneipe. An einem Ecktisch nahmen wir Platz, und wir schüttelten uns die Hand wie alte Bekannte oder Komplizen – eine Wahrnehmung, die ich später noch oft machen sollte: der Schwarze Markt verband die Zeitgenossen in einer ganz bestimmten Art von Rabentraulichkeit. Er rief tatsächlich etwas wie eine schwarze Familiarität hervor. Man kam ohne große Vorverständigung zueinander. Außerdem beeinflußte er in gewisser Weise auch die Sprache, zeigte ein überraschendes Vokabular. Beispielsweise sagte die Fregatte, als wir uns am Ecktisch niederließen: »Anita enttäuscht nicht. Auf wieviel Pullen willst du stehen?« Ich zögerte, dachte, daß sie mir bestenfalls zehn Flaschen würde überlassen können, doch um meinen Bedarf anzuzeigen, sagte ich träumerisch: »Fünfhundert.«

Sie stutzte nicht einen Augenblick, sagte vielmehr ohne Verwunderung: »Fünfhundert, bis wann?« »Bis morgen«, sagte ich. »Bei Überstunden wird's möglich sein«, sagte sie. »Fünfhundert?« fragte ich skeptisch. »Die Pulle zu zweihundertfünfzig«, sagte sie. »Zu zweihundert«, sagte ich. »Zu zweihundertvierzig«, sagte sie. »Abgemacht«, sagte ich, denn damit waren wir auf dem Preisniveau, das ich kalkuliert hatte. Bevor wir uns noch über die Einzelheiten verständigten, machte mir Anita ein neues, überraschendes Zusatzangebot. Sie sagte: »Ich habe einen feinen Posten Unterröcke; bei gleichzeitiger Abnahme verbilligt sich die Flasche um 40. Diese Qualität.« Sie zog ihren Rock leicht an, unter dem sie ein halbes Dutzend Unterröcke von einwandfreier Qualität trug, doch ich konnte mich zu dem Koppelgeschäft nicht entschließen. Wenn meine Auftraggeber Schotten gewesen wären, hätte ich ohne Zögern abgeschlossen, die »Wüstenratten« aber trugen Hosen; und so durfte ich voraussetzen, daß in diesem Fall kein gerichteter Mangel bestand. Ich zog, zum Zeichen meines Verzichts, ihren Rock über das Angebot und verabredete die Bedingungen unseres abgeschlossenen Geschäftes. Anita gab mir eine Adresse, nannte eine Stunde, zu der ich mit einem Jeep dort aufkreuzen und warten sollte – Bezahlung bei Entgegennahme der Ware –, dann tranken wir einen Grog zusammen, politisierten ein wenig und verabredeten uns für den entscheidenden Abend.

Allan war pünktlich. Er erschien mit dem Kantinen-Jeep, auf dem die Zigaretten verstaut waren, und in glücklicher Erregung fuhren wir los und suchten die angegebene Adresse. Wir fuhren auf und ab, ohne die Nummer zu finden, die Anita genannt hatte. Es waren kaum Häuser in der Gegend, und die Nummer 28–30 gehörte, auch wenn wir es zunächst nicht glauben wollten, dem Naturkunde-Museum, das reglos, in schweigender Düsternis vor uns lag.

Enttäuscht hielten wir schließlich, setzten uns eine Frist und warteten, und auf einmal, nie werde ich es vergessen, segelte

Anita in weißer Schürze durch den Säulengang, lautlos wie der Fliegende Holländer. Sie kam einige Stufen herab, hielt Ausschau; dann winkte sie mir, und ich ging hinauf. Wortlos ergriff sie meine Hand, führte mich durch dunkle Korridore, in denen es muffig roch, eine Steintreppe hinab, bis es kalt und zugig wurde und ich merkte, daß wir im Keller waren. Vorsichtig drückte sie eine Tür auf. Der Raum war erleuchtet, und was ich sah, verschlug mir für einen Augenblick die Sprache.

Ein sehr junger und ein sehr alter Mann, beide in weißen Kitteln, waren damit beschäftigt, ein endloses Spalier von runden, dickwandigen Glasbehältern zu öffnen, Behältern, wie sie zum Anschauungsunterricht in den Schulen Verwendung finden. Eine einzige, nackte elektrische Birne brannte, und in ihrem Schein bemerkte ich, daß viele der Behälter gefüllt waren: Frösche schwammen darin, von der Kaulquappe bis zum großen Mutterfrosch; wie Ringelwürmer aussehende Tiere, Fische, schwarze Vipern, flockig gewordene Tierleichen. Hastig kippten die Männer den Inhalt der Gläser in ein riesiges Sieb, das über einem Bottich hing. Sie summten bei der Arbeit ein Lied. Die toten, glitschigen Tiere häuften sich auf dem Sieb, tropften gemächlich ab. Ich sah, daß die Glasbehälter säuberlich beschriftet waren, roch einen dunstigen Alkoholgeruch.

Anita beobachtete mich triumphierend, wies dann in eine Ecke, in der eine große Anzahl abgefüllter Flaschen stand, und sagte: »Vierhundertfünfzig sind o.k., Junge. Garantiert prima Fusel. Den Rest müssen wir noch abgießen.« Ich blickte rechtschaffen verstört auf die heillose Szenerie und dachte an das Bataillon von »Wüstenratten«, an ihre Siegesfeier, auf die sie sich bereits freuten. Meine gequälte Phantasie trug mir Bilder zu: Kaulquappen im Glas, flockiges, rosiges Fleisch eines seltenen Fisches, das eine »Wüstenratte« plötzlich entdeckte; schaudernd drehte ich mich um.

»Was ist los?« fragte Anita. »Das ist prima Ware. Davon wird bestimmt dein ganzes Bataillon besoffen.«

»Die Tiere«, sagte ich. »Den Tieren macht das nichts aus«, sagte Anita, »die sind tot.« »Aber der Geschmack«, sagte ich, »der ganze Schnaps schmeckt doch nach Ringelwürmern und Laubfröschen.« »Keine Spur«, sagte Anita, »das ist Ia Präparieralkohol, hochprozentig, nur ein bißchen bräunlich geworden, aber das macht nichts: jetzt sieht er gerade wie ein alter, abgelagerter Kognak aus. Probier mal.« Sie hielt ein Glas unter das heftig tropfende Sieb, wartete, bis es zur Hälfte gefüllt war und reichte es mir. »Versuch mal, schmeckt sehr gut.« Ich winkte ab, sie setzte das Glas an, trank es mit einem Schluck aus, seufzte genießerisch und wischte sich den Mund ab. »Der Schnaps ist für eine Siegesfeier bestimmt«, sagte ich. »Sehr gut«, sagte Anita, »wir können ihn Victory-Schnaps nennen. Wer ihn trinkt, vergißt ihn nie.« Dann schob sie mich zur Seite, nahm das Sieb vom Bottich, warf die Tiere in einen Metalleimer und machte sich daran, leere Flaschen abzufüllen. Dabei fiel sie in die Melodie ein, die ihre beiden Gehilfen summten.

Während sie die letzten Flaschen abfüllten, ging ich zurück zu Allan, der draußen wartete, hochfuhr, als er mich sah und voll glücklicher Erwartung fragte: »Alles fein, ja? Die Siegesfeier muß doch nicht ausfallen?« Ich sah ihn lange an, bevor ich antwortete. Nein, ich brachte es nicht übers Herz, seine Freude auf die Siegesfeier zu schmälern. Ich nickte und bestätigte: »Alles fein. Gleich können wir aufladen.« Ich tat es um so leichter, als ich Anita selbst hatte trinken sehen – das genügte mir, zumal ich nicht annehmen wollte, daß die »Wüstenratten« empfindlicher sein könnten als Anita.

Wir warteten noch einen Augenblick, dann stiegen wir beide hinab in die Kellergewölbe, tasteten uns vor, bis wir Anita fanden, dann machte Allan die Schnapsprobe. Er blickte auf die Flaschen, die in Zehnerreihe auf der Erde standen, beugte sich herab, bat Anita, eine bestimmte Flasche zu öffnen. Sie tat es mit strahlendem Eifer. Ich wandte mich ab. Ich hielt den Atem an, als ich das Gluckern der Flasche hörte, trat unwillkürlich zur Seite, so als könnte sich jeden Augenblick eine Explosion ereignen, doch zu meiner Verwunderung hörte ich Allan seufzen, wie Anita geseufzt hatte, und er stieß mich in die Rippen und sagte: »Alles fein, alles fein.«

Sodann fuhren wir den Jeep auf den Hof an ein Kellerfenster, und während Allan und die beiden Gehilfen den Schnaps aufluden, regelte ich mit Anita den geschäftlichen Teil; das heißt, ich zweigte mein Honorar von tausend Schachteln Zigaretten für mich ab. Ich war mir bewußt, daß ich, mit den Sahnelöffeln zusammen, nunmehr über ein zufriedenstellendes Anfangskapital verfügte. Heute wäre das ein völlig profaner Besitz, in meiner Zeit jedoch, in der Zeit des Schwarzen Marktes, bedeuteten Zigaretten und Sahnelöffel so viel, daß man sich dem Abenteuer der Zukunft getrost stellen konnte.

Immerhin, da jener Markt schwarz war, lief jeder, der auf ihm tätig war, etliche Risiken, denn es versteht sich von selbst, daß Sicherheits-Garantien – die dem Leben heute alle Spannung nehmen – nicht so ohne weiteres zu erhalten waren. Ich persönlich nannte die Zeitspanne zwischen dem Verkauf und dem Augenblick, da der Kunde unwiderruflich außer Sichtweite war, die Qual des freien Schußfelds. Man wird verstehen, warum: wenn man sich nämlich – auch nur für kurze Zeit – aus den Augen verloren hatte, dann war man in Sicherheit, jeder Umtausch ausgeschlossen. Kein Geschäft konnte dann rückgängig gemacht werden. Man mußte nur, wie gesagt, das freie Schußfeld hinter sich bringen.

Was nun die Siegesfeier der »Wüstenratten« betrifft, so endete das Schußfeld – in übertragenem Sinne – an dem Tag, an dem alle, die von Anitas »prima Fusel« getrunken hatten, erwachen würden. So lag ich verstört und gespannt in meinem Zimmer; an Schlaf war nicht zu denken. Immer wieder zog es meine Gedanken zum Victory-House. Was würde sich dort ereignen? Welche Überraschungen würde die Feier bringen? Unruhig wälzte ich mich in meinem Bett, und als ein Jeep unten auf der Straße hielt, laute Stimmen meinen Namen riefen, sprang ich auf und zog mich schnell an. Ich beschloß, mich dem Verhängnis zu stellen. Zwei mir fremde »Wüstenratten«, die stark nach Anitas Fusel rochen, kamen herein, forderten mich freundlicher, als ich gedacht hatte, auf, mitzukommen. Ich ging mit und nahm zwischen ihnen im Jeep Platz. Wieder trug meine Phantasie mir quälende Bilder zu: Soldaten, die sich mit Schmerzen am Boden wanden, andere, die der Fusel irre gemacht hatte, und wieder andere, die, aller natürlichen Hemmungen beraubt, ihre Offiziere folterten. Schließlich kann niemand die Folgen absehen, die ein Alkohol verursacht, in dem jahrelang Frösche gelegen haben, seltene Sandvipern und Ringelwürmer. Lallend zogen mich die Soldaten vor dem Victory-House aus dem Jeep, führten mich eine Treppe hinauf in einen riesigen Saal. Und in dem Augenblick, da ich den Saal betrat, sprang Allan auf einen Tisch, zeigte auf mich und rief etwas, was ich in meiner Erregung nicht verstehen konnte. Jedenfalls setzte ein ohrenbetäubender Lärm ein, Jubel, Pfiffe der Anerkennung gellten, Mützen flogen durch die Luft und zumindest zweihundert »Wüstenratten« drängten sich, um mir die Hand zu schütteln oder mich sogar zu umarmen. Zwei gingen so weit, mir ihre Orden, die sie sich redlich verdient hatten, an die Jacke zu stecken. Schließlich aber kam ein schnauzbärtiger Offizier schwankend auf mich zu, winkte, worauf ein Steward mit zwei Gläsern und einer von Anitas Flaschen erschien. Auf einen Wink schenkte er ein. »Ich trinke jetzt«, so sagte der Offizier, »auf den Zauberer, dem wir die Stimmung dieser Feier zu verdanken haben, auf den Mann, der uns diesen vortrefflichen Schnaps besorgt hat. Ah!«

Ich sah schaudernd in mein Glas, in dem leicht eine braune, flockige Flüssigkeit schwappte. Was sollte, was konnte ich tun? Ich trank, trank mit geschlossenen Augen. Und der Schnaps… schmeckte wirklich vortrefflich.

1959

Das Wunder von Striegeldorf

Vieles hat sich unter Weihnachten in Masuren ereignet, weniges aber kommt an Merkwürdigkeit gleich jenem Vorfall, den mein Großonkel, ein sonderbarer Mensch mit Namen Matuschitz, auslöste. Ich möchte davon erzählen auf jede Gefahr hin.

Heinrich Matuschitz, ein fingerfertiger Besenbinder, hatte sich an einem fremden Motorrad vergangen und war für wert befunden, einzusitzen für ein halbes Jahr. Er saß zusammen mit einem finsteren Menschen namens Mulz, der ein alter Forstgehilfe war und dem die Wilddiebe, hole sie der Teufel, zwei Frauen nacheinander von der ehelichen Seite fortgefrevelt hatten, woraufhin Otto Mulz, in gewalttätigem Kummer, den ganzen Striegeldorfer Forst anzündete.

Gut. Die Herren leisteten sich rechtschaffen Gesellschaft in ihrer Zelle, beobachteten die berühmten Striegeldorfer Sonnenuntergänge, plauderten aus ihrem Leben, und derweil taten Wochen und Monate das, wovon sie, scheint's, niemand abbringen kann; sie strichen ins Land. Rückten vor, diese Monate, bis zum Dezember, brachten Schnee mit, brachten Frost, bewirkten, daß das schmucklose Gefängnis geheizt wurde, taten so, was man von ihnen erwartet. Insbesondere aber brachten sie näher gewisse Termine, und mit den niederen Terminen auch den Obertermin sozusagen: den Heiligen Abend nämlich.

Nun fällt es einem Masuren schon schwer genug, auf die

Annehmlichkeiten der Freiheit im allgemeinen zu verzichten, furchtbar aber wird es, wenn man ihn zu solchem Verzicht auch am Heiligen Abend zwingt. Demgemäß wandte sich Heinrich Matuschitz, mein Großonkelchen, an seinen Zellenbruder, sprach ungefähr so: »Der Schnee, Otto Mulz«, so sprach er, »kündigt liebliches Ereignis an. Nimmt man den Frost noch hinzu und das Gefühl im Innern, so muß der Heilige Abend nicht weit sein. Habe ich richtig gesprochen?«

»Richtig«, sagte der alte Forstgehilfe.

»Also«, stellte mein Großonkelchen befriedigt fest. Dann starrte er hinaus in den wirbelnden Flockenfall, sann, während er sich am Gitter festhielt, ein Weilchen nach, und nachdem ein neuer Gedanke ersonnen war, sprach er folgendermaßen: »Das Ereignis«, so sprach er, »das liebliche, es steht bevor. Jedes Wesen in Striegeldorf und Umgebung ist angehalten, sich zu freuen. Die Menschen sind angehalten, die Hasen, die Eichhörnchen, und schon gar nicht zu reden von den Kindern. Nur wir, Otto Mulz, sollen gebracht werden um unsere Freude. Weil sich aber jedes Wesen zu freuen hat an diesem Termin, müssen wir ersinnen einen Ausweg.«

»Man will uns«, sagte der alte Forstgehilfe, »die Freude stehlen.«

»Eben«, sagte Heinrich Matuschitz, mein Großonkelchen. »Aber wir werden uns, bevor es dazu kommt, die Freude besorgen, und zwar da, wo sie allein zu finden ist: in der Freiheit. Wir werden uns zum Heiligen Abend beurlauben.«

»Das ist, wie die Dinge liegen, gut gesagt«, sprach Mulz. »Nur wird der alte Schneppat uns nicht bewilligen solchen Urlaub zur Freude. Unter den Aufsehern, die ich kenne, ist Schneppat der schlimmste. Man wird uns, schlickerdischlakker, gleich wieder schnappen, zumal durch meine persönliche

Feuersbrunst verloren gegangen sind die schönsten Verstecke im Walde.« Bei diesen Worten wies er mit ordentlicher Bekümmerung auf die traurigen Baumstümpfe, die vom Striegeldorfer Forst nachgeblieben waren.

Das Großonkelchen indes gnidderte, das heißt, lachte versteckt, legte dem Otto Mulz einen Arm um die Schulter, winkte sich sein Ohr ganz nahe heran und sprach:

»Uns wird«, so sprach er, »überhaupt niemand vermissen, kein Schneppat und niemand. Denn wir werden zurücklassen unser Ebenbild. Wir werden hier sein und nicht hier.«

Was Otto Mulz dazu brachte, mein Großonkelchen zuerst erstaunt, dann mißtrauisch und schließlich mitfühlend anzusehen und nach einer Weile zu sagen:

»Manch einen, Heinrich Matuschitz, hat große Freude schon blöde gemacht. Denn erkläre mir, bitte schön, wie ein Mensch gleichzeitig sein kann bei dem lieblichen Ereignis in der Freiheit und hier in der Zelle.«

Obwohl diese Worte, man wird es zugeben, nicht unbedingt höflich waren, verlor das Großonkelchen weder Faden noch Geduld, sondern begann mit listigem Lächeln zu flüstern, und zwar flüsterte er dermaßen vorsichtig, daß nicht einmal etwas für diese Erzählung erlauscht werden konnte. Sicher ist nur, daß er dabei den Otto Mulz, sei es überredete, sei es überflüsterte, denn das finstere Gesicht des alten Forstgehilfen hellte sich auf, spiegelte Teilnahme, spiegelte Begeisterung, und zuletzt spiegelte es – na sagen wir: Verklärung.

Und dann begab sich folgendes: Heinrich Matuschitz, mein Großonkelchen, aß kein Brot mehr – ebensowenig aß es sein Zellenbruder; jede Ration wurde unter dem Bett versteckt, wurde gestreichelt und gehütet, während das liebliche Ereignis unaufhaltsam heraufzog.

Die einsitzenden Herren wurden, je näher das Ereignis kam, unruhiger, gespannter und flattriger, man plauderte nicht mehr aus dem Leben, fand keine Zeit zu müßiger Beobachtung; alles an ihnen war nur noch eingestellt in Richtung auf das Kommende und auf das, was zwischen ihnen geflüstert war.

Und eines Morgens, nachdem der Frost sie muntergekniffen hatte, erhob sich Heinrich Matuschitz und gab preis, was er so sorgfältig auch vor uns verborgen gehalten hatte; fingerfertig, wie mein Großonkelchen war, zog er das gesparte Brot unter dem Bett hervor, benetzte es auskömmlich und begann, weiß der Kuckuck, aus dem weichen Brot den Kopf des alten Forstgehilfen zu kneten. Walkte und knetete mit einem Geschick, daß sich dem Otto Mulz die Sprache versagte, zog eine Nase aus, das Großonkelchen, klatschte eine Stirn zurecht, schnitt zwei Lippen in den Teig und alles haargenau nach dem Original des Forstgehilfen. Lachte dabei und sprach:

»Der wird«, sprach er, »Otto Mulz, genau wie du. Hoffentlich steckt er nur keinen Forst an.«

»Mir wird es«, sprach Mulz, »unheimlich zumute. Obwohl ich weiß, Heinrich Matuschitz, daß du manches kannst schnitzen mit deinem Messer, wußte ich doch nicht, daß du einen Striegeldorfer formen kannst nach seinem Ebenbild.«

Dann sah er atemlos zu, wie Ohr und Kinn entstanden, und zuletzt hielt er zitternd still, als ihm das Großonkelchen ein paar Haare absäbelte und sie an den Brotkopf klebte.

»Pschakret«, sagte der Forstgehilfe, »wenn ich schon früher so doppelt gewesen wäre, dann hätte einer von mir zu Hause bleiben können: die Wilddiebe hätten sich nicht rangetraut, die Frau wäre mir geblieben, ich hätte den Forst nicht angezündet und brauchte hier nicht zu sitzen. Wenn ich, pschakret, das alles gewußt hätte.«

Nachdem der Kopf des Forstgehilfen fertig war, fabrizierte mein Großonkelchen sich selbst, und weil das Brot nicht hinreichte, nahm er zur Ausbildung des Hinterkopfes einige Pfefferkuchen, die ihnen, da das liebliche Ereignis unmittelbar bevorstand, hereingeschoben worden waren.

Kaum war er fertig damit, als die Klappe in der Tür fiel und Schneppat, der kurzatmige Aufseher, hereinschaute zum Zweck der Kontrolle. Er schaute wichtigtuerisch, dieser Mensch, und zum Schluß fragte er in seiner höhnischen Besorgtheit: »Na«, fragte er, »was wünschen sich die Herren zum Heiligen Abend?«

»Schlummer«, sagte mein Großonkelchen prompt. »Wir möchten bitten das Gesetz um langen, ungestörten Festtagsschlummer.«

»Könnt ihr haben«, sagte Schneppat. »Aber da ich nicht hier bin, werd' ich es Baginski sagen, dem Aufseher aus Sybba. Er löst mich ab für zwei Tage. Wer schlummert, sündigt nicht.« Damit ließ er die Klappe herunter und empfahl sich.

Seine Schritte waren noch nicht verklungen, als Heinrich Matuschitz die Brotköpfe hervorholte, sie auf die Pritsche legte, die Decken kunstgerecht hochzog und überhaupt einen unwiderlegbaren Eindruck hervorrief von zwei Herren im Festtagsschlummer. Wehmütig standen sie vor ihren Ebenbildern, ergriffen sogar, und dann sagte das Großonkelchen zu seiner Büste:

»Ich grüße dich«, sagte er, »Heinrich Matuschitz auf der Pritsche. Gott segne deinen Schlummer.«

Etwas Ähnliches sprach auch der alte Forstgehilfe, und nachdem sie Abschied genommen hatten von sich selbst, hoben sie das Gitter ab und verschwanden durchs Fenster in Richtung auf das liebliche Ereignis.

Dies Ereignis: es wurde angesungen von den Zöglingen der Striegeldorfer Schule, wurde von Glöckchen verkündet, vom Geruch gebratener Gänse, und ehedem hatte sich an der Verkündung auch der Wind im Striegeldorfer Forst beteiligt.

Mein Großonkelchen und Otto Mulz, sie gingen mit sich zu Rate, wie sie das liebliche Ereignis ihrerseits am besten verkünden könnten, und nach schwerer Grübelarbeit beschlossen sie, es durch Gesang zu tun, mit den Zöglingen der Striegeldorfer Schule. Während des Gesanges schon wurden sie teilhaftig der Freude, obwohl die Oberlehrerin Klimschat, die das Singen befehligte, Mühe hatte, die Herren einzustimmen, bei jedem Mal, da sie die Stimmgabel anschlug, lauschte sie verwundert und sprach: »Mir kollert ein Tönchen nach dem anderen von der Gabel runter.«

Na, aber da sie von mitfühlendem Wesen war, ließ sie die Herren singen, und nach dem Gesang gingen diese zu meinem Großonkelchen nach Hause, wo neue Freude bezogen wurde aus gebratenem Speck, aus geräuchertem Aal und, natürlich, aus dem lieblichen Schein der Talglichter. Bezogen so viel Freude, die Herren, daß sie in einen schönen Streit gerieten, was sie dazu bewegte, mit Ofenbänken aufeinander loszugehen, sich unvergeßliche Schläge beizubringen und sich gegenseitig in die entferntesten Ecken zu schmeißen, wobei die Freude immer weiter stieg.

Als dem Otto Mulz eine Schulter ausgerenkt wurde, verfiel man wieder ins Singen, sang von dem lieblichen Ereignis, und nach abermaligem Essen suchten die Herren auf dem Fußboden nach einem Festtagstraum.

Träumten angenehm bis zum nächsten Tag, lächelten sich innig zu beim Erwachen und stellten fest, daß man nicht bestohlen worden war um rechtmäßige und zustehende Freude.

Und nach solchen Versicherungen beschlossen sie, zurückzukehren in das ansprechende, wenn auch schmucklose Gefängnis, um unnötige Schwierigkeiten zu vermeiden.

Machten sich also auf, die beiden, und gelangten alsbald zum Ort ihrer Bestimmung, der bewacht wurde von dem Aufseher Baginski aus Sybba. Dieser Mensch jedoch, wachsam wie er war, entdeckte die Herren, als sie in der Dämmerung durchs Fenster steigen wollten, rief sie drohend an und kommandierte:

»Der Unfug«, befahl er, »hat an diesem Haus zu unterbleiben, zumal Weihnachten. Alle Personen zurück.«

Worauf mein Großonkelchen entgegnete: »Wir fordern nicht gerade, was recht, aber was billig ist. Wir gehören hierher. Wir sind, wenn ich so sagen darf, wohnberechtigt.«

Baginski lugte durch das Fenster, äugte eine ganze Zeit hinein, und dann sprach er:

»Die Betten, wie man sieht, sind besetzt. Die Herren schlummern. Da sie sich ausbedungen haben den Schlummer zum Festtag, hat jede Störung zu unterbleiben.«

»Ein Irrtum«, sagte Otto Mulz, dem die Kälte zuzusetzen begann. »Ein reiner Irrtum, Ludwig Baginski. Die Herren, die da schlummern, sind wir.«

»Wir möchten«, ließ sich mein Großonkel vernehmen, »die Schlafenden nur austauschen gegen uns.«

Ludwig Baginski, der Aufseher, blickte düster, blickte zurechtweisend, schließlich sagte er:

»Meine Augen«, sagte er, »sie sehen, was nötig ist. Und hier ist nötig Ruhe für zwei schlummernde Herren. Also möchte ich bitten um das, was gebraucht wird zur Erhaltung des Schlummers: nämlich Stille.«

Stellte sich, weiß Gott, gleich ziemlich drohend auf, dieser

Ludwig Baginski, und zwang die Herren, abzuziehen. Nun, sie zogen davon bis zu den Baumstümpfen des ehemaligen Striegeldorfer Forstes, stellten sich zusammen, und da sie diesmal keinen Grund besaßen zu flüstern, vernahm man Otto Mulz folgendermaßen:

»Napoleon«, so vernahm man ihn, »hatte es schwer auf seinem Weg nach Rußland. Verglichen mit unserer Schwierigkeit, war seine ein Dreck.«

»Man müßte«, sagte Heinrich Matuschitz, »etwas ersinnen.«

»Mäuse«, sagte der alte Forstgehilfe. »Wir werfen Mäuse in das Zellchen, sie werden unsere Köpfe wegknabbern, und wenn wir nicht mehr da schlummern, wird man uns wieder reinlassen, und wir können in Ruhe abbrummen die letzten Wochen.«

»Auch die Mäuse, Otto Mulz, sind zu dieser Zeit angehalten zur Freude. Sie finden mehr als genug. Nein, wir müssen warten, bis Ludwig Baginski sich niederlegt zur Ruhe. Dann werden wir's noch einmal versuchen.«

Und das taten die Herren. Sie warteten frierend im ehemaligen Striegeldorfer Forst, und als die Stunde gut war und günstig, schlichen sie zum Gefängnis, stiegen diesmal unbemerkt ein, und waren gerade dabei, sich auf den Pritschen auszustrecken, als die Klappe in der Tür fiel und der Aufseher Baginski argwöhnisch hereinsah.

Es durchfuhr ihn, er grapschte in die Luft und taumelte zurück, und als die Benommenheit sich legte, rannte er nach dem Schlüssel, rannte zurück und schloß auf. Was er sah, es waren zwei blinzelnde Herren, die auf ihren Pritschen lagen. Aber Baginski gab sich nicht zufrieden, respektierte keinen Schlummer und keinen Festtag, sagte statt dessen:

»Meine Augen, die sehen, was zu sehen ist. Und sie haben

in diesem Zellchen erblickt vier Herren statt zwei. Demnach möchte ich bitten um Aufschluß über die zwei anderen.«

»Wir haben, wie gewünscht, angenehm geschlummert«, sagte Mulz.

»Aber es waren vier, wie meine Augen gesehen haben.«

Darauf sammelte sich mein Großonkelchen und sprach: »Wenn ich mich, Ludwig Baginski, nicht irre, geschehen zu diesem Termin Wunder auf der ganzen Welt. Warum, bitte sehr, sollte Striegeldorf verschont bleiben von solchen Wundern? Besser, es geschieht ein Wunder als gar keins. Habe ich richtig gesprochen, Otto Mulz?«

»Richtig«, bestätigte der alte Forstgehilfe, und die Herren wickelten sich jeder in sein Deckchen und wünschten sich gute Nacht.

1957

Der Leseteufel

Hamilkar Schaß, mein Großvater, ein Herrchen von, sagen wir mal, einundsiebzig Jahren, hatte sich gerade das Lesen beigebracht, als die Sache losging. Die Sache: darunter ist zu verstehen ein Überfall des Generals Wawrila, der unter Sengen, Plündern und ähnlichen Dreibastigkeiten aus den Rokitno-Sümpfen aufbrach und nach Masuren, genauer nach Suleyken, seine Hand ausstreckte. Er war, hol's der Teufel, nah genug, man roch gewissermaßen schon den Fusel, den er und seine Soldaten getrunken hatten. Die Hähne von Suleyken liefen aufgeregt umher, die Ochsen scharrten an der Kette, die berühmten Suleyker Schafe drängten sich zusammen – hierhin und dorthin: worauf das Auge fiel, unser Dorf zeigte mannigfaltige Unruhe und wimmelnde Aufregung; die Geschichte kennt ja dergleichen.

Zu dieser Zeit, wie gesagt, hatte sich Hamilkar Schaß, mein Großvater, fast ohne fremde Hilfe die Kunst des Lesens beigebracht. Er las bereits geläufig dies und das. Dies: damit ist gemeint ein altes Exemplar des Masuren-Kalenders mit vielen Rezepten zum Weihnachtsfest; und das: darunter ist zu verstehen das Notizbuch eines Viehhändlers, das dieser vor Jahren in Suleyken verloren hatte. Hamilkar Schaß las es wieder und wieder, klatschte dabei in die Hände, stieß, während er immer neue Entdeckungen machte, sonderbar dumpfe Laute des Jubels aus, mit einem Wort: die tiefe Leidenschaft des Lesens hatte ihn erfaßt. Ja, Hamilkar Schaß war ihr derart verfallen, daß er sich in ungewohnter Weise vernachlässigte; er gehorchte nunmehr einem Gebieter, welchen er auf masurisch den »Zatangä Zitai« zu nennen pflegte, was soviel heißt wie Leseteufel, oder, korrekter, Lesesatan.

Jeder Mann, jedes Wesen in Suleyken war von Schrecken und Angst geschlagen, nur Hamilkar Schaß, mein Großvater, zeigte sich von der Bedrohung nicht berührt; sein Auge leuchtete, die Lippen fabrizierten Wort um Wort, dieweil sein riesiger Zeigefinger über die Zeilen des Masuren-Kalenders glitt, die Form einer Girlande nachzeichnend, zitternd vor Glück.

Da kam, während er so las, ein magerer, aufgescheuchter Mensch herein, Adolf Abromeit mit Namen, der zeit seines Lebens nicht mehr gezeigt hatte als zwei große rosa Ohren. Er trug eine ungeheure Flinte bei sich, trat, damit fuchtelnd, an Hamilkar Schaß heran und sprach folgendermaßen: »Du tätest«, sprach er, »Hamilkar Schaß, gut daran, deine Studien zu verschieben. Es könnte sonst, wie die Dinge stehen, leicht sein, daß der Wawrila mit dir seine Studien treibt. Nur, glaube ich, wirst du nachher zerplieserter aussehen als dieses Buch.«

Hamilkar Schaß, mein Großvater, blickte zuerst erstaunt, dann ärgerlich auf seinen Besucher; er war, da die Lektüre ihn stets völlig benommen machte, eine ganze Weile unfähig zu einer Antwort. Aber dann, nachdem er sich gefaßt hatte, erhob er sich, massierte seine Zehen und sprach so: »Mir scheint«, sprach er, »Adolf Abromeit, als ob auch du die Höflichkeit verlernt hättest. Wie könntest du mich sonst, bitte schön, während des Lesens stören?«

»Es ist«, sagte Abromeit, »nur von wegen Krieg. Ehrenwort. Wawrila, dem Berüchtigten, ist es in den Sümpfen zu langweilig geworden. Er nähert sich unter gewöhnlichsten Grausamkeiten diesem Dorf. Und weil er, der schwitzende Säufer, schon nah genug ist, haben wir beschlossen, ihn mit unseren Flinten nüchtern zu machen. Dazu aber, Hamilkar Schaß, brauchen wir jede Flinte, die deine sogar besonders.«

»Das ändert«, sagte Hamilkar Schaß, »überhaupt nichts. Selbst ein Krieg, Adolf Abromeit, ist keine Entschuldigung für Unhöflichkeit. Aber wenn die Sache, wie du sagst, arg steht, könnt ihr mit meiner Flinte rechnen. Ich komme.«

Hamilkar Schaß küßte seine Lektüre, verbarg sie in einem feuerfesten Steinkrug, nahm seine Flinte und lud sich ein gewaltiges Stück Rauchfleisch auf den Rücken, und dann traten sie beide aus dem Haus. Auf der Straße galoppierten einige der intelligenten Suleyker Schimmel vorbei, herrenlos, mit vor Furcht weitgeöffneten Augen, Hunde winselten, Tauben flohen mit panisch klatschendem Flügelschlag nach Norden – die Geschichte kennt solche Bilder des Jammers.

Die beiden bewaffneten Herren warteten, bis die Straße frei war, dann sagte Adolf Abromeit: »Der Platz, Hamilkar Schaß, auf dem wir kämpfen werden, ist schon bestimmt. Wir werden, Gevatterchen, Posten in einem Jagdhaus beziehen, das dem nachmaligen Herrn Gonsch von Gonschor gehörte. Es ist etwa vierzehn Meilen entfernt und liegt an dem Weg, den Wawrila zu nehmen gezwungen ist.«

»Ich habe«, sagte mein Großvater, »keine Einwände.« So begaben sie sich, nahezu wortlos, zu dem soliden Jagdhaus, richteten es zur Verteidigung ein, schnupften Tabak und bezogen Posten. Sie saßen, durch dicke Bohlen geschützt, vor einer Luke und beobachteten den aufgeweichten Weg, den Wawrila zu nehmen gezwungen war.

Sie saßen so, sagen wir mal, acht Stunden, als dem Hamilkar

Schaß, der in Gedanken bei seiner Lektüre war, die Zehen derart zu frieren begannen, daß selbst Massage nicht mehr half. Darum stand er auf und sah sich um, in der Hoffnung, etwas zu finden, woraus sich ein Feuerchen machen ließe. Er zog hier was weg und da was, kramte ein bißchen herum, prüfte, ließ fallen, und während er das tat, entdeckte er, hol's der Teufel, ein Buch, ein hübsches, handliches Dingchen. Ein Zittern durchlief seinen Körper, eine heillose Freude rumorte in der Brust, und er lehnte hastig, wie ein Süchtiger, die Flinte an einen Stuhl, warf sich, wo er stand, auf die Erde und las. Vergessen war der Schmerz der Kälte in den Zehen, vergessen war Adolf Abromeit an der Luke und Wawrila aus den Sümpfen. Der Posten Hamilkar Schaß existierte nicht mehr.

Unterdessen, wie man sich denken wird, tat die Gefahr das, was sie so besonders unangenehm macht: sie näherte sich. Näherte sich in Gestalt des Generals Wawrila und seiner Helfer, die, sozusagen fröhlich, den Weg heraufkamen, den zu nehmen sie gezwungen waren. Dieser Wawrila, ach Gottchen, er sah schon aus, als ob er aus den Sümpfen käme, war unrasiert, dieser Mensch, und hatte eine heisere Flüsterstimme, und natürlich besaß er nicht, was jeder halbwegs ehrliche Mensch besitzt – Angst nämlich. Kam mit seinen besoffenen Flintenschützen den Weg herauf und tat, na, wie wird er getan haben: als ob er der Woiwode von Szczylipin selber wäre, so tat er. Dabei hatte er nicht mal Stiefel an, sondern lief auf Fußlappen, dieser Wawrila.

Adolf Abromeit, an der Luke auf Posten, sah die Sumpfbagage herankommen; also spannte er die Flinte und rief:

»Hamilkar Schaß«, rief er, »ich hab' den Satan in der Kimme.« Hamilkar Schaß, wen wird es wundern, hörte diesen Ruf nicht. Nach einer Weile, Wawrila war keineswegs dabei stehengeblieben, rief er abermals: »Hamilkar Schaß, der Satan aus dem Sumpf ist da.«

»Gleich«, sagte Hamilkar Schaß, mein Großvater, »gleich, Adolf Abromeit, komme ich an die Luke, und dann wird alles geregelt, wie sich's gehört. Nur noch das Kapitelchen zu Ende.«

Adolf Abromeit legte die Flinte auf den Boden, legte sich dahinter und visierte und wartete voller Ungeduld. Seine Ungeduld, um nicht zu sagen: Erregung, wuchs mit jedem Schritt, den der General Wawrila näher kam. Schließlich, sozusagen am Ende seiner Nerven angekommen, sprang Adolf Abromeit auf, lief zu meinem Großvater, versetzte ihm – jeder Verständige wird's verzeihen – einen Tritt und rief: »Der Satan Wawrila, Hamilkar Schaß, steht vor der Tür.«

»Das wird«, sagte mein Großvater, »alles geregelt werden zur Zeit. Nur noch, wenn ich bitten darf, die letzten fünf Seiten.« Und da er keine Anstalt machte, sich zu erheben, lief Adolf Abromeit allein vor seine Luke, warf sich hinter die Flinte und begann dergestalt zu feuern, daß ein Spektakel entstand, wie sich niemand in Masuren eines ähnlichen entsinnen konnte. Wiewohl er keinen von der Sumpfbagage hinreichend treffen konnte, zwang er sie doch in Deckung, ein Umstand, der Adolf Abromeit äußerst vorwitzig und waghalsig machte. Er trat offen vor die Luke und feuerte, was die ungeheure Flinte hergab; er tat es so lange, bis er plötzlich einen scharfen, heißen Schmerz verspürte, und als er sich, reichlich betroffen, vergewisserte, stellte er fest, daß man ihn durch eines seiner großen rosa Ohren geschossen hatte. Was blieb ihm zu tun? Er ließ die Flinte fallen, sprang zu Hamilkar Schaß, meinem Großvater, und diesmal sprach er folgendermaßen: »Ich bin, Hamilkar Schaß, verwundet. Aus mir läuft Blut. Wenn du nicht an die Luke gehst, wird der Satan Wawrila, Ehrenwort, in zehn Sekunden hier sein, und dann, wie die Dinge stehen, ist zu fürchten, daß er Druckerschwärze aus dir macht.«

Hamilkar Schaß, mein Großvater, blickte nicht auf; statt dessen sagte er: »Es wird, Adolf Abromeit, alles geregelt, wie es kommen soll. Nur noch, wenn ich bitten darf, zwei Seiten vom Kapitelchen.« Adolf Abromeit, eine Hand auf das lädierte Ohr gepreßt, sah sich schnell und prüfend um, dann riß er ein Fenster auf, schwang sich hinaus und verschwand im Dickicht des nahen Waldes.

Wie man vermuten wird: kaum hatte Hamilkar Schaß weitere Zeilen gelesen, als die Tür erbrochen ward, und wer kam hereinspaziert? General Zoch Wawrila. Ging natürlich gleich auf den Großvater zu, brüllte heiser und lachte, wie er das so an sich hatte, und dann sagte er: »Spring auf meine Hand, du Frosch, ich will dich aufblasen.« Das war, ohne Zweifel, eine Anspielung auf seine Herkunft und seine Gewohnheiten. Doch Hamilkar Schaß entgegnete: »Gleich. Nur noch anderthalb Seiten.«

Wawrila wurde wütend und zog meinem Großvater eine über, und dann fühlte er sich bemüßigt, so zu sprechen: »Ich werde dich jetzt, du alte Eidechse, halbieren. Aber ganz langsam.«

»Eine Seite nur noch«, sagte Hamilkar Schaß. »Es sind, bei Gottchen, nicht mehr als fünfunddreißig Zeilen. Dann ist das Kapitelchen zu Ende.«

Wawrila, bestürzt, beinahe nüchtern geworden, lieh sich von einem hinkenden Menschen aus seiner Begleitung eine Flinte, drückte den Lauf auf den Hals des Hamilkar Schaß und sagte: »Ich werde dich, du stinkende Dotterblume, mit gehacktem Blei wegpusten. Schau her, die Flinte ist gespannt.«

»Gleich«, sagte Hamilkar Schaß. »Nur noch zehn Zeilen, dann wird alles geregelt werden, wie es sein soll.«

Da packte, wie jeder Kundige verstehen wird, Wawrila und seine Bagage ein solch unheimliches Entsetzen, daß sie, ihre Flinten zurücklassend, dahin flohen, woher sie gekommen waren – dahin: damit sind gemeint die besonders trostlosen Sümpfe Rokitnos.

Adolf Abromeit, der die Flucht staunend beobachtet hatte, schlich sich zurück, trat, mit seiner Flinte in der Hand, neben den Lesenden und wartete stumm. Und nachdem auch die letzte Zeile gelesen war, hob Hamilkar Schaß den Kopf, lächelte selig und sagte: »Du hast, Adolf Abromeit, scheint mir, etwas gesagt?«

1955

So war es mit dem Zirkus

Wie der Zirkus mit vollem Namen hieß, daran kann ich mich nicht mehr genau erinnern, aber er muß so ähnlich geheißen haben wie »Anita Schiebukats Wanderbühne«. War natürlich ein Ereignis ersten Ranges, dieser Zirkus, was man schon daraus entnehmen kann, daß es schulfrei gab für die Suleyker Jugend, daß die Arbeit auf den Feldern ruhte und in keinem Häuschen von etwas anderem gesprochen wurde als von ihm, dem Zirkus. Dabei war er gar nicht mal so groß; zumindest fand er Platz auf der Feuerwehrwiese, baute sich da ein Zeltchen und stellte seine Wagen hübsch in der Nähe auf.

Alles ging schnell und lautlos, und ehe sich die Suleyker Gesellschaft versah, war sie schon von Anita Schiebukats Wanderbühne gebeten, die erste Vorstellung zu besuchen. Eine Kapelle spielte werbende Weisen, ein alter Elefant wurde herumgeführt, vielsagende Geräusche lagen in der Luft – das Zeltchen füllte sich alsbald. Man brachte sich Eingemachtes mit, Salzgurken, Pellkartoffeln, geräucherte Fische, man begrüßte einander, promenierte ein Weilchen auf der Wiese und betrat dann, in plaudernden Gruppen, den Ort der Veranstaltung.

So. Und dann begrüßte Anita Schiebukat, ein kräftiges, wohlgenährtes Weibchen, die Gesellschaft höchstpersönlich, fand annehmbare Schmeicheleien, diese Person, ließ sich beklatschen und verschwand. Aber bevor sie verschwand, rief sie noch: »Es ist«, rief sie, »eröffnet«, und in selbigem Augenblick ging es los.

Da erschien also zunächst ein finsterer, halbnackter Mensch in der Arena, blieb stehen, glubschte düster nach allen Seiten, reckte sich und öffnete ein Kästchen. Was in dem Kästchen drin war? Was wird schon drin gewesen sein – Messer; lang, scharf und, wie man zugeben wird, gefährlich.

Aber was tat dieser halbnackte, drohende Sonderling: er nahm sich die Messer, eins, zwei, drei, fünf Messer, rief mit einer schrillen Stimme die Anita Schiebukat, und wahrhaftig, das wohlgenährte Weibchen stellte sich mit dem Rücken gegen eine Bretterwand. Aber nun passierte es: dieser Mensch schmiß seine Messer nach Anita Schiebukat, alle fünf sausten ins Holz, aber getroffen, gottlob, hat keines. Die Suleyker Gesellschaft stöhnte vor Entsetzen, verbarg das Gesicht hinter den Händen, wimmerte, und gelegentlich waren auch kleine Angstrufe zu hören.

Damit nicht genug. Dieser halbnackte, schwitzende Mensch zog die Messer aus dem Holz heraus, trat ein paar Schrittchen zurück und begann, die scharfen Dinger wieder nach dem Weibchen zu schleudern, so unzart wie möglich.

Na, da erwachte endlich bei einigen Suleyker Herren der Sinn für das, was erlaubt ist. Und am vollkommensten erwachte er bei dem riesigen Flußfischer Valentin Zoppek. Der stand einfach auf von seinem Bänkchen, trat in die Arena, ging seelenruhig zu dem Menschen mit den Messern hin und sagte: »Dies Frauchen«, sagte er, »hat so freundliche Worte gefunden zur Begrüßung. Warum schmeißt du sie, hol's der Teufel, mit Messern? Noch ein Messer, sag' ich, und du bekommst es mit mir zu tun. Bei uns wird nicht mit Messern auf Menschen geworfen. Hab' ich richtig gesprochen?«

»Richtig«, murmelte die Suleyker Gesellschaft.

Anita Schiebukat kam schweratmig herbei, erkundigte sich rasch, erfaßte die Lage zur Genüge und gebot dem halbnackten Menschen, nach hinten zu gehen,- was er auch, begleitet vom Murren der Gesellschaft, tat. Er hätte nicht so mir nichts, dir nichts verschwinden können, wenn Anita Schiebukat nicht bereits wieder ein sorgloses Lächeln verströmt hätte, womit sie jedermann beruhigte.

Mit demselben Lächeln kündigte sich sodann ein verschmitztes, buckliges Herrchen an, das, in Frack und Zylinder, in die Arena hüpfte, Kußhände in die Gesellschaft warf und auf Beifall wartete, bevor es überhaupt etwas gezeigt hatte. Plötzlich aber, ehe ihm jemand folgen konnte, griff dieser Bucklige schnell in die Suleyker Luft, und was er in der Hand hielt: es war ein mild duftender Fliederstrauß. Übermäßige Laute des Staunens erklangen im Zeltchen, man warf ihm in spontaner Begeisterung Salzgurken zu, die er geschickt auffing, auch Heringe flogen ihm zu, ganz zu schweigen von Herzen. Er sammelte alles ruhig ein.

Dann stellte er einen Tisch hin, auf den Tisch ein Kistchen, und zum Schluß verfügte er sich selbst in dies Kistchen hinein und schloß es von innen. Was bleibt mir zu sagen: dies Kistchen fiel auf einmal auseinander, und was fehlte, es war das verschmitzte, bucklige Herrchen. Schon wollten die Briefträger Zappka und der jüngere Urmoneit, von Sorge erfüllt, in die Arena steigen, als das zaubernde Herrchen, weiß der Kuckuck, trompeteblasend auf dem Balkon der Kapelle auftauchte, sich an einem Strick herunterließ und prasselnden Beifall entgegennahm. Ermutigt durch den ausschweifenden Beifall, trat der Zauberer überraschend an den Rand der Arena, langte meinem Onkelchen, dem Stanislaw Griegull, unter die Weste, und zum Vorschein kam – ja, wer weiß wohl, was zum Vorschein kam? Ein Hase natürlich, zappelnd und ganz lebendig. Die Suleyker, sie waren mit Sprachlosigkeit geschlagen, als solches geschah, und mein Onkelchen, Ehrenwort, erhob sich und begann, der Reihe nach seine Kleidungsstücke abzulegen. Hoffte natürlich, noch mehr Hasen zu finden, dachte sogar an ein fettes Erpelchen oder an einen Hahn, der aus der Unterhose flattern möchte. Aber nichts dergleichen geschah. So zog sich mein Onkel unter prallem Schweigen wieder an, und der Beifall wäre auch prompt gekommen, wenn Stanislaw Griegull nicht plötzlich das Wort ergriffen hätte. Er wandte sich direkt an das zaubernde Herrchen und sprach folgendermaßen: »Ich sehe«, sprach er, »daß der Hase nach hinten gereicht wird. Dieser Hase aber ist mein Eigentum. Denn, wie man gesehen hat, wohnte er an meinem Leib. Also möchte ich bitten um die sofortige Auslieferung des nämlichen Hasen.«

Jetzt, wirklich und wahrhaftig, wurde die Stille – na, sagen wir mal: beklemmend. Die Gesellschaft schwankte einen Augenblick, das zaubernde Herrchen äugte bestürzt auf den Redner. Aber es fing sich gleich, ging auf mein Onkelchen zu und sagte: »Wo«, sagte er, »gibt es Hasen, die zu leben pflegen unter der Weste eines Herrn? Es war doch, wie man gesehen hat, alles nur Zauberei, sozusagen Simsalabim.«

»Das ist«, sagte mein Onkelchen, »einerlei. Das Häschen hat gewohnt unter meiner Weste, es hat gezappelt, es war lebendig. Und so möchte ich beantragen die Auslieferung des Hasen. Er ist mein Eigentum.« Blickte sich, mein Onkelchen, schnell um zu dem Gendarmen, und als das Gesetz namens Schneppat nickte, forderte er mit unnachgiebiger Stimme: »Aber schnell, wenn ich bitten darf.« So erhielt Stanislaw Griegull den Hasen, setzte ihn auf seinen Schoß, und die Vorstellung ging ohne Streit weiter.

Wie es weiterging? Nun, es wurde hereingetragen eine Waschwanne, in welcher, die Griesgrämigkeit in Person, ein alter, fetter Seehund lag, welcher auf den Namen Rachull hörte, der Unersättliche. An der Waschwanne hing ein großes Plakat, auf dem stand: »Es wird gebeten, dem Seehund nicht zu zergen« – was soviel heißt wie ärgern oder übel mitspielen. Dergleichen kam jedoch auch keinem der Gesellschaft in den Sinn; man beklatschte den Seehund lediglich, wogegen dieser nichts zu haben schien – wenigstens ließ er sich, ohne daß er die Wanne verlassen hätte, anstandslos wieder hinaustragen.

Nachdem er weg war, trat wieder das wohlgenährte Weibchen Anita Schiebukat in die Arena, streifte meinen Onkel mit einem sonderbaren Blick und verkündete: »Jetzt wird auftreten ein Mann namens Bosniak. Er ißt Eisenstangen zum Frühstück und trinkt zwölf Liter Milch am Abend. Seine Kraft ist grenzenlos. Wer mit ihm ringen möchte zwei Minuten und dabei stehenbleibt, bekommt den Eintritt zurück und drei Mark zwanzig außerdem!«

Sie trat zur Seite, und hereingewogt kam dieser Bosniak; ging so, daß die Bänke zitterten, zeigte seine Zähne, hieb sich auf seinen kleinen Kopf und tat alles, um einen Eindruck zu hinterlassen von seltener Fürchterlichkeit. Niemand wagte, gegen ihn aufzustehen. Niemand?

Doch, da hinten meldete sich ja einer, war nur so dünn, daß man ihn einfach übersah. Wer es war, der sich da meldete und ein unbegreifliches Beispiel von Tollkühnheit lieferte? Mein Oheim, der Schuster Karl Kuckuck. Wie gelähmt saßen die Suleyker da, als er an ihnen vorbeiging; sie verfolgten ihn mit wehmütigen, abschiednehmenden Blicken, aber keiner fand sich, der ihn in seinem Entschluß beeinflußt hätte.

Also er trippelte in die Arena, schaute den Bosniak sanft und mitleidig an und sagte: »Ich erwarte«, sagte er, »den Angriff.« Sofort stürmte dieser ungeheure Mensch mit dem kleinen Kopf auf ihn zu, breitete die Arme aus, schnaubte, schlug die Arme wieder zusammen, aber Karl Kuckuck war längst weggetaucht und befand sich im Rücken des Eisenfressers. Dieser, im Glauben, den Schuster vor seiner Brust zu haben, drückte dergestalt, daß ihm die Tränen in die Augen traten – was er drückte, es war niemand anderes, als er selbst. Na, das wiederholte sich so einige Male – wie soll man auch ein Stückchen Schustergarn, wie meinen Oheim, genau zu fassen kriegen –, und am Ende war dieser Bosniak dergestalt erschöpft, daß er sich schnaufend auf die Erde setzte und mit einem Eimer Wasser zur Besinnung gebracht werden mußte. Karl Kuckuck hingegen schlängelte sich zur Kasse, ließ sich das Geld auszahlen und schlängelte sich mit seinen Verwandten nach Hause.

So ungefähr ging es, wenn ich mich richtig erinnert habe, Anita Schiebukats Wanderbühne in Suleyken. Wie übrigens später zu erfahren war, ist danach lange Zeit kein Zirkus mehr in unser Dorf gekommen – wie man wissen wollte, aus Furcht vor dem allzu aufgeklärten Publikum.

1955

Eine Liebesgeschichte

Joseph Waldemar Gritzan, ein großer, schweigsamer Holzfäller, wurde heimgesucht von der Liebe. Und zwar hatte er nicht bloß so ein mageres Pfeilchen im Rücken sitzen, sondern, gleichsam seiner Branche angemessen, eine ausgewachsene Rundaxt. Empfangen hatte er diese Axt in dem Augenblick, als er Katharina Knack, ein ausnehmend gesundes, rosiges Mädchen, beim Spülen der Wäsche zu Gesicht bekam. Sie hatte auf ihren ansehnlichen Knien am Flüßchen gelegen, den Körper gebeugt, ein paar Härchen im roten Gesicht, während ihre beträchtlichen Arme herrlich mit der Wäsche hantierten. In diesem Augenblick, wie gesagt, ging Joseph Gritzan vorbei, und ehe er sich's versah, hatte er auch schon die Wunde im Rücken.

Demgemäß ging er nicht in den Wald, sondern fand sich, etwa um fünf Uhr morgens, beim Pfarrer von Suleyken ein, trommelte den Mann Gottes aus seinem Bett und sagte: »Mir ist es«, sagte er, »Herr Pastor, in den Sinn gekommen zu heiraten. Deshalb möchte ich bitten um einen Taufschein.«

Der Pastor, aus mildem Traum geschreckt, besah sich den Joseph Gritzan ziemlich ungnädig und sagte: »Mein Sohn, wenn dich die Liebe schon nicht schlafen läßt, dann nimm zumindest Rücksicht auf andere Menschen. Komm später wieder, nach dem Frühstück. Aber wenn du Zeit hast, kannst du mir ein bißchen den Garten umgraben. Der Spaten steht im Stall.«

Der Holzfäller sah einmal rasch zum Stall hinüber und

sprach: »Wenn der Garten umgegraben ist, darf ich dann bitten um den Taufschein?«

»Es wird alles genehmigt wie eh und je«, sagte der Pfarrer und empfahl sich.

Joseph Gritzan, beglückt über solche Auskunft, begann dergestalt den Spaten zu gebrauchen, daß der Garten schon nach kurzer Zeit umgegraben war. Dann zog er, nach Rücksprache mit dem Pfarrer, den Schweinen Drahtringe durch die Nasen, melkte eine Kuh, erntete zwei Johannisbeerbüsche ab, schlachtete eine Gans und hackte einen Berg Brennholz.

Als er sich gerade daranmachte, den Schuppen auszubessern, rief der Pfarrer ihn zu sich, füllte den Taufschein aus und übergab ihn mit sanften Ermahnungen Joseph Waldemar Gritzan. Na, der faltete das Dokument mit umständlicher Sorgfalt zusammen, wickelte es in eine Seite des Masuren-Kalenders und verwahrte es irgendwo in der weitläufigen Gegend seiner Brust. Bedankte sich natürlich, wie man erwartet hat, und machte sich auf zu der Stelle am Flüßchen, wo die liebliche Axt Amors ihn getroffen hatte.

Katharina Knack, sie wußte noch nichts von seinem Zustand, und ebensowenig wußte sie, was alles er bereits in die heimlichen Wege geleitet hatte. Sie kniete singend am Flüßchen, walkte und knetete die Wäsche und erlaubte sich in kurzen Pausen, ihr gesundes Gesicht zu betrachten, was im Flüßchen möglich war.

Joseph umfing die rosige Gestalt – mit den Blicken, versteht sich –, rang ziemlich nach Luft, schluckte und würgte ein Weilchen, und nachdem er sich ausgeschluckt hatte, ging er an die Klattkä, das ist ein Steg, heran. Er hatte sich heftig und lange überlegt, welche Worte er sprechen sollte, und als er jetzt neben ihr stand, sprach er so: »Rutsch zur Seite.«

Das war, ohne Zweifel, ein unmißverständlicher Satz. Katharina machte ihm denn auch schnell Platz auf der Klattkä, und er setzte sich, ohne ein weiteres Wort, neben sie. Sie saßen so – wie lange mag es gewesen sein?- ein halbes Stündchen vielleicht und schwiegen sich gehörig aneinander heran. Sie betrachteten das Flüßchen, das jenseitige Waldufer, sahen zu, wie kleine Gringel in den Grund stießen und kleine Schlammwolken emporrissen, und zuweilen verfolgten sie auch das Treiben der Enten. Plötzlich aber sprach Joseph Gritzan: »Bald sind die Erdbeeren soweit. Und schon gar nicht zu reden von den Blaubeeren im Wald.« Das Mädchen, unvorbereitet auf seine Rede, schrak zusammen und antwortete: »Ja.«

So, und jetzt saßen sie stumm wie Hühner nebeneinander, äugten über die Wiese, äugten zum Wald hinüber, guckten manchmal auch in die Sonne oder kratzten sich am Fuß oder am Hals.

Dann, nach angemessener Weile, erfolgte wieder etwas Ungewöhnliches: Joseph Gritzan langte in die Tasche, zog etwas Eingewickeltes heraus und sprach zu dem Mädchen Katharina Knack: »Willst«, sprach er, »Lakritz?«

Sie nickte, und der Holzfäller wickelte zwei Lakritzstangen aus, gab ihr eine und sah zu, wie sie aß und lutschte. Es schien ihr gut zu schmecken. Sie wurde übermütig – wenn auch nicht so, daß sie zu reden begonnen hätte –, ließ ihre Beine ins Wasser baumeln, machte kleine Wellen und sah hin und wieder in sein Gesicht. Er zog sich nicht die Schuhe aus.

Soweit nahm alles einen ordnungsgemäßen Verlauf. Aber auf einmal – wie es zu gehen pflegt in solchen Lagen – rief die alte Guschke, trat vors Häuschen und rief: »Katinka, wo bleibt die Wäsch'!«

Worauf das Mädchen verdattert aufsprang, den Eimer anfaßte und mir nichts, dir nichts, als ob die Lakritzstange gar nicht gewesen wäre, verschwinden wollte. Doch, Gott sei Dank, hatte Joseph Gritzan das weitläufige Gelände seiner Brust bereits durchforscht, hatte auch schon den Taufschein zur Hand, packte ihn sorgsam aus und winkte das Mädchen noch einmal zu sich heran.

»Kannst«, sprach er, »lesen?«

Sie nickte hastig.

Er reichte ihr den Taufschein und erhob sich. Er beobachtete, während sie las, ihr Gesicht und zitterte am ganzen Körper.

»Katinka!« schrie die alte Guschke, »Katinka, haben die Enten die Wäsch' gefressen?«

»Lies zu Ende«, sagte der Holzfäller drohend. Er versperrte ihr, weiß Gott, schon den Weg, dieser Mensch. Katharina Knack vertiefte sich immer mehr in den Taufschein, vergaß Welt und Wäsche und stand da, sagen wir mal: wie ein träumendes Kälbchen, so stand sie da.

»Die Wäsch', die Wäsch'«, keifte die alte Guschke von neuem.

»Lies zu Ende«, drohte Joseph Gritzan, und er war so erregt, daß er sich nicht einmal wunderte über seine Geschwätzigkeit.

Plötzlich schoß die alte Guschke zwischen den Stachelbeeren hervor, ein geschwindes, üppiges Weib, schoß hervor und heran, trat ganz dicht neben Katharina Knack und rief: »Die Wäsch', Katinka!« Und mit einem tatarischen Blick auf den Holzfäller: »Hier geht vor die Wäsch', Cholera!«

O Wunder der Liebe, insbesondere der masurischen; das Mädchen, das träumende, rosige, hob seinen Kopf, zeigte der alten Guschke den Taufschein und sprach: »Es ist«, sprach es, »besiegelt und beschlossen. Was für ein schöner Taufschein. Ich werde heiraten.« Die alte Guschke, sie war zuerst wie vor den Kopf getreten, aber dann lachte sie und sprach: »Nein,

nein«, sprach sie, »was die Wäsch' alles mit sich bringt. Beim Einweichen haben wir noch nichts gewußt. Und beim Plätten ist es schon soweit.«

Währenddessen hatte Joseph Gritzan wiederum etwas aus seiner Tasche gezogen, hielt es dem Mädchen hin und sagte: »Willst noch Lakritz?«

1955

Der Denkzettel

In Bollerup, Nachbarn, ließ sich der Winter deshalb so gut aushalten, weil jeder auf ihn vorbereitet war. Kaum waren die Felder leer, kaum waren die Mieten aufgeschichtet, die Ställe überholt, die Boote im Schuppen und die Knicks ausgedünnt, da sorgten sie auch schon vor, um den Winter mehr als erträglich zu machen – einen ziemlich einfallslosen Winter übrigens, der sich immer den gleichen Nordost vorspannte, um Grauschleier über die Ostsee zu ziehen, großflockiges Stiemwetter zu inszenieren oder, aber das erst im Januar, löcherige Eisschollen den verkrusteten Strand hinaufzudrücken.

Um sich also auf diesen Winter einzurichten, zogen manche Leute von Bollerup gleich nach den letzten herbstlichen Feldarbeiten in die benachbarten Misch- und Kiefernwälder und ließen da ihre Bandsägen singen. Mit extra schweren Äxten hieben sie Bäume von der Steilküste los, schräg in der Luft hängende Buchen meistens, die der letzte Sturm fast, aber eben nur fast aus lehmigem Boden gerissen hatte. Zugesägt wurde da, aufgeklaftert, mit Hilfe von klingenden Eisenkeilen gespalten, und dann transportierten sie das geschlagene Holz aus allen Richtungen nach Hause und schichteten es auf, in lustvoll hochgezogenen Stapeln, vor allen Ställen, vor den Küchen, so hoch, daß manch einem die Fenster zuwuchsen.

Keiner in Bollerup sägte verbissener, keiner spaltete und schichtete das Holz genüßlicher als Franz Jesper Feddersen, mein Großonkel, den sie hier, solange ich weiß, nur den Pedder nannten, weil er unweigerlich in alles reintrat, dem jeder gefühlvolle Mensch nach Möglichkeit ausweicht. Natürlich genügte es dem Pedder nicht, Freude aus vorsorgender Arbeit zu beziehen; als ob er zwei, wenn nicht gar drei Winter hintereinander erwartete, schichtete er seine harzigen Klafter bis zum Dach auf. Allerdings muß ich zugeben, daß er diese besessene Vorsorge nicht nur seinetwegen traf; sie galt ebenso meiner Großtante Helene Feddersen, einer rechteckigen, übertrieben fröstelnden Person, die auch an Sommerabenden ihren Wintermantel trug. Jedenfalls sagten beide wörtlich von sich, daß sie »mit der Kälte auf Kriegsfuß« stünden – etwas Ähnliches hat man bestimmt schon gehört. Es paßte ganz gut zu diesem Franz Jesper Feddersen, daß er sich, als der Wind nach Nordost umsprang, gegen den beruhigenden Holzvorrat lehnte und, auch wenn dabei die Augen tränten, ausdauernd in den Wind starrte, als erwarte er den Winter persönlich.

Der kam, wie so oft, über Nacht, setzte ganz Bollerup Schneemützen auf, füllte Mulden und machte die Felder scheckig, und dem Schilf am Strand verlieh er eine Starre, daß es bei jedem Luftzug knackte und raschelte. Darauf hatte der Pedder nur gewartet: eifrig und, ich muß es sagen, auch geringschätzig trug er einige Arme voll Holz ins Haus und fütterte den Ofen so ausgiebig, daß sogar die beiden Katzen ins Freie drängten und der Postbote vorübergehend die Sprache verlor. Ich kann mir vorstellen, daß dieser Franz Jesper Feddersen sich zufrieden die Hände rieb, wenn draußen der eisige Wind um sein Haus ging, und daß seine eigensinnige Freude nur wuchs, wenn der Frost am Brandteich mit der Peitsche knallte.

So ein Winter von der herrschsüchtigen Art war es, als der Pedder eines Tages feststellte, daß seine Holzvorräte gewissermaßen die Schwindsucht bekamen: hier war etwas geschrumpft, dort eingefallen, von den Seiten hatten sich Klafter davongemacht, unter der mit Steinen beschwerten Teerpappe, die alle Stapel vor Nässe schützte, hatten sie sich herausgezogen und das Weite gesucht – es sah ganz danach aus, als wären sie vor seinem Ofen geflohen, der unablässig für zwar würzige, aber beinahe glühende Luft sorgte. Helene hatte das Holz nicht in seiner Abwesenheit verbraucht, das ergab ein einsilbiges Verhör, und da auch der Postbote es nicht mitgenommen haben konnte – er, der niemals fror, der sich sogar mit der Axt scharfkantige Löcher ins Eis hackte, nur, um nicht auf sein winterliches Bad zu verzichten – und da seine Klafter auch nicht von allein Beine bekommen haben konnten, wurde Franz Jesper Feddersen zunächst nichts anderes als argwöhnisch. Äußerte noch keinen Verdacht, wurde noch nicht unruhig, trug nur, wie gesagt, seinen Argwohn durchs Haus. Der konnte allerdings nicht verhindern, daß in gewissen knirschenden Nächten die Holzstapel abermals schrumpften, besonders die gleichmäßig und ausdauernd brennenden Buchenkloben verschwanden spurlos, worauf der Pedder, nachdem er den Milchnapf der Katzen zum zweiten Mal zertreten hatte, auf stille Art beschloß, sich auf die Lauer zu legen.

Ich wundere mich nicht darüber, daß seine Lauer nichts einbrachte, daß er keine gebückten Schatten entdeckte, die, an der Scheune bedrohlich vergrößert, die Stapel plünderten und sich unter knarrenden Lasten davonmachten – und zwar deshalb nicht, weil er in der pochenden Hitze des Hauses schon nach wenigen Minuten schläfrig wurde und einschlief. Am nächsten Morgen fehlte etwa die Menge Holz, mit der er, nach seinen Worten, dem Winter drei Tage lang eins auswischen konnte.

Mit reichlicher Verzögerung, wie es seinem Temperament

entsprach, suchte er im verharschten Schnee neben den Holzstapeln nach Fußspuren; da waren Katzen vorbeigeschnürt, seine eigenen Pelzstiefel hatten Abdrücke hinterlassen, er entzifferte Helenes Spur und die Spuren von Kaninchen, und dann, als er schon aufgeben wollte, entdeckte er die befremdlichen Fußstapfen eines Wesens, das sich sowohl tretend als auch schleifend vorwärts bewegte. Während der eine Fuß also für ordentliche Abdrücke sorgte, schien der andere nur zischend über den Schnee gefahren zu sein – eine Erscheinung, die Franz Jesper Feddersen so beeindruckte, daß er die Spur verfolgte, durch den Gemüsegarten, gebeugt am schlappen Grünkohl vorbei, weiter über das verschneite Feld in Richtung Hünengrab, und immer noch gebeugt bis zu einem flachen, gleichwohl spurentilgenden Bach. Weiter ging er nicht, weiter lohnte es sich nicht zu gehen. Er sah auf und erblickte die beiden letzten Gehöfte von Bollerup, aus deren Schornsteinen es, wenn auch nicht friedlich, so doch dekorativ qualmte: in einem lebte Jörn, im andern Jens Otto Feddersen, der Dorsch. Grinsend trottete er dann nach Hause, gerade so, als ob er schon genug wüßte, kam also an und fand eine Großtante Helene, die vor Erregung ihr Gesichtszucken bekommen hatte.

Natürlich hatte sie den rapiden Schwund der Holzvorräte entdeckt, und in ihrer vorauseilenden Sorge sah sie sich nicht nur fröstelnd, sondern bereits steif- und festgefroren. »Als Eiszapf«, sagte sie, »wirst sehen, Jesper, daß ich noch als Eiszapf ende, wenn unsere Vorräte so das Laufen kriegen.« Sie wimmerte. Sie erregte sich. Sie drohte zum Fenster hinaus in Richtung Hünengrab. »Herrgott noch mal«, rief sie, oder so ähnlich, »vielleicht hat uns jemand den Kältetod zugedacht, und du, Jesper, siehst zu!« – »Bisher«, sagte der Pedder, »ist noch kein Grund zur Panik, aber damit das Gesichtszucken nachläßt, könnte ich ja was unternehmen.«

Danach trug er gemächlich eine Anzahl Holzscheite in die Wohnung, höhlte diese Holzscheite nacheinander aus, schnappte sich das Säckchen mit Schwarzpulver und machte aus den Scheiten sozusagen hölzerne Granaten. Die Höhlungen wurden sorgfältig verschlossen, die Scheite wieder hinausgetragen zu den Stapeln und dort so verteilt, daß der Dieb, von welchem Ende er auch Pedders Holz abtrug, zumindest ein mit Pulver gefülltes Scheit nach Hause tragen mußte. Das reichte allerdings nicht aus, um Helenes Furcht vor einem Kältetod zu verringern. »Auf die Lauer legen mußt du dich«, sagte sie. »In die kalte Scheune einsperren mußt du ihn«, sagte sie, »und zwar zumindest für drei Tage.« Franz Jesper Feddersen winkte langsam ab und antwortete mit unheilvollem Lächeln: »Was seinen Lauf nehmen soll, hat schon seinen Lauf genommen, denn letzte Nacht ist wieder Holz verschwunden.«

Während Helene Feddersen jammernd die Hände rang, die verbliebenen Holzscheite abzählte und sogar erwog, sie mit verräterischer Farbe zu streichen, schleppte der Pedder wortlos zwei bequeme Stühle vor das Fenster, das den Blick in Richtung Hünengrab freigab, nötigte die Frau, Platz zu nehmen und die Dächer der beiden letzten Gehöfte, insbesondere das von Dorsch Feddersen, »still im Auge zu behalten«, wie er sagte. Und er sagte auch: »Warum alles aus mißlicher Nähe regeln, wenn es auf Entfernung viel unterhaltsamer geht?« Und dann warteten sie noch ein bißchen länger, noch etwas, meinetwegen können sie Tee mit Kandis trinken oder zwischendurch eine Fliederbeersuppe löffeln, die ja auch gegen Kälte gut ist – jedenfalls müssen sie sich bis zu violetter Winterdämmerung gedulden.

Gerechter Lohn des Wartens: auf einmal spielte Jens Otto Feddersens Ofen in seinem Haus Silvester. Nach einer schön gezackten Stichflamme schossen sprühende Wunderkerzen durch die Fenster, flammende Knallfrösche hüpften zum Bach hinab, eine helle, rotierende Sonne stieg in die Luft, und das schwere, das schneebemützte Dach lüftete sich ein wenig und sackte mit gestöhntem U-Laut wieder zurück – so tief, daß es auf dem Haus lag wie eine Mütze, die man viel zu tief in die Stirn gezogen hat. Eine Feuersbrunst entstand nicht.

Franz Jesper Feddersen forderte seine Großtante Helene Feddersen auf, sich kältegerecht anzupellen, warf selbst die gefütterte Joppe über, und dann stiefelten sie beide in Richtung Hünengrab und weiter zu den letzten Gehöften, wo ein versengelter Dorsch hastig Hausrat und wertvollen Besitz ins Freie trug, unter anderem auch sein aus Eiche angefertigtes Holzbein für sonntags. Bevor ihm Pedder seine Hilfe anbot, erkundigte er sich teilnahmsvoll nach dem Grund des Unglücks. »Ach«, sagte Jens Otto Feddersen, »war man nix als der Ofen, ist einfach vor Altersschwäche explodiert.« – »Soll vorkommen«, sagte der Pedder, »aber ich hab auch schon gehört, daß manche Öfen nur deshalb explodieren, weil ihnen ein gewisses Holz nicht bekommt.« – »Das«, sagte der Dorsch, »kann gut sein, darum werde ich mir nächstens das Holz von weiter weg herholen.«

1975

Hintergründe einer Hochzeit

In Bollerup, Nachbarn, gab es einen Bauern, der hieß Sven. Dieser Sven Feddersen, ein langarmiger Mann mit schleppenden Bewegungen, mit wäßrigen Augen und dem Hals eines ausgewachsenen Truthahns, war, solange man denken konnte, begehrt: Erbe eines ansehnlichen Hofes, Besitzer des Mischwaldes, Eigentümer von Wiesen, Wasserläufen und Feldern, auf denen regelmäßig Steinäxte gefunden wurden, schien es ihm an nichts zu mangeln – außer an einer Frau. Da gab es so manche, die sich ihm an die Seite dachte, womöglich in seine bedächtigen Arme; doch Sven entging allen Fallen, ließ sich in keinen Hinterhalt locken, beschied alle unmißverständlichen Aufforderungen gewissermaßen abschlägig.

Man kann sich daher unser Erstaunen vorstellen, als er sich eines Tages, im Alter von siebenundfünfzig, verlobte. Seine Wahl war auf eine gewisse Elke Brummel gefallen, eine zarte, aber zähe Person, die beliebt war wegen ihrer Fähigkeit, Unterhaltungen wortlos zu bestreiten, alles Wesentliche durch Nicken zu sagen. Kaum war das bekannt, da erkundigte man sich nach dem Termin der Hochzeit, und Sven gab zu verstehen, daß die Hochzeit, seiner Meinung nach, im Herbst stattfinden werde, nach der Ernte. Da niemand an seiner Auskunft zweifelte, sah jedermann in seiner Verlobten bereits eine Elke Feddersen.

Doch der Herbst kam und ging vorüber, ohne daß die Hochzeit stattgefunden hätte. Fragte man Sven, warum die Hochzeit ausgefallen war, so sagte er einfach, wegen des Todes eines Onkels, und dieser Grund wurde anerkannt.

Im darauffolgenden Jahr nun starb kein Onkel, und wer geglaubt hatte, daß die Hochzeit diesmal stattfinden würde, der sah sich getäuscht: der Herbst kam und ging vorüber, und der Zustand, in dem sich beide befanden, war nach wie vor der von Verlobten. Man konnte beobachten, wie die beiden einander zufällig auf dem Hünengrab begegneten, auf dem Feld oder auf der Straße, man konnte zur Kenntnis nehmen, wie sie ein Weilchen miteinander schwiegen, mehr war ihren Begegnungen nicht zu entnehmen. Da verriet nichts, daß man sozusagen füreinander versprochen war; kein Zwinkern, kein Winken und erst recht kein Wort.

Nun ist es wirklich nicht allein die Geschichte, die mich zwingt, Herbst auf Herbst verstreichen, das Verlöbnis dauern zu lassen. Sven Feddersen verhielt sich einfach, als sei ihm seine Verlobung mit Elke Brummel entfallen, denn fünf-, sechs-, achtmal kam der Herbst, und eine Hochzeit fand nicht statt. Die Leute in Bollerup, sie waren schon der Meinung, daß Sven sein Leben als Verlobter beschließen wollte, und hier und da vergaß man sogar, daß er überhaupt verlobt war. Man behandelte ihn allmählich wieder wie einen Ledigen, und das gleiche geschah mit Elke Brummel, die, zart, aber zäh, den Hof ihres Bruders zu beaufsichtigen half.

Plötzlich, nach neun ereignislosen Herbsten, geschah, was niemand mehr erwartet hatte: Sven Feddersen ließ einen Termin für seine Hochzeit bekanntgeben; ließ aber nicht nur den Termin bekanntgeben, sondern lud sogleich zweihundertvierzehn Personen, wovon einhundertachtundneunzig Feddersen hießen, in den Mühlenkrug, um mit ihnen die Hochzeit zu feiern. Da war Bollerup – nun, sagen wir mal, tief verblüfft; aus einer Spannung entlassen, seufzte man auf und beeilte sich, die geforderte Summe abzuzählen, denn obwohl eingeladen, mußte jeder, wie es in Bollerup üblich ist, die Rechnung selbst bezahlen.

Die ländliche Hochzeit fiel auf einen Sonnabend, und nach der Trauung fand sich die Gesellschaft im Gasthaus ein, wo man sich an langen Tischen niederließ und zu Ehren des späten Hochzeitspaares folgendes aß: saure Heringe, gebratenen Aal, gebratene Seezungen, gebackenes Huhn, geschmorte Koteletts, panierten Speck, ein Stück vom Hasen, Wurstplatten, Platten mit Schinken und kalter Schweineschulter, dazu Brot, Kartoffeln und Gemüse, danach Eis und Käseplatten. Hatte zunächst, während des Essens, noch hier und da jemand das Wort genommen, so entstand, erstaunlich und belastend, eine immer befremdlichere Stille, die jeder spürte, die jedem zusetzte, und mein Schwager will wissen, daß diese Stille nur deshalb entstand, weil jeder darüber grübelte, warum das Verlöbnis neun Jahre gedauert hatte. Insbesondere grübelte man deshalb darüber, weil das betagte Brautpaar, alles in allem, einen ausgeglichenen, zufriedenen Eindruck machte, sich aufmerksam die Kartoffeln zuschob, mitunter auch nachdenklich zunickte; und dabei fragte man sich natürlich, warum man dies Bild nicht bereits vor neun Jahren hatte wahrnehmen und genießen können.

Der Druck der Stille wurde so groß, daß einige Feddersens es als Erlösung ansahen, als eine Kapelle aus Flensburg, die sich selbst »Die blauen Jungen« nannten, mit ihrer Tätigkeit begann. Sven und Elke tanzten zuerst, und dann tanzten die andern, und ich könnte jetzt beschreiben, wie der Tanz sich ausnahm im Verhältnis zur Musik, könnte auch erwähnen, was mit dem überflüssigen Essen geschah, doch das und so manches andere interessiert nur die Betroffenen.

Ich möchte nur zugestehen, was von überregionalem Interesse ist, und da wäre zu sagen, daß Sven Feddersen keine Einladung zum Schnaps ausschlug, an die neunzig Mal anstieß und sich deshalb kostenlos an neunzig Schnäpsen labte. Das hatte zur Folge, daß er mitteilsam wurde, zuerst mit den Händen, die er hier und da fallen ließ, gegen Morgen auch mit dem Mund, und auf einmal, so berichtet mein Schwager, verschaffte sich jemand Luft, wollte sich gleich dazu Gewißheit verschaffen; und er ging – ich glaube, es war der Friseur, Hugo Feddersen – zum Bräutigam.

Stellte sich einfach vor ihn und fragte: »Warum, Sven Feddersen, hat deine Verlobung neun Jahre gedauert?« Darauf soll Sven gezwinkert und dann gesagt haben: »Als mein Onkel starb, da hinterließ er mir einen ganzen Keller voll Johannisbeerwein. Es gibt nichts, was ich so gern trinke wie dieses Zeugs. Nachdem ich die erste Flasche probiert hatte, sagte ich mir: heiraten kannst du, wenn der Keller leer ist; denn so ein Tröpfchen, das trinkt man besser allein.«

1975

Die Phantasie

Es mußte für Dieter Klimke sprechen, daß wir nicht aufhörten, über seine abendliche Lesung zu reden, auch draußen im Regen noch, als wir die serbische Kneipe am Hauptbahnhof suchten. Zum Schutz gegen den kühlen Regen hatte Gregor sich den Mantel über den Kopf gezogen, und gebeugt vor mir hergehend, wiederholte er seine Ansichten über Klimkes erste Lesung auf unserer Autorentagung. Ich hatte Mühe, ihn zu verstehen, weil er in seinen Mantel hineinsprach und sich oft abwandte und in Seitenstraßen linste, wo er die Kneipe, die er aus dem fahrenden Bus entdeckt hatte, wiederzufinden hoffte. Er ging wie in schwerer Dünung in seinen riesigen, ausgelatschten Schuhen, die seine erwachsenen Söhne für ihn eintragen mußten.

Glaub mir, mein Alter, sagte er, ihr habt euch von Klimke bestechen lassen, du und die anderen. Was er zu bieten hatte, waren doch nur feine Zauberkunststücke, einige Proben sehr feiner Equilibristik.

Ich dachte an Dieter Klimke, an den zarten, knochigen Mann, der sich beinahe priesterlich betrug, der zu seinem Auftritt eine schwarze Krawatte anlegte, und der seine kurze Prosa monoton von Manuskriptpapier las, das unter der Lampe blaßgrün, bläulich oder rosa schimmerte.

Nein, Gregor, sagte ich, Klimke ist kein Zauberkünstler. Er hat uns nicht allein mit seiner ungewöhnlichen Phantasie bekannt gemacht. Er hat uns außerdem gezeigt, welcher Gesetzmäßigkeit das Phantastische folgt. Gregor brummelte etwas in seinen Mantel, und dann hakte er mich ein und sagte: Phantasie – ja, aber eine, die uns zu nichts verpflichtet. Es tut mir leid, mein Alter, aber ich kann nichts mit Geschichten anfangen, in denen Leute durch die Wand gehen können. Oder Pferde sprechen. Oder Figuren aus dem Bilderrahmen steigen und sich zum Essen an den Tisch setzen. Sie reichen nicht aus, um die Wirklichkeit wiederzuerkennen. Was verstehst du unter Wirklichkeit, fragte ich. Schwerkraft, sagte er, die widerlegt das Phantastische. Schwerkraft demütigt uns vielleicht, sagte ich, aber sie widerlegt nicht das Phantastische. Hast du denn nicht gemerkt, bei Klimke wird das Phantastische sofort in eine allgemeine Ordnung eingefügt, und damit hört er auf, zu befremden.

Gut, mein Alter, dann muß ich dir sagen, daß mich ein sprechendes Pferd immer befremden wird, selbst wenn es mich auf plattdeutsch begrüßt. Auch in einer toten, künstlichen Landschaft, fragte ich, in einer Landschaft wie bei Klimke, in der es kein Gras, kein Wasser, keine Bäume gibt? Was hat das damit zu tun, fragte Gregor; und ich darauf: Das sprechende Pferd bei Klimke steht auf einem Boden, der wie aus Metall gemacht erscheint. In einer verstörten, verzauberten Umgebung. Kein Wind. Kein Himmel. Hier, glaube ich, kann ein Pferd sprechen, zumindestens hörte ich einen Menschen sprechen, der sich als Pferd verkleidet hat. Du hast einen Slivovitz nötig, mein Alter, sagte Gregor, und zwar einen doppelten. Und wenn du es genau wissen willst, was ich über die Sachen von Dieter Klimke denke: magisches Kunsthandwerk, das ist es.

Mir ist etwas anderes aufgegangen, sagte ich. Und was ist das? Das Phantastische ist keine Republik für sich. Es existiert nicht getrennt von der Wirklichkeit, es gehört zu ihr. Es erstreckt sich auf alles… Und scheitert an der Schwerkraft, sagte Gregor, mich unterbrechend.

Er blieb plötzlich stehen, hob den Kopf aus seiner Vermummung und vergewisserte sich: dort liegt der Eingang des Hauptbahnhofs, der dunkle Kasten dahinter ist die Markthalle, also muß es hier gewesen sein, in einer dieser kurzen Straßen. Ich schlug ihm vor, in eine andere Kneipe zu gehen, in eine der vielen Kellerkneipen, die wir passiert hatten, doch er gab noch nicht auf, er zog mich weiter an dreckigen Fassaden vorbei, die mit versauten Wahlplakaten bepflastert waren: Politiker mit aufgemalten Reißzähnen, augenlos, oder Sprechblasen mit schweinischem Text vor dem Mund.

Nach all den Lesungen heute, also – mir ist sehr nach etwas Serbischem, sagte Gregor.

Zurückblickend merkte ich, daß uns ein hochgewachsener Typ in der Dunkelheit folgte, ein gleitender Schatten, der verharrte, wenn wir verharrten, der den Schritt beschleunigte, sobald wir zulegten, weshalb uns nichts anderes übrigblieb, als ihn hinter einer Straßenecke abzufangen und in die Zange zu nehmen. Mit seinen zweihundert Pfund Lebendgewicht verlegte Gregor ihm den Weg, während ich von hinten an ihn herantrat und ihn fragte, welch ein Geschäft er uns vorschlagen wollte. Glück, sagte er, falls die Herren Glück suchen – ich könnte Sie hinführen. Darauf sagte Gregor nur: Schieb ab, und trat zur Seite. Wir sahen ihm nach – auch er blickte mehrmals zurück –, und dann sagte Gregor: Ich geb's auf, mein Alter. Von mir aus können wir dort einfallen, in diese Eck-Kneipe.

In dem ebenerdigen Fenster der Kneipe leuchtete ein veralgtes Aquarium, spindeldürre Zierfische zuckten unter dem Kraut hervor, standen sich glotzäugig gegenüber. »Zum letzten

Anker« hieß die Kneipe, der Inhaber nannte sich Baas Ruschewey. Gregor klopfte mit dem Fingerknöchel auf das Namensschild und sagte: Uns dürfte solch ein Name nicht einfallen, mein Alter; klingt nach überanstrengter Phantasie.

Er zog die Tür auf und trat vor mir ein. Es war eine solide, sparsam erleuchtete Kneipe, mit Tischen, die im Boden verankert waren, mit einer derben Theke und einem Bord, auf dem steife, verstaubte Wimpel standen und ungeputzte Pokale und Photographien. Mißmutig erwiderte der stämmige Wirt unseren Gruß, geradeso, als zwängen wir ihn durch unser Erscheinen zu ungeliebter Tätigkeit. Wir hatten freie Wahl oder doch fast freie Wahl, denn nur ein einziger Tisch war besetzt, in einer Ecke bei den Spielautomaten. Ich überließ es Gregor, einen Tisch zu bestimmen; ich sagte: Mir ist es egal, wo wir sitzen – da spürte ich, wie er stutzte; mit einer Hand tastete er nach mir, mit der anderen wies er überrascht zu einer Nische unter dem Aquarium: Guck mal, mein Alter, wer dort sitzt. Vor dampfendem Tee, die lange Zigarettenspitze schräg vor dem Gesicht, saß Dieter Klimke und lächelte, als hätten wir ihn ertappt. Er stand auf, er lud uns nicht ein, neben ihm zu sitzen, doch nachdem wir uns aus den Mänteln geschlagen hatten, angelten wir uns die freien Stühle an seinem Tisch und nahmen von seinen Zigaretten.

Auch nur so reingeschneit, fragte Gregor. Klimke nickte. Die Aufmerksamkeit, sagte er, die Gespräche und die Aufmerksamkeit: es ist meine erste Schriftstellertagung, außerdem bin ich ungeübt im Zuhören. Ich lebe allein, in einem ehemaligen Pförtnerhaus, neben einer aufgelassenen Fabrik.

Sie haben sehr gut abgeschnitten mit Ihrer Lesung, sagte ich. Er sah mich ungläubig an, eingedenk all der Einwände, die nicht zuletzt Gregor erhoben hatte; darum fügte ich hinzu:

Unter Schriftstellern gibt es keinen einstimmigen Sieg. Glauben Sie mir, wenn Kafka heute gelesen hätte oder Dostojewski, die wären nicht besser weggekommen als Sie.

Der Wirt trat an unseren Tisch, bereit, unsere Bestellungen zu hören; schweigend nahm er sie zur Kenntnis und ging rukkend, eine schwerfällige, aufgezogene Puppe, zur Theke zurück. Warum ist es so unter Schriftstellern, fragte Dieter Klimke; und Gregor darauf: Jeder ist eine Ein-Mann-Partei. Jeder ist ein Gefangener seines eigenen Programms.

Einer der Spielautomaten in der Ecke schien einen Hauptgewinn auszuspucken, stoßweise rotzte er Münzen in die Schale, doch der Bursche, der dort spielte, las sie nur gleichmütig auf und fütterte den Automaten von neuem. Doch nicht nur ihn, auch die Frau im hellen Trenchcoat schien der Gewinn gleichgültig zu lassen; sie hob nicht den Blick von ihrem Glas, sie saß nur da mit ihrer ratlosen Schmerzlichkeit, rauchte hastig, fühlte nach einem frischen Pflaster über dem Jochbein. Sie scheint sich beruhigt zu haben, sagte Klimke, eben, als sie trinken wollte, zitterte ihre Hand so sehr, daß ich glaubte, sie würde es nicht schaffen.

Der Wirt brachte uns Bier und einen doppelten Slivovitz, wir bestellten gleich eine neue Lage und prosteten uns zu. Dieter Klimke hielt sich an seinem Tee fest. Er lächelte verkniffen, musterte Gregor aus den Augenwinkeln, als erwarte er etwas Besonderes von ihm, einen neuen Einspruch zu seiner Lesung oder eines seiner Bekenntnisse zur Schwerkraft, und dann war er es, der sich an Gregor wandte: Sie waren nicht einverstanden mit meinen Texten? So ist es, sagte Gregor. Wenn ich Sie richtig verstanden habe, sagte Klimke, nannten Sie meine Arbeiten »beliebige Zeugnisse der Phantasie«. So ungefähr, sagte Gregor, Texte, die zu nichts verpflichten; sie sind nicht durch

Wirklichkeit beglaubigt. Und warum, fragte Klimke, warum verpflichten meine Texte zu nichts? Ein Mann, der durch die Wand gehen kann, sagte Gregor, dieser Mann aus ihrer zweiten Geschichte: dem machen die Verhältnisse nichts aus, der leidet nicht an Krankheiten, vermutlich kann er dem Tod ein Schnippchen schlagen. Wir können uns nicht mit ihm vergleichen, er bestätigt keine unserer Erfahrungen, und darum geht er mich nichts an.

So einfach ist das, fragte Klimke lächelnd, und Gregor, seinen Rollkragenpullover über den massigen Körper nach unten ziehend: So einfach, ja. Wenn einem Mann der Hut wegfliegt, lache ich auf Kosten seines Pechs, das unser aller Pech sein könnte. Wenn aber ein Mann durch die Wand gehen kann, dann verliert er mein Interesse, weil er uns etwas vormacht, was niemand wiederholen kann.

Nein, Gregor, sagte ich, das ist mir zu einfach. Du gehst davon aus, daß es unserer Erfahrung entspricht, nicht durch die Wand gehen zu können. Du berufst dich ausschließlich auf das Bild, das wir alle von einer Wand haben, gemauerte und verputzte Steine, durch die kein Körper unbeschädigt hindurchkommt. Dieses Bild ist gegeben. Es »steht fest«. Aber dieses Bild, das für uns alle gegeben ist, wird irgendwann zum Inhalt einer Wahrnehmung. Und die Sinne der Wahrnehmung sind etwas, worauf wir uns nicht unbedingt verlassen können. Sie folgen einem eigenen Zwang. Sie können das Bild verändern.

Aber sie können keine Wand durchlässig machen, sagte Gregor. Das nicht, sagte ich, aber du kannst einen Mann so wahrnehmen, daß du ihm zutrauen mußt, durch eine Wand zu kommen.

Gregor kippte seinen Slivovitz und sah mich mit gespielter Besorgnis an. Für mich, mein Alter, sagte er, liegt die einzige Beweiskraft in der Realität. Oder nenn es Schwerkraft. An ihr ist die Phantasie immer gescheitert, und sie wird es, im Zweifelsfall, auch weiterhin tun. Dieter Klimke schüttelte in zaghaftem Protest den Kopf, dann sagte er leise: Die Phantasie – für mich hat sie ihre eigene Beweiskraft. Und ihre eigene Wirklichkeit. Aber sie ist nicht zu widerlegen, sagte Gregor, und was nicht widerlegt werden kann, das ist auch nicht wirklich.

Dieter Klimke richtete sich auf und sah zur Ecke hinüber, in der die Spielautomaten standen, und wir folgten seinem Blick. Der Bursche – gewürfeltes Sporthemd, engsitzende Lederjacke – nahm die Handtasche der Frau, stürzte den Inhalt auf den Tisch – unter anderem die Schwungfeder eines größeren Vogels – und suchte sich zwischen Schlüsseln, Ausweisen, Lippenstift die Goldmünzen heraus, während die Frau selbst interesselos in ihr Glas starrte, die Hände unter dem Tisch gegeneinanderpressend. Sie war älter als der Bursche, vielleicht zehn oder zwölf Jahre älter, eine Frau mit sehr hellen Augen und harten, ebenmäßigen Gesichtszügen; offenbar hatte sie dem Wirt einen Dauerauftrag gegeben, denn von Zeit zu Zeit füllte er ihr Glas nach.

Da passiert gleich etwas, sagte Klimke, da bereitet sich etwas vor. Nur das Übliche, sagte Gregor, entweder Abschied oder Versöhnung. Nein, sagte Klimke, das glaube ich nicht. Dieser Fall liegt komplizierter, hier herrschen besondere Beziehungen. Jedenfalls kommen sie mir nicht wie Kneipenbesucher vor.

Ich glaubte zu erkennen, daß die Frau versuchte, etwas zu beschließen, und daß es ihr um so schwerer fiel, je öfter sie trank, und ich sagte: Hier geht etwas zu Ende, und je länger sie hierbleibt, desto schwerer löst sich alles auf.

Wir können es ja mal versuchen, sagte Gregor, wenn ihr

der Phantasie soviel zutraut. Wir können ja mal versuchen, ihre Geschichte zu erzählen, ihre Vorgeschichte… was vorausging… was sie hierhergeführt hat… Was meint ihr? Jeder von uns sollte einen Entwurf abgeben… Und was sollte damit bewiesen werden, fragte ich. Daß all unsere Phantasie die Wirklichkeit nicht deckt, sagte Gregor. Sie irren sich, sagte Klimke, manchmal muß die Wahrheit erfunden werden. Na, dann erfinden wir sie mal, sagte Gregor und musterte die beiden aus schmalen Augen, versuchen wir mal, ihnen einen Platz in einer Geschichte zu geben. Er machte eine einladende Handbewegung gegen Klimke, doch der winkte ab, der sagte nur: Wer den Einfall hatte, der sollte auch beginnen dürfen.

Während der Wirt uns eine neue Lage brachte, sah Gregor ausdauernd in die Ecke mit den Spielautomaten, seine verfetteten Finger betrommelten den Aschenbecher, sein Kinn bewegte sich unter regelmäßigen Kaubewegungen, und als die Frau sich plötzlich erhob und zur Toilette ging, wandte er sich uns zu und sagte leise: Eine, es gibt nur eine Geschichte, die man ihnen anpassen kann; die übliche Geschichte, und wenn ihr wissen wollt, wie ich sie mir vorstelle… was die beiden verbindet oder nicht mehr verbindet…

Also: ich sehe zum Beispiel diese Frau dort – für mich heißt sie Belinda – ihren Kindern bei den Schularbeiten helfen, in einem freundlichen, stillen Haus, das unter dem Schutz von Torbuchen steht. Es sind anstellige, gutgekleidete Kinder, ein blonder Junge, ein dunkelhaariges Mädchen, vielleicht auch umgekehrt. Beide wetteifern miteinander um die Sympathie ihrer Mutter, beide schieben ihr wechselweise das Heft hin, in der Hoffnung auf ein wenn auch zerstreutes Lob. Belinda sitzt so, daß sie durchs Fenster sehen kann – im Hintergrund der mäßig befahrene Strom, näher heran die mit gefährdeten Bäumen bestandene Steilküste, dann das gewundene Band der Sandstraße und schließlich die Blende aus schilfbraunem Geflecht, die um das Grundstück herumgezogen ist und es uneinsehbar macht. Die Kinder malen vorgezeichnete Figuren mit Farbe aus, hastig, etwas von der Unruhe der Mutter scheint auf sie übergegangen zu sein, und dann springt Belinda auf, geht ans Fenster und winkt ein Signal zur Taxe hinunter, die langsam über den Sandweg heranrollt. Sie wirft den bereitliegenden hellen Trenchcoat über, und im Davongehen ermahnt sie und belobigt sie die Kinder: Ihr macht es schon sehr schön. Aber ihr müßt noch weiter üben. Ich bin bald zurück.

Kaum ist sie aus dem Zimmer, da stürzen die Kinder ans Fenster und sehen ihr nach, wie sie zur Taxe läuft und sich ungeduldig mit dem Fahrer bespricht. Der Fahrer zieht seine Schirmmütze ab, als er Belinda die Wagentür öffnet; er ist ein feister Mann mit zerfließenden Formen, unerwartet höflich und sehr gesprächsbereit. Im Rückspiegel erkennt er, wie die Frau sich zurückdreht und zu den Kindern am Fenster hinaufsieht. Nett wohnen Sie hier, sagt er, und mit so netten Kindern.

Ja, sagt Belinda, sie hängt eine Hand in den Haltegriff und schließt die Augen, weniger aus körperlicher Erschöpfung als aus Resignation vor dem Mitteilungsbedürfnis des Fahrers, der ihr sagen muß, welche der geräumigen, sahnefarbigen Häuser von welchen Familien bewohnt werden und welche ausgeübten Berufe sie hier hineinführten. Es klingt sachgemäß, jedenfalls nicht anklägerisch, wenn er im Vorüberfahren blickweise auf ein Haus deutet und etwa sagt: Die Brusbargs, da auf dem Hügel, die verdanken alles ihren Soßen. Weil nämlich der Großvater, der hatte die Idee, Soßen in Tüten abzufüllen, ich meine dies Pulver, aus dem man Soßen macht. Zuerst hat noch die ganze Familie die Tüten zu Hause abgefüllt, dann kam die Fabrik.

In plötzlicher Furcht öffnet Belinda ihre Handtasche, sucht, findet den gesuchten Brief, liest den Namen des Empfängers – Thomas Niebuhr – und steckt den Brief in die Manteltasche. Da, sagt der Fahrer – er zeigt auf das Städtische Krankenhaus –, da lag ich noch vor vierzehn Tagen. Hoffentlich nichts Ernstes, sagt Belinda in mechanischer Teilnahme. Nabelbruch, sagt der Fahrer, und, ihren Blick im Rückspiegel suchend: Da tritt alles nach außen, junge Frau. Ich war nämlich achtzehn Jahre Fernfahrer, müssen Sie wissen, Fleischtransporte, und den Anhänger habe ich immer selbst beladen. Gefrorene Viertelrinder aus Argentinien, müssen Sie wissen, jedes so zweieinhalb Zentner. Das schlimmste ist das Bücken mit der Last, das hält kein Bauchnabel aus.

Bitte, sagt Belinda, ich fühle mich nicht wohl. Sie massiert leicht ihre Schläfen und vergräbt sich dann in ihren Mantel. Versteh schon, sagt der Fahrer, nichts für ungut, zu allem gehören Nerven, schließlich. Aber jetzt möchte ich mal fragen – zu dieser Laubenkolonie, wo Sie hinwollen, können wir über die Helmholtzstraße fahren oder über den Leistikowstieg – wie möchten Sie? Ich weiß nicht, sagt Belinda, nur: rasch. Sie senkt ihr Gesicht, weil sie den vergewissernden Blicken im Rückspiegel entgehen möchte, offenen und sogar sanften Blicken, und in der Hoffnung, schweigen zu können, sagt sie wie abschließend: Sie können dann auf mich warten, ich fahre gleich wieder zurück.

Über eine Brücke fahren sie und dann parallel zum Strom bis zur Laubenkolonie, die nur von Straßen und Wegen zerschnitten wird, die einheimische Pflanzennamen tragen. Hier wohnen jetzt nur Griechen und Jugoslawen, sagt der Fahrer, und Belinda, aufschreckend: Nein, nein, nicht nur Griechen. Mit leisen Kommandos dirigiert sie den Fahrer, im Huflattichweg läßt sie halten, steigt schnell aus, läuft über die matschigen Beete eines Vorgartens auf eine Holzhütte zu, deren Fenster undurchsichtig geworden sind von Staub und Ruß. Der Taxichauffeur erkennt, daß sie nicht einmal klopft, nur die Tür, die sich anscheinend verworfen hat, ruckend aufreißt. Sie tritt ein. Den Raum kann jeder für sich selbst möblieren; zur Verfügung stehen ein durchgelegenes Sofa, zwei altmodische, viel zu große Sessel, ein Propangasofen, unter dem Fenster ein selbstgezimmertes, viel zu breites Schreibbrett, vollgepackt mit Papieren, Büchern, Tonfiguren, einem Transistor und einer Schreibmaschine. Neben dem Ofen ein Waschbord, und vor dem Waschbord dieser Bursche mit nacktem Oberkörper, der sich ächzend die Haare einseift und jetzt den Kopf hebt, durch beißenden Schaum herüberblinzelt und nicht mehr sagt als: Du bist es.

Belinda zieht den Brief aus ihrer Manteltasche, stellt den Transistor ab, schubst einige Bücher von einem Sessel und setzt sich. Sie sagt: Nur einen Augenblick, Thomas, das Taxi wartet draußen, ich muß gleich wieder zurück. Wußte ich, sagt der Bursche und spült mit warmem Wasser die Seife aus seinem Haar, von diesem Tag ist nichts Besseres mehr zu erwarten. Er reibt mit einem Handtuch sein Haar trocken, mißt die Frau mit einem schnellen Blick, entdeckt den Brief in ihrer Hand und kommt langsam näher. Lies vor, sagt er, heute haut mich nichts mehr um; ein Tag von glorreicher Beschissenheit. Warum, fragt Belinda, was ist passiert? Oder nenn es einfach den Begräbnistag, sagt der Bursche, und auf den Brief hinabnickend: Also, was muß ich noch beerdigen heute? Lies vor. Hast du deine Bewerbung wieder zurückbekommen, fragt die

Frau, und der Bursche darauf: So ist es, von der fünften Firma zurück. Zurück, eingeschrieben und mit der Versicherung, daß meine Zeugnisse bedeutend seien, so bedeutend, daß die Firma lieber auf mich verzichten möchte. Tja, und vor zwei Stunden kam die Kündigung. Ich muß hier räumen – vermutlich werden demnächst Jugoslawen in die »Villa Belinda« einziehen – mit Familien.

Das tut mir leid, Thomas, sagt die Frau, und dann: Ich bin von deinen Fähigkeiten überzeugt, jedenfalls. Thomas lacht erbittert auf, pellt sich ein gewürfeltes Hemd an, wirft die knappe Lederjacke über; eine Zigarette im Mundwinkel, kämmt er sich sorgfältig vor einem stark vergrößernden Rasierspiegel. Er fragt: Und du, Belinda? Warum liest du mir den Brief nicht vor? Heute bin ich stark im Nehmen.

Die Frau blickt auf den Boden, auf den durchgetretenen Teppich; sie sagt leise: Christian wird versetzt, in den Westen. Ich werde ihn begleiten, Thomas, ich gehe mit ihm. Ist das die ganze Überraschung, fragt Thomas, und dann mit angestrengter Ironie: Schließlich ist er dein Mann, und du bist verpflichtet, ihm zu folgen, wohin er dich führt. Habt ihr schon Fahrkarten? Sprich nicht so, sagt Belinda; ich – es ist das letzte Mal, Thomas, ich kann dich nicht mehr besuchen. Immerhin, sagt der Bursche, für ihn ist dann die Zeit des Argwohns vorüber.

Er wendet sich um, nimmt ihr den Brief aus der Hand, überlegt, schlägt ihn leicht gegen seinen Handrücken und wirft ihn in unerwartetem Entschluß auf die Schreibplatte. Er sagt: Abschiedsbriefe soll man allein lesen, oder? Ich heb ihn mir für später auf, als krönenden Abschluß des Tages. Belinda blickt ihn entgeistert an, sie fragt: Ist das alles? Ist das alles, was du mir sagen möchtest? Und er darauf, achselzuckend: Reisende soll man nicht aufhalten – alte Erfahrung. Und dann, nach einem Blick durchs Fenster auf die wartende Taxe und den massigen Taxichauffeur, der sich gegen die Motorhaube lehnt: Nimmst du mich mit? Ein kleines Stück nur? Zur Stadt? Die Frau preßt die Lippen aufeinander, immer noch wartet sie auf etwas, von dem sie nicht genau sagen könnte, was es sein müßte; doch auf einmal steht sie auf, nickt und geht zur Tür. Sie steigen in die Taxe ein. Der Fahrer fragt: Wieder nach Hause?

Ja, sagt die Frau, nur diesmal am Hauptbahnhof vorbei. Ist es dir recht, Thomas, wenn wir in der Nähe des Hauptbahnhofs halten? Sehr recht, sagt der Bursche und rückt nah an sie heran und tastet nach ihrem Handgelenk. Sie sitzen schweigend nebeneinander, und als sie über die Brücke fahren, legt er einen Arm um ihre Schultern und zieht sie zu sich herüber, während der Fahrer aus sonderbarer Gekränktheit oder aus Abneigung gegen den neuen Fahrgast nicht nur sein Mitteilungsbedürfnis unterdrückt, sondern auch darauf verzichtet, in den Rückspiegel zu blicken. Sanfter Regen schwärzt das Kopfsteinpflaster, der Fahrer schaltet die Lichter an. Er hört die Fahrgäste auf dem Rücksitz flüstern, und unvermutet sagt die Frau: Bitte, ist es möglich, daß wir noch einmal zurückfahren? In die Laubenkolonie, fragt der Fahrer. In den Huflattichweg, ja, ich habe dort nur etwas vergessen. Mir ist es egal, sagt der Fahrer. Er biegt in eine Nebenstraße ab, kontrolliert die Zähluhr und fährt mit zunehmender Geschwindigkeit auf eine Ampel zu, die immer noch Grün zeigt und erst auf Gelb umspringt, als sie die Linie passiert haben.

Es war grün; dennoch rammt sie der andere Wagen auf Belindas Seite, reißt den hinteren Kotflügel ab und drückt die Taxe, die sich einmal um ihre Achse dreht, gegen einen Lichtmast. Nicht Thomas, aber dem Fahrer gelingt es, die Tür von außen zu öffnen, er zieht sie heraus, mustert sie: Alles in Ordnung? Er sieht, daß Belinda über dem Jochbein blutet, und während der Fahrer des anderen Wagens schulmäßig fuchtelnd und drohend herankommt, öffnet der Taxifahrer ruhig seinen Verbandskasten und reicht der Frau ein Pflaster, das der Bursche ihr aufklebt. Schnell, sagt die Frau zu Thomas, bring mich weg hier. Weg, bevor die Polizei kommt. Er braucht uns aber als Zeugen, flüstert der Bursche. Ich kann nicht, sagt sie, du mußt mich hier wegbringen. Sie späht über die Straße, setzt zur Flucht an, da tritt der Taxichauffeur zu ihnen, hat schon ein Notizbuch in der Hand, fragt schon: Sie können doch auch bestätigen, daß wir Grün hatten? Der behauptet steif und fest, daß er erst bei Grün angefahren ist. Wir hatten Grün, sagt der Bursche entschieden, und das werden wir jederzeit bezeugen. Ich danke Ihnen, sagt der Taxifahrer und reicht Thomas sein Notizbuch und bittet ihn, Namen und Adresse hineinzuschreiben. Muß ich auch, fragt Belinda, und als der Taxichauffeur sie mit einer Geste darum bittet, schreibt sie einen Namen und eine Adresse hinein und reicht das Notizbuch zugeklappt zurück. Aber jetzt müssen wir doch wohl nicht hierbleiben, fragt die Frau, und der Bursche bekräftigt: Wir haben es nämlich sehr eilig. Und bei diesen Worten drückt er dem Fahrer einen Geldschein in die Hand, den er aus der Handtasche der Frau genommen hat.

Die heftiger werdende Auseinandersetzung der beiden Fahrer ausnutzend, überqueren sie eilig die Straße, laufen durch einen Torweg, gelangen auf die Theaterstraße, die zum Hauptbahnhof führt. Sie kreuzen auch diese Straße, nicht in gemeinsamem Beschluß, sondern, weil die Frau es einfach tun zu müssen glaubt und der Bursche ihr einfach folgt, doch dann, vor einer Kellerkneipe, angesichts eines erleuchteten Aquariums im ebenerdigen Fenster, bleibt die Frau plötzlich stehen und läßt ihren Oberkörper gegen den Burschen kippen. Was ist los, fragt er, was hast du, Belinda? Er wird mich ja wiederfinden, sagt sie, mein Gott, er wird zu uns nach Hause kommen. Wer, fragt Thomas. Der Taxichauffeur, sagt sie. Ich habe einen anderen Namen in sein Notizbuch geschrieben, eine andere Adresse. Aber das nützt nichts – er hat mich doch von zu Hause abgeholt. Du hast einen falschen Namen angegeben, fragt der Bursche, und Belinda: Mein Gott, ist mir übel. Laß uns hier reingehn, Thomas, nur einen Augenblick. Laß uns etwas trinken. Mein Gott, ist mir übel.

Gregor hob sein Glas, deutete zu dem Paar in der Ecke hinüber, bedauernd, geradeso, als seien die beiden schuld daran, daß ihm keine andere Geschichte zu ihnen einfallen konnte. Sieh sie dir an, mein Alter, sagte er zu mir: Die Achtlosigkeit des Burschen – offenbar hat er den Spielautomaten gewechselt – und die stumpfe Verzweiflung der Frau – sie hat es wohl aufgegeben, einen Ausweg zu finden –, alles sagt mir, daß hier keine außerordentliche Geschichte zu erwarten ist. Was wir annehmen dürfen: ehrbare Banalität – wobei ich euch sagen möchte, daß ich sehr viel Respekt vor der Banalität habe. Dieter Klimke schüttelte lächelnd den Kopf, ich konnte es ihm ansehen, daß er längst andere Beziehungen und Motive entdeckt hatte; doch er verzichtete darauf, Gregor zu antworten.

Als der Wirt uns eine neue Lage brachte, fragte Gregor ihn: Die vielen Wimpel und Pokale dort, wofür haben Sie die bekommen? Angler, sagte der Wirt, ich war mehrmals Angler-König. Für den schwersten Fisch; für den wertvollsten Fisch; für die größte Kilobeute – für alles gibt's Preise. Auch für Angler-Latein, fragte Gregor, worauf der Wirt nur abwinkte und zur Theke zurückkehrte.

Da beide nun mich ansahen, auffordernd und gespannt, nahm ich mir noch mal das Paar bei den Spielautomaten vor, fragte es stumm ab, deutete ihre Haltung, ließ die Achtlosigkeit sprechen, die sie füreinander zeigten, und gerade dies, die Achtlosigkeit und eine plötzlich wahrgenommene physiognomische Ähnlichkeit legten mir eine andere Annahme nahe: die beiden mußten Geschwister sein. Na, fragte Gregor, was meinst du? Geschwister, sagte ich, für mich sind die beiden Geschwister, anders kann ich sie nicht sehen.

Ich spürte sogleich, wie diese Feststellung mich zu einer Überprüfung der Beziehungen zwang, die das Paar in der Ecke erkennen ließ. Die Schmerzlichkeit im Ausdruck der Frau: konnte sie nicht das Ergebnis einer Entdeckung sein, die sie zu letzter Hilflosigkeit verurteilt hatte? Und die sogenannte Achtlosigkeit des Burschen: verbarg sich hinter ihr vielleicht ein Wunsch nach Vergessen, und hinter seiner kalten Spielwut das Bedürfnis, sich ablenken zu müssen von dem, was er gemeinsam mit der Schwester entdeckt hatte? Andere Fragen ließen andere Möglichkeiten zu, und dann fragte ich nach einem Ort, wo die Geschichte ihren Ausgang nehmen könnte, und nach einem Anlaß, der das gemeinsame Auftreten der Geschwister rechtfertigte. Nun, fragte Gregor, wie kamen deine Geschwister hierher? Nach welcher Vorgeschichte?

Also hört zu, sagte ich, denkt euch eine saubere, beengte Witwenwohnung, wir lassen es Nachmittag sein, man sitzt bei einer Kaffeetafel, die Kuchenlasten sind geplündert. Auf dem resedagrünen Sofa sitzt die gehbehinderte Mutter, auf zwei Stühlen sitzen sich Karen und Herbert, genannt Hebbi, gegenüber, die zum fünfundsechzigsten Geburtstag der Mutter erschienen sind. Mechanisch lädt die Mutter dazu ein, noch ein

Stück Kuchen zu essen, beide verzichten seufzend, wechseln einen belustigten Blick, als die Mutter sich noch ein Stück Torte nimmt und mit grüblerischem Behagen zu kauen beginnt. Die Blumen, sagt Karen, wieviel Blumen du bekommen hast, Mama. Leider reichen die Vasen nicht, sagt die Mutter, zum nächsten Geburtstag könntet ihr mir einige Vasen schenken.

Es klingelt an der Wohnungstür, Hebbi steht auf, um zu öffnen, doch die Mutter ruft ihn zurück, fröhlich zuerst, dann dringend; obwohl sie Mühe hat, zu gehen, besteht sie darauf, selbst zur Tür zu gehen. Heute bin ich an allem schuld, sagt sie mit gespielter Neugierde und deutet eine Erwartung an, die sie sich von keinem verkürzen lassen möchte. Sie schlurft am Tisch vorbei auf den Flur, die Geschwister zwinkern sich zu, lauschen, wie draußen die Kette entfernt, die Wohnungstür geöffnet wird. Man hört explosionsartige Glückwünsche zum fünfundsechzigsten Geburtstag, dann den sanften Überredungsversuch der Mutter, hereinzukommen, ein Stück Kuchen zu essen, schließlich eine vergnügte Weigerung: Später vielleicht, Frau Krogmann, wenn Sie Ihren Besuch überstanden haben. Die Mutter kehrt mit einem Blumenstrauß zurück, und Karen glaubt eine verborgene Enttäuschung herauszuhören, als ihre Mutter sagt: Nur eine Nachbarin, Frau Unertl – sie ist Empfangsdame, wenn ihr euch darunter etwas vorstellen könnt.

Karen stellt die Blumen in einen Plastikeimer, steckt die Glückwunschkarte zwischen die Blüten, während Hebbi sich eine Zigarette ansteckt und genüßlich am Büfett entlangstreift, das beladen ist mit Mörsern, Photographien, staubfangenden Immortellen, einer massiven Modell-Lokomotive auf Marmorplatte, ferner mit Brieföffnern, Handspiegeln und einer nie benutzten silberbeschlagenen Bürste. Er schiebt die Immortellen zur Seite, angelt sich die größte Photographie, die in einem muschelbesetzten Rahmen steckt, betrachtet sie eine Weile mit wohlwollender Skepsis: diesen kleinen agilen Mann mit dunklen, träumerischen Augen, der sich die Uniformmütze der Bahnbediensteten so keß in die Stirn gezogen hat.

Da haben wir ja unser kleines Genie, sagt Hebbi, schade, daß er dies alles nicht miterleben kann. Sprich nicht so, sagt die alte Frau, sprich nicht so von deinem Vater. War er denn kein Genie, fragt Hebbi mit vorgegebenem Erstaunen, und Karen darauf: Stell ihn weg, und hör endlich auf, dich an ihm zu reiben. Nach elf Jahren solltest du ihn in Frieden lassen. Ich hab doch wohl das Recht, ihn auch nach elf Jahren noch zu bewundern, sagt Hebbi, für mich war er wirklich das Familiengenie – schließlich hat keiner so viele Ideen gehabt wie er, steile Ideen. Du könntest sein Andenken ruhig in Ehren halten, sagt Karen, und Hebbi darauf: Tue ich das etwa nicht? Indem ich sein Genie erwähne, ehre ich sein Andenken. Und auf das Bild hinabsprechend: Du warst in Ordnung, Paulchen Krogmann, du hast kühner geträumt als die meisten, du hast nur vergessen, deine Kühnheit finanziell abzusichern. Was verstehst du vom Leben, sagt die Mutter und macht sich sanft über ihr Stück Kuchen her. Eben, sagt Hebbi, ich brauche mich nur mit ihm zu vergleichen, dann weiß ich, was mir fehlt. Wie meinst du das, fragt seine Schwester. Na, denk mal allein an seine Gründungen… an den Mut, den er, ein kleiner Lokomotivführer, zur Firmengründung hatte! Zuerst die Firma, die schnellwachsende Bäume pflanzte; für zwei Mark war man Mitglied und Eigentümer eines Baums… Oder denk an seine Wegwerf-Hemden: einmal getragen – Papierkorb… Oder an seine Tinkturen gegen körperliche Mißbildungen… Na, und seine Fabrik, in der kleine Magnete gegen Schlaflosigkeit hergestellt wurden: das soll ihm erst mal einer nachmachen. Hör auf, so zu reden, sagt Karen, Papa hat für alles bezahlt. Sicher, sagt Hebbi, mit Mamas Ersparnissen hat er alles bezahlt. So meine ich das nicht, sagt Karen, ich denke an das Unglück, bei dem er ums Leben kam.

Hebbi stellt das Bild zurück, legt den Kopf schräg und erwidert das kesse Lächeln des Lokomotivführers. Er sagt leise: Es ist nie geklärt worden, wie ein Mann von seinen Erfahrungen das Signal überfahren konnte… seine Lokomotive, sie war die erste und einzige, die die Böschung heruntergestürzt ist und in den Fluß… Wenn du nicht aufhörst, sagt Karen, du wirst noch den ganzen Geburtstag eintrüben. Die Mutter winkt ab: was versteht er schon vom Leben? Und dann bittet sie Karen, die Likörgläser zu füllen, und bevor sie trinken, wendet sie sich noch einmal an Hebbi: Hoffentlich gelingt dir, was ihm gelungen ist… hoffentlich wirst du auch mal deiner Frau zu einer so guten Witwen-Pension verhelfen… daß ich nicht klagen kann, verdanke ich ihm. Und sie nickt bestätigend, niemand wird diesen Glauben erschüttern können, niemand sie davon abbringen, in der Versorgung über den Tod hinaus das entscheidende Werk ihres Mannes zu sehen, mit dem er alles gutgemacht hat.

Die Geschwister tragen das Geschirr in die Küche, stellen es in den Handstein, stellen fest, daß sie gehen müssen, und beschließen, ein Stück gemeinsam zu gehen. Aber zart, sagt Karen, du mußt es ihr zart beibringen, daß wir nicht zum Abendbrot bleiben können. Die Mutter sitzt gesammelt da, unerschütterlich, in einer Art Trägheit, die von keiner Nachricht durchdrungen werden kann, und als Hebbi sagt: Mami, wir müssen jetzt wohl gehen, Karen und ich, reicht sie ihnen sogleich die Hand, nicht bedauernd, eher erleichtert. Die Geschwister tätscheln sie zum Abschied wie ein trauliches Monument, streifen einen Kuß an ihr ab, winken noch einmal zu ihr zurück. Beim Zufallen der Tür blickt die Mutter schnell zur Büfett-Uhr.

Während die Geschwister die Treppe des Mietshauses hinabsteigen, schildert Hebbi seine Erfahrungen im Berufsleben… Du glaubst es nicht, Karen, aber es ist so… irgend etwas an mir… also was ich auch tue, nach kurzer Zeit kommen die Chefs zu mir und bieten mir gehobene Positionen an… mehr Geld… mehr Verantwortung… bei den Fensterputzern, da wollten sie mich schon nach zwei Wochen zum Kolonnenführer machen… in der Umzugsfirma: ich war kaum da – schon boten sie mir die Abteilung Packmaterial an… und jetzt wieder… jetzt soll ich die Aufsicht über alle Boten im Funkhaus übernehmen… Und, fragt Karen, wirst du's machen? – Ich? Hältst du deinen Bruder für behämmert? Nur eine einzige Sprosse auf der Karriere-Leiter, und schon ist die Gemütlichkeit futsch. Und der Friede. Und die Unschuld.

Im Parterre, vor dem Niedergang zum Keller, steht eine Kinderkarre. Hebbi setzt einen Fuß hinein und hält sich dabei an der Schulter seiner Schwester fest. Am liebsten, Karen, sagt er, möchte ich mich von dir schieben lassen; zeitlebens. So wie damals.

Sie treten auf die Straße hinaus, blicken zur Verkehrsinsel vor dem kleinen Bahnhof, nehmen sich bei der Hand und springen über die Schienen der Straßenbahn. Im Windschutz des gläsernen Wartehäuschens zünden sie sich Zigaretten an. Aufblickend streift Hebbi die Rampe der Güterverladung, die beladenen Karren und Schubkarren, streift die Telephonzelle, und plötzlich spürt Karen, wie ihr Bruder in der Bewegung innehält, regungslos und leicht geduckt dasteht.

Was ist, Hebbi? Was fehlt dir? Da, sagt er zögernd, an der Telephonzelle. Der Mann? Der Mann, der dem Kind die Blumen gibt: es ist Vater. Das glaubst du doch selbst nicht! Er ist es, Karen… der Mann, der sich zu dem Kind beugt… der ihm jetzt Geld gibt. Aber Vater ist tot, sagt Karen. Siehst du, wohin das Kind die Blumen bringt, fragt Hebbi – sie sind für Mutter bestimmt.

Unter den Ermahnungen des Mannes nickt das Kind und hüpft fort über die Straße und über die Schienen, bleibt einmal stehen und blickt auf die Münze in seiner Hand, bevor es die Blumen in das Haus trägt, das sie gerade verlassen haben. Es ist Vater, Karen, unbedingt, es kann nur er sein. Du hast Erscheinungen, Hebbi. Dann komm, komm und überzeug dich.

Eine Hand am Gürtel ihres Trenchcoats, zieht er sie mit sich hinüber zur Laderampe, an der ein kleinwüchsiger Mann mit schnellen Schritten vorbeistrebt, durch eine Passage auf einen überdachten Vorplatz, von dem es zu den Bahnsteigen geht. Die dunkle Schirmmütze, wie Bahnbedienstete sie tragen oder Leute aus dem Hafen, bewegt sich im Rhythmus der Schritte vor ihnen her, an der Würstchenbude vorbei, am Zeitungsstand, zum Bahnsteig der Stadtbahn. Schnell, mahnt Hebbi, wir dürfen ihn nicht verlieren. Sie laufen, sie erreichen die Bahn, in die der kleine Mann eingestiegen ist, auf jeder Station steigen sie aus und versichern sich, ob er noch im Nebenabteil sitzt, das genügt ihnen, denn bevor sie ihn ansprechen, wollen sie mehr über ihn erfahren.

Am Hauptbahnhof steigt er aus, bewegt sich auf einmal verhaltener, gemächlicher, schlendert auf einen Blumenkiosk zu, doch nicht, um Blumen zu kaufen, vielmehr stellt er sich schräg vor einen Spiegel und beobachtet die Passanten hinter sich, sie vor allem, die Geschwister, die er zu oft am Abteilfenster hatte vorbeigehen sehen. Seine Wachsamkeit, diese gelassene Vorsicht, erscheint Hebbi als zusätzliche Bestätigung seines Verdachts. Er ist es, flüstert er, das ist Vater, Karen.

Und plötzlich wendet sich der kleine Mann mit energischem, fast fliehendem Schritt zum Ausgang, verschwindet zwischen wartenden Taxis, taucht vor dem erleuchteten Eingang eines Hotels auf und biegt in eine trübe Seitenstraße ab. Jetzt läuft er. Auch die Geschwister laufen, Hebbi voran, und er erkennt, daß der kleine Mann seinerseits die Verfolger erkannt hat. Seine Fluchtbewegungen haben etwas Lächerliches; der lang fallende Mantel hemmt seinen Lauf, die große Schirmmütze scheint unmittelbar auf dem Mantelkragen zu sitzen. Vor einem Reklameschild stoppt er ab, zieht eine Tür auf, ein Lichtkegel fällt auf den Bürgersteig, schon ist es wieder dunkel, und er ist fort.

Die Geschwister kommen näher, treten vor das Schaufenster einer zoologischen Handlung, nur der Verkäufer ist zu sehen, ein feierlich wirkender, schlanker Mann in grauem Kittel. Sie übersehen das Angebot – Zwergkaninchen, Meerschweinchen, die ewig turnenden Wellensittiche –, treten ein, und Hebbi fragt: Hier ist doch eben ein Mann reingekommen? Der Verkäufer beugt sich ihnen erstaunt entgegen, sein Erstaunen enthält einen sachten Vorwurf: Ein Mann? Er habe keinen Mann gesehen, aber er möchte gern wissen, womit er dienen könne.

Karen, leicht beunruhigt, will ihren Bruder aus dem Geschäft ziehen, da hören sie ein Geräusch aus dem Lagerraum, stürzende Pappkartons vermutlich, worauf Hebbi wortlos einen Vorhang zur Seite wirft und seine Schwester hineinzieht in einen schwach erleuchteten Raum. Papageien geben Alarm, Pinseläffchen, im Schlaf gestört, jagen zähnefletschend durch ihren Käfig.

Dort, ruft Hebbi, die Tür zum Hof. Sie durchqueren das

Lager, laufen auf den Hof hinaus, dort schließt sich die Tür eines Hintereingangs, also wird er dorthin geflohen sein. Dicht nebeneinander stehen sie im Hausflur und lauschen mit erhobenen Gesichtern den leiser werdenden Schritten und dem abnehmenden Keuchen; ein fernes Schlüsselgeräusch, eine zufallende Tür, und jetzt steigen sie die Treppen hinauf.

Entweder im dritten oder im vierten Stock, flüstert Hebbi. Sie streift seine Hand von ihrem Ärmel, lehnt sich an die Wand, versucht ihren Atem zu beruhigen, und mit einer gleichzeitigen Geste der Weigerung sagt sie: Schluß jetzt, Hebbi; ich mach' nicht mehr mit. Du leidest an Hirngespinsten.

Aber er ist es, Karen, es ist Vater. Du weißt, daß er tot ist, seit elf Jahren. Seine Leiche – man hat sie nie gefunden nach dem Unglück damals. Aber warum läuft er weg vor uns? Fragen wir ihn, sagt Hebbi bestimmt und zieht sie in den dritten Stock hinauf, wo er den glimmenden Schalter eines Minutenlichts drückt. Er liest die Namensschilder, halblaut, er horcht an den Türen, und dann winkt er seine Schwester heran: Hier, Karen, dieser P. Ballhausen, der könnte es sein; in den anderen Wohnungen sind Kinderstimmen zu hören. Drück mal die Klingel. Drück du, sagt Karen.

Die Klingel scheint sich verklemmt zu haben, das Schrillen dauert und dauert, erst ein neuer Druck unterbricht es. Beim Geräusch der sich nähernden Schritte schiebt sich Karen unwillkürlich hinter ihren Bruder. Eine Kette wird entfernt, langsam wird die Tür aufgezogen.

Guten Tag, Vater, sagt Hebbi. Der kleine Mann mit den dunklen, träumerischen Augen sieht sie freundlich und verständnislos an. Er steht in offener Jacke vor ihnen, Hausschuhe an den Füßen, in einer Hand eine Brotsäge. Wir sind dir gefolgt, Vater, Karen und ich. Der Mann hebt bekümmert die

Schultern, er sagt lächelnd: Es tut mir leid, aber ich muß Ihnen sagen, es ist ein Mißverständnis. Bitte, mach uns doch nichts vor, Vater, sagt Hebbi, ich habe eben noch dein Photo in der Hand gehabt. Laß uns reinkommen, zumindest. Der Mann schüttelt jetzt in amüsierter Überraschung den Kopf. Was einem so passieren kann, sagt er, und dann: Bitte, von mir aus kommen Sie herein.

Sie betreten die Wohnung, vorbei an einem Stapel leerer Vogelbauer, fabrikneu; auf dem Küchentisch liegt ein angeschnittenes Brot, im sparsam möblierten Wohnzimmer liegen Packen von Tierzeitschriften herum. Wir haben dich entdeckt, Vater, zufällig, als du dem kleinen Mädchen die Blumen für Mutter gabst… wir sind dir gefolgt… warum hörst du nicht auf, Versteck zu spielen? Der kleine Mann bedenkt sich, entschuldigt sich für die Brotsäge in seiner Hand, er sagt lächelnd: Das wäre schon eine Überraschung, auf einmal zwei erwachsene Kinder zu haben, doch ich muß Sie enttäuschen. Mein Name steht auf dem Türschild, mir gehört eine zoologische Handlung, jeder hier kennt mich, seit vielen Jahren. Leider kann ich nicht das Ziel Ihrer Suche sein. Seit wie vielen Jahren wohnen Sie hier, fragt Hebbi, und der Mann, die Achsel zuckend: Zu lange schon.

Die Geschwister tauschen einen Blick, Hebbi erkennt Karens ungeduldige Aufforderung, die Wohnung zu verlassen, sie geht bereits auf den Flur hinaus. Entschuldigen Sie, sagt Hebbi kleinlaut und immer noch nicht überzeugt, vermutlich haben wir Sie verwechselt. Er geht auf den Flur hinaus, der kleine Mann folgt ihnen, begleitet sie zur Tür. Zum Abschied drehen sich die Geschwister gleichzeitig um, etwas zu abrupt, denn Karen stößt gegen den Turm der leeren Vogelbauer, die obersten Käfige stürzen herab, von einem wird sie am Jochbein getroffen. Beide entschuldigen sich, doch der Mann wertet das Mißgeschick ab, ist doch nichts passiert, sagt er, bis er die kleine Blutspur in Karens Gesicht entdeckt. Er besteht darauf, ihr ein Pflaster aufzukleben, ihr es zumindest für alle Fälle mitzugeben, und er geht ihnen voraus in die Küche, wo er aus dem Küchenschrank eine Zigarrenkiste heraushebt, die sein Verbandzeug enthält. Während er für Karen ein Pflaster heraussucht, stellt Hebbi eine gerahmte Photographie auf, die offenbar umgekippt ist. Es ist eine ältere Photographie. Sie zeigt seine Mutter.

Karen, ruft Hebbi, sieh her, sieh dir das an. Karen drückt das Pflaster fest und wendet sich ihrem Bruder zu. Das ist doch Mutter? Ja, sagt Hebbi, das ist ein Bild von Mutter – und zu dem kleinen Mann: Das ist nun kein Mißverständnis, dies Bild – es ist ein Photo unserer Mutter. – Tatsächlich, fragt der Mann, und dann, nach einem Augenblick der Unsicherheit: Es gehört meinem Mitbewohner, er hat das Photo aufgestellt. Wie heißt er, fragt Hebbi, und der Mann, überlegend: Oh, wir haben den gleichen Vornamen, wir heißen beide Paul, sein Nachname ist Zech. Dürfen wir ihn sprechen? Aber sicher, aber gewiß doch, er wird etwa in zwei Stunden zu Hause sein, sagt der Mann.

Karen nimmt die Hand ihres Bruders, sie bittet ihn, mit ihr zu kommen. Sie sind etwas blaß geworden, sagt der Mann zu ihr, aber es ist keine ernsthafte Verletzung. Er bringt sie zur Tür.

Schweigend gehen die Geschwister die Treppe hinab, Karen scheint nicht mehr sicher auf den Füßen zu stehen. Mit einer fließenden Bewegung läßt sie sich auf die unterste Treppe nieder, verbirgt das Gesicht in den Händen, stöhnt. Er war es, sagt Hebbi triumphierend, er ist es: Vater. Na und, fragt das Mädchen verzweifelt, hilft es dir? Hilft es einem von uns?

Ich bin in zwei Stunden dort oben, sagt Hebbi drohend, ich bin nur gespannt, was er sich dann wieder ausgedacht haben wird. Aber ich überführ ihn, verlaß dich drauf: Ich überführ ihn! Wozu denn, mein Gott, wozu denn, fragt Karen, und, die Hände von ihrem Gesicht ziehend: Begreifst du denn nicht, warum er dies alles getan hat? Begreifst du denn nicht, daß dies zu seiner freiwilligen Buße gehört? Was versprichst du dir denn nur? Komm, Karen, Schwesterchen, sagt Hebbi, wir gehen jetzt in die kleine Kellerkneipe nebenan. Dort trinken wir etwas. Und nach zwei Stunden springe ich nur für einen Augenblick hinauf, nur, um eine einzige Frage zu stellen; danach bringe ich dich nach Hause.

Gregor grinste mich an, schüttelte – wenn auch nur in halber Mißbilligung – den Kopf und sagte: Typisch; typisch für dich, mein Alter, bei dir endet alles in der Schwebe, weil du Lösungen als Unhöflichkeit ansiehst. Er trank mir zu, fuhr einmal strahlend durch seinen Bart und blickte zu dem Paar bei den Spielautomaten hinüber, gerade so, als ob er etwas nachmessen oder blickweise erkunden wollte: Geschwister? Glaubst du wirklich, sie sind Geschwister? Wir können sie ja mal fragen, sagte ich, einer von uns, am besten du, Gregor, könnte hingehen und sie fragen. Es ist zu früh, sagte Gregor, vorher muß Kollege Klimke seine Geschichte abliefern.

Klimke bestellte sich noch einen Tee pur mit Zitrone; er vermied es offensichtlich, in die Ecke hinüberzusehen, wo die Frau gerade den Inhalt ihrer Handtasche barg, sorgsam und abwägend, als suchte sie die Herkunft der einzelnen Dinge zu bestimmen, ehe sie sie in die Tasche fallen ließ. Nur die dunkelgraue Schwungfeder behielt sie in der Hand und strich mit ihr über den Rand des Glases.

Gregor sah Klimke ermunternd an: Na? Zu welchem Ergebnis kommen Sie? Aber Sie müssen von demselben Bild ausgehen… Ich weiß nicht, sagte Dieter Klimke, ich weiß nicht, ob es möglich ist, von demselben Bild auszugehen. Sicher, das Bild ist da, es hat seine eigene Trägheit, aber es besteht nicht lange für sich; denn die Einbildungskraft unterschiebt ihm zu schnell eine Bedeutung… Vermutlich nehmen wir mit dem Bild schon seine Bedeutung wahr… eine für uns eigentümliche Bedeutung. Gregor hörte ihm skeptisch zu, unterbrach ihn und sagte: Also mit einer Theorie kommen Sie nicht davon. Sie müssen doch von etwas ausgehen, von einer gesetzten Annahme. Das tue ich auch, sagte Klimke, und an uns vorbeisprechend, den Blick an Wimpel und Pokale gehängt, erklärte er, daß das, was seine Einbildungskraft am meisten erregte, diese Vogelfeder sei, die graue Schwungfeder – ihr wißt schon –, die der Bursche mit dem ganzen Inhalt der Tasche auf den Tisch kippte. Erzählen, sagte Gregor unnachgiebig. Und Dieter Klimke, nach einer unsicheren Bewegung: Genügt das – erzählen? Worauf es ankommt, das ist doch dazuzugewinnen und zu rechtfertigen. Und dann lieferte er uns seine Geschichte, die er ausdrücklich als Versuch bezeichnete.

Da geht Sophia mit schwingenden Schritten über den kleinen Markt, glücklich; Korb und Netz schlenkern zum Beweis der Zufriedenheit in ihren Händen. So geht jemand, der den kleinen, aber erreichbaren Vorteil auf seiner Seite weiß und es ausdrücken möchte durch vergnügte, überflüssige Bewegung. Sie hat den Herbst gekauft, das Gelb und das schon verblassende Grün, das süße Mark im Braun der Birnen, die aromatische Schärfe in erdigen Sellerieknollen, alles vorteilhaft gekauft, um es in die gerade bezogene Apartmentwohnung zu tragen, in den kühnen, aber gemütlichen Wohnturm, den sie den »langen Konrad« nennen. Händler hinter ihren farbigen Ständen und Auslagen grüßen sie mit Freundlichkeit und reiben sich unter fleckigen Schürzen die Hände warm, um sich beim Kleingeld nicht zu verzählen.

Am Ende des Marktes, dort, wo die kurzen Fallwinde die Leinwand der Buden schütteln, winkt ein Händler sie an seinen Stand heran, obwohl er doch erkennen muß, daß sie, fröhlich beladen, schon auf dem Heimweg ist. Ein Mann von unbestimmbarem Alter, in abgetragenem schwarzem Anzug, einen breitkrempigen Hut über dem ausgezehrten Gesicht, hält sie auf und weist mit ausgebreiteten Händen auf sein ungewöhnliches Angebot: Hügel von Kirschen. Sophia, eine leidenschaftliche Marktgängerin, hat ihn nie zuvor hinter einem Stand gesehen, diesen fremdartig wirkenden Mann, der mehrere Ringe an den Fingern trägt, der ihren Blick durch eine einzige Geste hinabzwingt auf die Früchte, die jetzt schon zur Erinnerung an den Sommer gehören. Verwundert starrt sie auf die Schattenmorellen, auf Sauer- und Weichselkirschen, in deren Fleisch noch die Hitze des Sommers klopft, und ohne nach dem Preis zu fragen, ohne sich nach der Herkunft der Kirschen in dieser ungewöhnlichen Zeit zu erkundigen, läßt sie sich vom Händler die Menge auswiegen, die er für angemessen hält, ein rosa Körbchen voll, das ihr die beringten Finger hinüberreichen. Und da, während sie verwirrt bezahlt, stößt der fremde Händler lächelnd den Kiel einer grauen Schwungfeder in die zuoberst liegenden Kirschen ihres Körbchens. Die zarten Häute platzen, Saft quillt am Kiel empor, pulpiges Fruchtfleisch netzt die heilen Kirschen. Sophia läßt die Feder stecken, trägt, nun etwas nachdenklich, die preiswerte Beute in ihren Wohnturm, und in der blanken, geheimnislosen Küche, vor dem Spalier der elektrischen Diener, packt sie pfeifend Netz und Korb aus, probiert andächtig die verschwitzte ungarische Dauerwurst, schmeckt zum zweiten Mal vom erstandenen Käse, und zum Schluß, nachdem sie alles verwahrt hat, reinigt sie eine Handvoll Kirschen und ißt sie in ihrem bequemsten Stuhl. Zwischen Gaumen und Zunge läßt sie die Früchte platzen und sucht den Augenblick belebender Wohltat auszudehnen. In einer Hand hält sie die Feder, dreht sie leicht, streicht über ihre Knie und über die blitzenden Leisten des Küchenschranks, und später, in selbstzufriedener Geschäftigkeit, streift sie unabsichtlich mit der Feder die Küchenwand. Sophia erschrickt; denn die Stelle, die sie so flüchtig und zart berührte, beginnt sich zu beleben, der Stein erweicht, schmilzt sichtbar zusammen zu einer rotbraunen Masse, läuft lautlos in Zungen auseinander wie flüssiges Wachs, und vor ihren Augen tropft der Stein auf den versiegelten Fußboden, nicht heiß, nicht blasenwerfend, sondern in kühlem Zustand. Die Feder gibt nichts preis, solange Sophia sie auch untersucht, doch dann hebt sie das Gesicht, nähert es dem ausgeschmolzenen Loch in der Wand, langsam, in träumerischer Verstörtheit, und jetzt blickt sie in die Küche der Nachbarn, entdeckt das Ehepaar Töpfle, den feinsinnigen Physiklehrer und seine schöne, unwirsche Frau. Herr Töpfle trägt ein blauweißes Turnkostüm, von seinem Hals läuft eine Leine in die mit Leberflecken bedeckten Hände seiner Frau, er scharrt, er prustet und tänzelt vor den künstlichen Hindernissen, die kreisförmig auf dem Boden verteilt sind: Fußbänke, Bücherstapel, Küchenhocker. Die Frau im Morgenrock streichelt ihn nachlässig, knallt mit einer kurzstieligen Peitsche. Herr Töpfle springt an, trabt, nimmt glücklich das erste Hindernis, dann das zweite, er blickt auf seine Frau, er möchte offenbar belobigt werden, doch sie zerrt energisch an der Leine und schärft seine Aufmerksamkeit für das nächste Hindernis. Herr Töpfle verweigert; erst nach einem leichten Schlag über die Waden setzt der Physiklehrer über den Küchenhocker. Die Zweierkombination allerdings – Bücherstapel, Stuhl – will und will ihm nicht schmecken, immer wieder bricht er aus, schnaubt, nimmt neuen Anlauf, die Peitsche treibt ihn schließlich zum Sprung, er stürzt, er verliert seine nickelgefaßte Brille, und die Frau gibt in schmerzlicher Enttäuschung die Leine frei, läßt die Peitsche auf ihn fallen, tritt an den Tisch und schenkt sich Kaffee ein. Sophia scheint dem Anblick nicht gewachsen zu sein und deckt das Loch zunächst mit der Hand, später mit einem Stück Tapete ab.

Ratlos bereitet sie sich auf den Weg ins Büro vor, arbeitet unkonzentriert vor dem Spiegel an ihrem Gesicht, nimmt die hilfreichen Nasentropfen, packt Tempotaschentücher ein, wirft den Mantel über, und zum Schluß, nach kurzer Erwägung, nimmt sie die Feder in die Hand. Sie fährt zum unterirdischen Parkplatz hinunter, geht zu ihrem kleinen blauen Auto, verzögert plötzlich den Schritt und starrt auf den ungeliebten Grenzstein, nachdenklich, auf den Stein, der ihr noch jedesmal ein Gefühl für Zentimeter abverlangt und sie zu anstrengenden Manövern zwingt; schnell duckt sich Sophia, streicht einmal über den Stein – eher in ungläubiger als berechneter Erwartung – und weicht ängstlich zurück, als auch dieser Stein sich zu regen beginnt, schmilzt, das Laufen bekommt wie ein Käse in der Wärme. Da kann sie doch nur in ihr Auto steigen und im Vertrauen darauf davonflitzen, daß niemand sie beobachtet hat – die Feder übrigens wohlverwahrt in der Handtasche.

In dem von ihr beherrschten Vorzimmer findet sie kein besseres Versteck für die Handtasche als im untersten Fach ihres Spezialschreibtisches, der mehrere Telephone trägt, eine

Sprechanlage, Eingangs- und Ausgangskörbe. Der – wie meistens – gutgelaunte Chef, den still zu bewundern sie sich angewöhnt hat, begrüßt sie mit Handschlag, läßt sich – reichlich aufgeräumt – aus ihrem Urlaub erzählen und eröffnet Sophia, daß er während ihrer Abwesenheit eine neue Kraft eingestellt habe: Fräulein Driessel aus der Personalabteilung, die ab heute auch im Vorzimmer sitzen und arbeiten werde, zu Sophias Entlastung. Und wie auf ein Stichwort erscheint Irmtraud Driessel, selbstbewußt, ein Mädchen, von dem Sophia behaupten möchte, daß es mehr Wasser als üblich zur Morgenwäsche verbraucht; der Chef macht miteinander bekannt. Etwas zaghafter, etwas bescheidener dürfte Fräulein Driessel schon ihren Schreibtisch in Besitz nehmen, schließlich ist sie ja neu hier, hat sich zumindest noch nicht das Recht ersessen, im Drehstuhl probeweise so herumzuwirbeln, daß ihr Haar, der Fliehkraft gehorchend, in die Waagerechte aufweht. Der Chef immerhin scheint an dieser unbekümmerten Erprobung Gefallen zu finden, und Sophia komplizenhaft zuzwinkernd, bestellt er Fräulein Driessel gleich mal zum Diktat, in der ausgesprochenen Hoffnung, daß sie sich bei der Arbeit ebenso »frisch« zeigen werde.

Sophias rechtmäßige Enttäuschung bekommen nun die vielfarbigen Briefe zu spüren, die sie beinahe wütend aufschlitzt, lustlos überfliegt und nach einem geltenden Schema registriert, ehe sie sie knapp aus dem Handgelenk in den Eingangskorb schleudert. Sophia denkt: Es ist immer so. Nach der Rückkehr aus dem Urlaub muß man im Betrieb mit bösen Überraschungen rechnen, und diesen Gedanken begleitet sie mit heftigem Kopfnicken.

Da läßt ein durch die Polstertür gedämpftes Lachen sie hellhörig werden – lacht man so beim Diktat? Sie springt auf, stürzt zur Tür, aber nur, um dem Kunstkalender, den in ihrer Abwesenheit niemand korrigiert hat, 21 Tage abzureißen. Wieder dringt quietschendes, jedenfalls hochangesetztes Gelächter aus dem Chefzimmer, worauf Sophia als langjährige und rechtmäßige Herrscherin des Vorzimmers in souveränem Entschluß ihre Handtasche hervorzieht, der Handtasche die Feder entnimmt und in Höhe des Kunstkalenders, nein, unter dem angehobenen Kunstkalender einen energischen Kreis zieht – münzengroß nur. Die Wand seufzt, der Stein erweicht und tropft lautlos weg, und durch das entstandene Loch wirft Sophia einen Blick in das Chefzimmer, läßt bei langsamer Drehung das Zimmer vorüberwandern bis zur eindrucksvollen, gediegenen Schreibtischecke. Soll das ein Diktat sein? Bei dem, was ihrem Blick zugemutet wird, könnte jeder verstehen, daß sie sich nicht nur enttäuscht, sondern auch mit redlicher Erbitterung vom Guckloch zurückzieht und auf dem kurzen Weg zum Schreibtisch schmerzhaft Abschied nimmt von liebgewordenen Vorstellungen. Das Papier, das sie jetzt in die Schreibmaschine einzieht, kann gar nichts anderes – es muß ihr Gesuch um Versetzung in eine andere Abteilung werden.

Von nun ab wird ihr Verhältnis zur grauen Schwungfeder skeptischer, sie trägt sie oft in der Hand, dreht sie ruckweise zwischen Daumen und Zeigefinger; einmal vergißt Sophia sie in einem Café, kehrt jedoch von weit her zurück, um sie zu holen. Und an einem Wochenende, allein in ihrem kühlen Apartment im Turmhaus, vor dem offenen Fenster, wirft sie die Feder hinaus, sieht sie trudeln und gleiten, bis ein plötzlicher Aufwind sie erfaßt und zu Sophia zurückweht. Sie wirft sich auf die Couch und liest bei ihrer Lieblingsmusik ihr Lieblingsbuch – »Haus aus Hauch« –, die Feder als Lesezeichen benutzend. Sie tut es so lange, bis nebenan der kleine Junge zu jauchzen und zu quietschen beginnt, der Sohn des bedeutenden, allzeit höflich grüßenden Schauspielers Kreuzer. Ein leiser Strich über die Wand, eine bange Bewegung genügen, und durch den entstandenen Schlitz erkennt sie den Jungen, der auf dem Fußboden sitzt, allein, umgeben von seinem Spielzeug, von Kränen, Bulldozern, Lokomotiven und Kanonen. Zuhauf liegen die Puppen seiner apfelbäckigen Schwester, die offenbar ihre Eltern hat begleiten dürfen; er hat die Puppen einfach aufeinandergeworfen, und nun entkleidet er sie jauchzend, blonde und brünette Puppen, stellt sie nackt auf den Boden und zieht genüßlich die Uhrwerke von Bulldozern und Panzern auf. Er klatscht in die Hände, wenn ein Panzer oder ein Schneepflug eine Puppe rammt, niederzwingt, überfährt; er trommelt vor Freude auf den Boden, wenn die Lokomotive einen kleinen Puppenkörper auf den Schienen vor sich herschiebt. Quietschend schraubt er sodann einzelnen Puppen die Glieder ab, verlädt sie mit seinem Kran auf einen Lastwagen und kippt sie sozusagen an der Böschung des Bahndamms aus. Zwei große grinsende Stoffpuppen exekutiert er mit der Erbsenkanone. Sophia fragt sich erschrocken, was die Mutter des Jungen nach ihrer Rückkehr sagen wird, Frau Kreuzer, die sie schon zweimal zur Besichtigung ihrer Steinsammlung eingeladen hat.

Hastig verstopft Sophia den Schlitz mit Watte, läuft auf der Suche nach einem angemessenen Entschluß durch ihre Wohnung, wirft auf einmal den Mantel über und fährt zum Parkplatz hinunter. Mit hallenden Schritten geht sie zu ihrem Auto, immer wieder ausgewischt von den Schatten der roten Zementpfeiler und zum Vorschein gebracht durch das indirekte Licht, und plötzlich, als sie über den zerschmolzenen

Grenzstein tritt, versperrt Siebeck ihr den Weg, der die Aufsicht über die Garage hat.

Er hält ihr grinsend die offene Hand hin; stumm fordernd, darin sicher, daß sie weiß, was er meint. Dennoch versteht sie seine Geste nicht, und er muß ihr beibringen, daß er ihr Mitwisser ist, daß er vorübergehend die Feder braucht, nur mal für ein Wochenende, für ein spezielles Unternehmen; um seiner Forderung Nachdruck zu verleihen, deutet er auf die zerflossenen Reste des Grenzsteins. Sophia zögert, denkt an Flucht. Da reißt er ihr die Feder aus der Hand und stürzt triumphierend zu einer hüfthohen Betonwand, will gleich ausprobieren, was die Feder am Stein leistet, wie sie die Härte besiegt. Er streicht über eine Ecke, er reibt und kitzelt den Beton, doch nichts regt sich, nichts zerfällt – worauf Siebeck, nach einiger Unschlüssigkeit, die Feder in Sophias Hand zwingt und ihre Hand zart über den Beton führt. Und jetzt beginnt es zu sacken, zu schmelzen, die berührte Ecke erweicht und fließt in zähen Tropfen ab. Siebeck steht da und sieht aus wie einer, der einmal gefaßte Gedanken von neuem bebrüten muß, und dann nickt er, einverstanden mit sich selbst, da er anscheinend eine Lösung gefunden hat – die einzige, die übriggeblieben ist: Sophia wird ihn begleiten müssen, da die Feder offenbar nur in ihrer Hand das Erwünschte leistet.

Er zwingt sie, in seinen Wagen einzusteigen, freundlich, mit entschlossener Sanftmut, und dann fahren sie hinaus an den Strom zu dem weißen, schwimmenden Restaurant. Über eine federnde Brücke gehen sie an Bord, wo Siebeck respektvoll von einigen Kellnern begrüßt wird und vertraulich vom Wirt, der es sich nicht nehmen läßt, sie persönlich zu einem Tisch am Fenster zu führen, und ihnen auf Kosten des Hauses einen Willkommenstrunk servieren läßt. Als Siebeck sich in unerwarteter Förmlichkeit entschuldigt, winkt Sophia beruhigend ab: es sei doch ganz gemütlich hier, und außerdem gebe es hier wohl garantiert frische Seezungen.

Da der Wirt selbst sich um das Wohlergehen besorgt zeigt, glaubt Siebeck ihr erklären zu müssen, woher die Achtsamkeit rührt, und er stellt sich und den Wirt als ehemalige Soziologiestudenten vor, die schon auf der Universität zueinanderfanden. Und nicht nur dies: in langen Gesprächen entdeckten sie ihre gemeinsame Verachtung für die repressive Leistungsgesellschaft. Gleichzeitig warfen sie das akademische Handtuch und entschieden sich dafür, etwas gesellschaftlich Relevantes zu tun – nämlich in diesem schwimmenden Restaurant beziehungsweise in der Garage.

Bei der zweiten Flasche Wein – feine Spätlese, Kröver Steffensberg – erläutert Siebeck Sophia die vielfältige Bedeutung ihres Vornamens, und wenn ihr auch das meiste bekannt ist, hört sie die Erläuterungen gern und ist einfach angetan von der Art, wie er ihren Vornamen ausspricht. Beim Tanz auf der winzigen Tanzfläche spürt sie die leichten dünenden Bewegungen des schwimmenden Restaurants; ihr gefällt es, wie beherrscht Siebeck sich ihrem Rhythmus anpaßt, sobald sie einmal gestolpert ist. Sie ist einverstanden damit, daß er sie an der Hand zum Tisch zurückführt, und empfindet es als ausgesprochen nett, daß er ihr Lieblingsdessert zum zweiten Mal bestellt: Vanille-Eis mit Rum und Kirschen.

Ein einziges Mal nur erwähnt er die Feder beiläufig, entwertend, es sei doch wohl alles eine Sinnestäuschung gewesen, sagt er und tut sehr erstaunt, als Sophia ihm widerspricht und behauptet, daß die Feder tatsächlich jeden Stein zur Nachgiebigkeit zwingt. Er schüttelt ungläubig den Kopf. Er möchte wissen, wie oft man ihr schon gesagt habe, daß sie beim Lächeln die

Nase kraus zieht. Und ebenso möchte er wissen, ob sie weiß, daß ihre Augen von verschiedener Farbe sind. Und schließlich ihr Gang: ob ihr bewußt sei, daß sie sich im Windsor-Gang fortbewege, also über den großen Onkel. Über ihren Gang, sagt sie amüsiert, habe ihr noch niemand etwas so Genaues gesagt, vermutlich, weil bisher noch niemand sie so genau ins Auge gefaßt habe.

Leider muß Sophia nun mehrmals niesen – das kommt gewiß vom offenen Fenster und von der Nähe des Stroms –, und da sie nur ein Taschentuch bei sich hat, geht Siebeck zum Wirt, um ein Päckchen Tempotaschentücher zu besorgen. Während beide Herren sich in den engen Direktionsraum zurückziehen, kramt Sophia in ihrer Handtasche, findet offenbar nicht, was sie sucht, packt alles wieder ein, zuletzt die Feder – nein, sie korrigiert ihren Entschluß und nimmt die Feder zwischen die Finger. Sie überlegt sichtbar. Und dann spießt sie mit dem Federkiel eine der Maraschino-Kirschen auf, zwängt beides, Kirsche und Feder, in eine leere Weinflasche, hält die Flasche lächelnd aus dem Fenster und läßt sie in den Strom fallen, unbemerkt.

Der Wirt bringt die Tempotaschentücher persönlich; fürsorglich schließt er das Fenster, von Siebeck unterstützt, und danach verharrt er in Gehemmtheit, nicht lange allerdings: er fragt, ob es tatsächlich zutreffe, was Herr Siebeck ihm gerade erzählt habe, ob es tatsächlich diese wunderbare Feder gebe, unter deren Berührung jeder Stein wegschmelze. Ob er sie einmal sehen dürfe? Sophia lächelt; sie lächelt triumphierend, und mit einer Erleichterung, die sie selbst am besten begründen könnte, stellt sie fest, daß sie sich von dem »verruchten Ding« gerade befreit habe. Gewaltsam. Flupp und weg. Sie erwartet, daß ihr Lächeln von Siebeck erwidert wird, doch zu ihrem Erstaunen reißt der in empörter Eile das Fenster wieder auf, blickt den Strom hinunter, zischelt dem Wirt etwas zu und stürzt hinaus – noch im Abdrehen mustert er Sophia mit wütendem Vorwurf. Der Wirt ruft einigen Kellnern etwas zu, worauf diese hinter Siebeck herlaufen.

Sophia kann nichts anders, sie muß annehmen, daß der heitere Abend beendet ist. Sie hat jetzt keine Lust, ihr Lieblings-Dessert aufzuessen. Da man sie so eilig verlassen hat, verläßt auch sie mit blickloser Eile das Restaurant, strebt dem engen Niedergang zu, stößt sich empfindlich; doch sie beißt die Zähne zusammen und steigt hinauf zur Garderobe. Die alte Garderobiere, die ihr den Mantel reicht, hat nicht nur Nähzeug, sie hat auch Pflaster bereit, und mit klammen Fingern klebt sie Sophia ein Pflaster aufs Jochbein. Auf der federnden Brücke bleibt Sophia stehen und sieht auf den Strom hinab: dort laufen sie am Ufer entlang, rufen, scheinen die treibende Flasche entdeckt zu haben.

Nach kurzer Unschlüssigkeit überquert Sophia die Straße und schlendert, immer zögernder, an Schaufenstern vorbei, an einem naßglänzenden Denkmal. Sie hebt ihr Gesicht in den Regen auf. Sie bleibt stehen. Sie muß sich an einem Scherengitter anlehnen. Ist Ihnen schlecht, fragt eine vorübergehende Frau, und Sophia winkt ab: Es geht schon, danke, es geht schon wieder. Und dann hört sie die Laufschritte aus dem Schatten, und sie strebt eilig in Richtung zum Hauptbahnhof. Sie flieht vor den Schritten, ohne auf die Straße zu achten. Sie hört ihren Namen, dringlich, einmal und noch einmal, und jetzt bleibt sie erschöpft stehen und läßt Siebeck herankommen. Er hält die Feder in der Hand; und ohne Sophia um Erlaubnis zu bitten, legt er die Feder in ihre Handtasche, hakt sie ein und zieht sie mit sich. Natürlich hat er ihr sowohl etwas zu erklären als auch vorzuschlagen. In zwei Stunden etwa, wenn der größte Betrieb abgeflaut sei, erwarte sie sein Freund, der Wirt des schwimmenden Restaurants. Zuvor aber – er deutete auf die Kellerkneipe – könnte man hier miteinander sprechen, im »Letzten Anker«.

Und nun haben sie miteinander gesprochen, und es gilt lediglich Zeit zu überbrücken bis zur vereinbarten Verabredung. Sophia hat den Vorschlag gehört, einen allzu naheliegenden Vorschlag, und sie hat erkannt, was der Besitz der Feder bedeutet. Sie wird sie endgültig vernichten müssen. Ein Streichholz genügt.

Dieter Klimke schwieg, und Gregor und ich blickten zu den Spielautomaten hinüber: die Frau zündete gerade ein Streichholz an, tauchte die Federspitze in die Flamme, und das leichte Graue krümmte sich in einer Stichflamme und verkohlte unter kurzem Prasseln; den Rest der Feder warf sie in den Aschenbecher. Wollte sie gehen? Sie machte einen Versuch, sich zu erheben, alle Glieder für diese einzige Handlung zu mobilisieren, doch es glückte nicht nach Wunsch, und offenbar um sich für die Enttäuschung zu entschädigen, bestellte sie sich noch einen Doppelstöckigen und schickte eine geringschätzige Handbewegung hinterher. Auch Gregor bestellte uns einen Doppelstöckigen und für Klimke einen heißen Tee mit Zitrone.

Die Bestellung bestand nur aus einem kurzen Zuruf, denn Gregor kam und kam nicht von dem ungleichen Paar aus der Ecke los – vermutlich erwog er da Beziehungen, überprüfte mögliche Konflikte, suchte wohl überhaupt nach Bestätigungen für Klimkes Erzählung, und plötzlich entschied er: Nichts, ich sehe nichts, was Ihre phantastische Auslegung rechtfertigt. Jedenfalls, die Schmerzlichkeit der Frau rührt nicht daher, daß sie zuviel erfahren hat. Jetzt bist du wieder auf deinem alten Trampelpfad, sagte ich. Weil dir das Phantastische nicht liegt, hat es für dich keine Beweiskraft. Gregor blickte ärgerlich vor sich hin, warf eine Kippe in den Aschenbecher, daß es stäubte. Gut, sagte er und wandte sich an Klimke, dann erklären Sie mir mal, was Sie mit dieser Geschichte meinten, kurz, in einem Satz, den ich auch auf meine Erfahrungen anwenden kann. Auf die Erfahrung der Schwerkraft, fügte ich hinzu.

Klimke hob bedauernd die Schultern, er schien sich zu entschuldigen für die Ratlosigkeit, die er bei Gregor hervorgerufen hatte, und in redlicher Verlegenheit sagte er: Ich bin überzeugt davon, daß man die Realität nur aufdecken kann mit Hilfe des Phantastischen. Und was ich mit meiner Geschichte beweisen wollte… nur dies: wir brauchen Mauern, jeder von uns. Aber das alles, sagte Gregor, kann doch nur einen Wert haben, wenn es für meine lausige Realität gilt. Ich gehe ja davon aus, sagte Klimke, daß die Realität nicht gründlicher identifiziert werden kann als durch eine Beweisführung im Phantastischen.

Aber wir haben nichts gewonnen, sagte Gregor, und mit einem Blick zu den Spielautomaten: Was wir vorgelegt haben – drei Entwürfe; was wir gewonnen haben – drei Wahrheiten, die zu nichts verpflichten. Wir können hier sitzen und erzählen, solange wir wollen: dies Paar da drüben wird seine eigene Geschichte behalten, und dieser werden wir uns nie nähern, auch mit geduldiger Erfindung nicht.

Darauf kommt es ja nicht an, sagte Klimke, was wir versuchen – mit Hilfe der Phantasie die begrenzten Muster zu finden, in denen sich Wirklichkeit erschöpft. Erfahrungssätze, die für uns alle verbindlich sind.

Aber das, sagte Gregor, kann man doch erst feststellen, wenn man die andere Seite gehört hat. Ich meine: Erfindung muß in jedem Fall durch Realität beglaubigt werden. Was wir jetzt einfach brauchen, ist die wirkliche Geschichte dieser beiden, denn sie ist ja bisher nicht erzählt.

Klimke lächelte, und dann rieb er sich die Hände und sagte: Ich wette, daß etwas aus unseren Geschichten auch auf die beiden zutrifft – eine Stimmung, eine Hoffnung oder eine Erfahrung.

Los, mein Alter, sagte Gregor zu mir, geh rüber und nimm ihnen die Beichte ab. Klopf mal auf den Busch. Das müssen wir wohl schon gemeinsam tun, sagte ich. Nein, sagte Klimke, zu dritt, das wirkt einschüchternd, eine Bedrohung. Sie sollten es wirklich allein versuchen.

Sie blickten mich aufmunternd und dringlich an, so lange, bis mir nichts anderes übrigblieb, als aufzustehen und hinüberzugehen zu dem Burschen, von dem ich bereits ein dreifaches Bild hatte. Er warf eine Münze in den Automaten, gewann, ich gratulierte ihm. Danke, sagte er, das macht den Kohl nicht fett, insgesamt hab ich verloren. Vermutlich nahm er an, daß ich mitspielen wollte, denn mit einer kurzen, einladenden Handbewegung überließ er mir den Rotamint-Automaten. Während ich nach einem Einstieg suchte, kam er mir mit einer Frage zuvor; leise, zu unserem Tisch hinnickend, wollte er wissen, ob das Schwergewicht mit dem Nikolausbart zufällig Gregor Bromm sei, der Schriftsteller. Ja, sagte ich, das ist er, und der Bursche darauf: Bromm ist mein Mann, der hat wirklich was los, und sein Roman »Haut auf dem Markt« hat mir sehr gefallen. Ich nickte, druckste, wollte ansetzen und wagte es nicht; doch immerhin fragte ich ihn, ob der »Letzte Anker« seine Stammkneipe sei. Der Bursche schüttelte den Kopf. Stammkneipe? Er sei zufällig hier hereingeschneit. Allein, fragte ich und er darauf: Allein, natürlich. Aber die Dame, sagte ich; doch ich vollendete nicht den Satz vor seinem verengten mißtrauischen Blick. Die Dame, sagte er langsam, ich habe sie hier kennengelernt, dagegen haben Sie doch nichts, oder? Was wollen Sie eigentlich von uns?

Ich entschuldigte mich, ging wohl etwas zu schnell an unseren Tisch zurück, kippte Gregors Glas und sagte in ihr aufforderndes Schweigen: Sie haben sich gerade kennengelernt, hier. Einen Augenblick sahen sie mich verblüfft an, und dann sagte Klimke: Na, und? Ich fühle mich keineswegs widerlegt. In der Möglichkeit haben wir recht behalten, und darauf kommt es ja wohl an – für uns.

1974

Das Gelächter des Kukkaburra

Mit welchen Kenntnissen sollte ich mich ausrüsten? Mit welchem Wissen kostümieren? Sollte ich, da die Einladung nach Australien feststand, die sympathisch knappe Geschichte des Kontinents studieren oder seine strategische Lage? Sollte ich einen ethnologischen oder einen soziologischen Geschwindkursus durchlaufen? Was würde mir dort unten am ehesten helfen? Politische Kenntnisse? Literarische? Mineralogische? Ich war eingeladen, an sieben australischen Universitäten zu lesen, und ich mußte mich doch vorbereiten, wappnen, einstimmen, ich konnte doch nicht unpräpariert, und das heißt: schutzlos, einen Kontinent betreten, wo sich jeder seinen Bumerang selbst schnitzen darf. Welches Wissen also kann einen dort schützen, fragte ich mich, welche Kenntnisse können dir helfen, dich dort unten heimisch zu fühlen.

Kaum so gefragt, drängte sich auch schon die Gegenfrage auf: Soll man sich durch Kenntnisse schützen, soll man sich heimisch fühlen in einem fremden Land, da Fremdheit doch eine spezielle Bedingung des Erlebens ist? Und ist es nicht überhaupt ratsamer, ohne wohlfeiles Vorwissen zu reisen, nur mit der Bereitschaft, sich entgeistern oder befremden, überwältigen oder verstören, in jedem Fall: sich original beschreiben zu lassen? Auf jedes Risiko? Und kommt es nicht zunächst darauf an, daß man selbst etwas investieren muß – in eine Begegnung, eine Landschaft, ein Erlebnis –, damit ein Eindruck oder ein Abdruck entsteht? Tabula rasa: ist das nicht die ideale Ausgangslage für jede Reise? Wie also?

Ich entschied mich dafür, unbelastet zu reisen, ohne taktisches Wissensgepäck, dennoch konnte ich es nicht verhindern, daß mir zum Schluß, beinah widerwillig, eine spezielle Kenntnis zugetragen wurde; die betraf einen australischen Vogel und beherrschte mich mit seltsamer Hartnäckigkeit.

Im letzten Augenblick, wie gesagt, gegen meinen Willen, hatte man mir doch noch ein Wissen zugespielt; mein Grundsatz, unbelastet zu reisen, war nicht mehr makellos – auch wenn die Geschichte des australischen Vogels, die man mir kurz vor der Reise erzählt hatte, so unscheinbar anmutete. Dieser Vogel, so erfuhr ich – er heißt Kukkaburra –, ist ein erklärter Freund des Menschen; er bietet sich, wenn man einen Garten anlegt, als Wächter des Gartens an, um ihn von Schlangen und Ungeziefer freizuhalten, außerdem kann dieser Vogel lachen, und zwar so verblüffend menschlich lachen, daß man entweder erschrickt oder in das Gelächter einstimmt.

Das also erfuhr ich, und welche Zwänge bereits von einem so beiläufigen Wissen ausgehen können, erlebte ich auf der Reise: bei allen Versuchen, dem fremden Kontinent entgegenzudenken, drängte sich immer dieser Vogel vor, dieser Kukkaburra. Ich konnte ihn nicht aus meiner Vorstellung verbannen; er ließ sich einfach nicht verdrängen, ausklammern, abschießen: er flatterte durch meine ungeduldigen Erwartungen, stieß sein Gelächter aus und bot mir lachend seine Freundschaft an.

Ein Bild des Vogels hatte ich noch nicht gesehen, ich wußte lediglich, daß er so groß wird wie eine Krähe und daß sein Schnabel, was die Härte angeht, mit einer Heckenschere aus Solingen verglichen werden kann. Und ich wußte, daß ich ihn würde suchen müssen; je näher ich dem australischen Kontinent kam, desto dringender wurde mein Interesse für den lachenden Schlangentöter, den gutgelaunten Menschenfreund. Vorauseilend versuchte ich mir die erste Begegnung vorzustellen: stummes, gegenseitiges Beäugen, kurze Demonstration der Wächterfähigkeit, schließlich gegenseitige Sympathieerklärung durch Gelächter, der Vogel beschäftigte mich, und es gab Augenblicke träumerischer Erschöpfung, in denen ich glaubte, nur wegen des Kukkaburra nach Australien zu fahren.

Natürlich fiel ich nicht mit der Tür ins Haus, unterdrückte vielmehr meine, sagen wir: brennende Neugierde auf den Vogel. Da Perth die erste Station meiner Reise war, ließ ich mich willig in die Schönheiten der Landschaft einweisen und mit anderen Nebensächlichkeiten Westaustraliens bekannt machen. Aber was besagte schon die lindfarbene Gartenstadt, deren leichte und fröhliche Häuser sich um eine Postkartenbucht versammelt hatten? Ich dachte an den Kukkaburra. Wie das Erzählen zu den Pflichten des Gastes gehört, so gehört das Zuhören zu seinen Tugenden, und ich hörte zu – freilich mit leichtem Flügelrauschen im Ohr. Und ich erfuhr, daß Australien in dieser Zeit dabei ist, seinen Standort zu bestimmen: Der schutzlose Kontinent hat sich gegen Asien geöffnet, asiatische Studenten beziehen immer häufiger australische Universitäten, asiatische Firmen sind eingeladen, an der Erschließung des Landes mitzuarbeiten. Man blickt nicht mehr gebannt auf London, um Muster und Modelle zu beziehen – das gilt für die Wirtschaft ebenso wie für das Verhalten.

Und ich erfuhr, daß sich die Zahl der Deutschstudierenden an australischen Universitäten in den letzten Jahren verdreifacht hat. Ein Prospektor erzählte mir von der Entdeckung der gigantischen Eisenerzvorkommen. Ich erfuhr von örtlichem Goldrausch, von der grandiosen Einsamkeit des Busches, ich erlebte die außerordentliche Gastfreundschaft eines blauäugigen Orients, und endlich, endlich fragte man mich, was mich an Australien denn ganz besonders, womöglich leidenschaftlich interessiere. Ich nannte den Kukkaburra. Ah, sagte man, der Kukkaburra. Der Vogel, der lachen kann, sagte ich. Und wie der lacht, sagte man und zog mich in den Garten.

Wir lauschten, es war kein Gelächter zu hören, auch nicht aus dem Nachbargarten. Merkwürdig, sagte mein Gastgeber, gewöhnlich sitzen sie hier überall herum und lachen, aber seien Sie unbesorgt: Es gibt sehr viele Kukkaburras in Australien, und Sie werden sein Gelächter schon noch zu hören bekommen.

Ich war unbesorgt, und ich reiste weiter über leeres, totgebranntes Land, über blinkende Salzseen, an Küsten entlang, mit denen sich nur der Ozean unterhielt. Welch eine großartige Verlassenheit, dachte ich, wie viele Möglichkeiten für Sommerhäuser. Mein Nachbar machte mich auf einen Buschbrand aufmerksam: tief unter uns, flach weggerissen, hing eine dünne Rauchbank, ich erkannte die Flammenwalze, bemerkte unter zitterndem Licht die Glut: Buschbrände sind die häufigste Heimsuchung Australiens. Wer nicht fliehen kann, kommt um.

Später sah ich die Spuren des Feuers: geschwärztes Land, versengte Baumstämme, verrußtes Gestein. Wer unweigerlich ein Opfer des Feuers wird, wollte ich wissen und erfuhr, daß es allemal der Koalabär ist. Nachdem ich den Koala lange genug beobachtet hatte, konnte ich es schmerzlich verstehen; denn er ist das Tier, dessen Faulheit so außerordentlich ist, daß sie schon wieder fasziniert. Gegenüber dem Koala ist ein Oblomow ein Arbeitstier. Wie der, in schlafmütziger Anmut an einen Ast geklammert, unerhört verzögert ein Auge öffnet, den Betrachter mit unendlicher Müdigkeit vorzeitlich anblickt und dann das Auge wieder in Zeitlupe schließt! Wie der, mit herausfordernder Langsamkeit, an einem Eukalyptusblatt knabbert! Wie karg und gleichgültig der sich mit seiner faulen Geliebten zur Nacht verabredet! Übrigens erfuhr ich, daß ein Koala, der auf sich hält, grundsätzlich keinen Baum hinabklettert: er öffnet einfach nur die Arme und läßt sich fallen. Mit Hilfe eines angeblich steinharten Hinterns übersteht er jeden Sturz – leider jedoch nicht das Feuer. Da ist der Kukkaburra, den ich in Adelaide fast zu sehen bekam, besser dran.

Mein Gastgeber in Adelaide war Professor der Germanistik. Wir tranken sehr guten australischen Rotwein, der in der Nähe von Adelaide wächst, ebenso wie der Moselle – Weine, die einen Vergleich mit einem europäischen Tropfen durchaus bestehen. Es waren, wie ich erfuhr, nicht zuletzt deutsche Weinbauern, die dem australischen Wein zu seiner Qualität verhalfen.

Jedenfalls sprachen wir bei sehr gutem einheimischen Wein über Literatur und insbesondere über das Recht des Schriftstellers, sich im Ausland kritisch über sein eigenes Land zu äußern. Es war eine uferlose, schließlich unentschiedene Debatte, und nachdem die Gäste gegangen waren, äußerte mein Gastgeber die Besorgnis, daß ich, bei allem literaturpolitischen Bodenturnen, keine Gelegenheit gefunden hätte, meinerseits Fragen zu stellen: vielleicht unaufschiebbare Fragen über Australien. So freimütig gefragt, antwortete ich ebenso freimütig: den Kukkaburra, ich möchte einmal den Kukkaburra lachen hören. Mein Gastgeber war nicht länger als notwendig verblüfft, lächelte, führte mich ins Arbeitszimmer und zeigte auf die hohen Eukalyptusbäume: dort, sagte er, dort sitzen sie zuhauf, morgen früh werden Sie das Gelächter hören; es trifft sich ausgezeichnet, daß Sie im Arbeitszimmer schlafen. Und um das Gelächter sofort zu erkennen, imitierte mein Gastgeber es eindrucksvoll und bat mich, zwei Phasen zu unterscheiden: das Vorgelächter, das nach selbstzufriedenem automatischem Meckern klang, und das Nachgelächter, das mit dem frohen Dröhnen eines Mannes verglichen werden kann, der einen Witz zu spät verstanden hat.

Ich muß zugeben: am sehr frühen Morgen, noch im Halbschlaf, hörte ich das Gelächter. Auf den Bäumen saßen allerdings keine Kukkaburras, und ich muß annehmen, daß niemand anders als mein Wirt dieses Gelächter ausgestoßen hat – in all seiner trostreichen australischen Gastfreundschaft.

Sie ist in der Tat beispiellos, die australische Gastfreundschaft. Bankleute luden mich ein, Tankstellenbesitzer, Kellner und Kellnerinnen, Leser und Nichtleser, Rundfunkleute und Zeitungsleute. Solche Einladungen werden spontan geäußert, nach vier, fünf Sätzen, die man miteinander gewechselt hat; oft wurde ich auch telephonisch von Fremden eingeladen, manchmal lagen schriftliche Einladungen am Empfang im Hotel.

In Canberra, der schönen, abgelegenen, künstlichen Hauptstadt, dachte ich jedenfalls nicht an den Kukkaburra, obwohl er mir auch dort versprochen wurde. Wir fuhren über staubgepudertes Land, das seit fünf Monaten keinen Regen erlebt hatte, an Farmhäusern vorbei, die leer und verlassen schienen, bezwungen von der Hitze. Wie heiter, wie verwöhnt, wie lebensgerecht erschien dagegen Sydney, eine reiche Stadt, eine selbstbewußte Stadt, beschenkt mit einem der schönsten Naturhäfen der Welt und unzähligen geschickten Haifischen, die noch in knietiefem Wasser attackieren. Ich fragte nach dem Hauptverbrechen in dieser Stadt und erfuhr, daß »Trunkenheit am Steuer« das am häufigsten registrierte Delikt sei. Am Selbstmörderfelsen fragte ich nach dem Motiv, das so viele

Menschen hier freiwillig in den Tod getrieben hatte, und erfuhr, daß es Liebeskummer gewesen sei. Ich fragte ein Mädchen, ob es seinen Eindruck von den australischen Männern auf eine Kurzformel bringen könnte, und es sagte mit ökonomischem Sarkasmus: Spielen, Frauen, Rennen. Ob man unter Umständen auch in Sydney einen Kukkaburra sehen könnte? Selbstverständlich.

Wir streiften durch sehr gepflegte Parks, suchten Bäume und Büsche ab, wir forschten an teuren, bewaldeten Hängen, in lautlosen Gärten, schließlich auch in den gastlichen, vergnügten Restaurants am Wasser, wo man alle Spezialitäten des Meeres genießen kann; wir hörten Leute am Nebentisch lachen, wir hörten auch einander lachen, nur das Lachen des Vogels hörten wir nicht.

Gab es überhaupt den Kukkaburra? War er ausgestorben, wie so viele seltsame Gattungen dort unten? War sein Gelächter eine typisch australische Sinnestäuschung?

Mit einem Kellner, der mich eingeladen hatte, zog ich an einem Sonntag in den botanischen Garten von Brisbane, wo er selbst das Lachen des Kukkaburra schätzungsweise wohl viertausendmal gehört haben will. Wir fanden Schwärme von weißen Reihern, die träge Goldfische spießten – mein Vogel war zufällig, zum nicht nur fassungslosen, sondern auch ärgerlichen Erstaunen meines Begleiters, nicht zu entdecken. Sollte ich Australien verlassen, ohne den lachenden Vogel gehört zu haben?

Eine Lehrerin, blond, hochgewachsen, mit denkwürdigem Händedruck und in keinen verliebt, nur in die grandiose Einsamkeit des Busches – diese sehr hilfsbereite Lehrerin machte es schließlich möglich, daß ich ihn leibhaftig sah: den Wunschvogel, den Traumvogel, den Vogel des zweiten Gesichts sozusagen. Wir fuhren mit dem Auto noch höher nach Norden hinauf, an Ananasplantagen vorbei, an lichten Wäldern vorbei, bis wir, in idyllischer Landschaft, einen Zoo entdeckten – den kümmerlichsten Zoo, den ich je sah. Ein kurzer Wolkenbruch ging nieder.

Wir tauschten einen Blick mit einem schwermütigen Känguruh, sahen einen nassen Koala, der im Traum mitleiderregend seufzte, sprachen einem offensichtlich desperaten Ameisenbär Mut zu. Und hier, in diesem Zoo der Traurigkeit, fand ich, hinter Drahtgittern, kuckucksgrau, durchnäßt auf dem Boden hockend, ein Kukkaburra-Pärchen: ein Vogel war einäugig, der andere ließ einen Flügel hängen. Bestürzt sahen wir uns an, es brauchte zwischen uns nichts gesagt zu werden: diese Vögel hatten wirklich nichts zu lachen.

Allerdings, das Gelächter des Kukkaburra habe ich schließlich doch noch mitgebracht: Ein freundlicher Germanist schenkte mir eine Bandaufnahme. Nun fehlt mir nur noch das Bandgerät, um meinen australischen Sehnsuchtsvogel in seiner schönsten Äußerung kennenzulernen.

1968

Ein geretteter Abend

Für Marcel Reich-Ranicki

Reichhaltiger kann das Angebot einer Volkshochschule nicht sein: ob Porzellanmalerei oder Anfangsgründe der tamilischen Sprache, ob Webtechnik oder polynesische Musikinstrumente – in unseren zahlreichen Kursen kann sich der Besucher, übrigens zu durchaus erschwinglichem Preis, vertraut machen mit dem Wissen der Welt, mit den Fertigkeiten und dem Ausdrucksverlangen des Menschen. Jeder bei uns weiß, daß dieses variationsreiche Angebot allein Alexander Blunsch-Hochfels zu verdanken ist, unserem Direktor, der immer wieder Lücken im Programm aufspürt und es sich nicht nehmen läßt, bei der Auswahl der Referenten ein Wörtchen mitzureden. Seine Gelassenheit, sein meditatives Wesen und nicht zuletzt seine gelegentliche Verklärtheit lassen mich bei jeder Begegnung daran denken, daß er sechs Jahre als Mönch gelebt hat.

Immer hätte ich ihn so in Erinnerung behalten, wenn ihm nicht jene Mittwochsveranstaltung eingefallen wäre, bei der vor zahlreichem Publikum von ihm sogenannte »Heilsame Ärgernisse« verhandelt werden sollten. Die erste Veranstaltung trug den Titel »Scharfrichter oder Geburtshelfer? Über das Wesen literarischer Kritik«. Zehn vor acht ließ er mich durch den Hausmeister zu sich rufen, vergaß, mir einen Platz anzubieten, musterte mich mit seltsam unterlaufendem Blick, wobei er, heftig nach Atem ringend, eine Hand beschwichtigend auf seine Herzgegend legte. Schließlich wollte er mit belegter Stimme wissen, ob ich bereits einen Blick in den großen Vortragssaal riskiert hätte, der laufe über, da werde gleich das Chaos ausbrechen, vermutlich habe man schon einige Besucher totgetrampelt. Gerade wollte ich ihn zu dem unerwarteten Interesse beglückwünschen, als er stöhnend feststellte: Wir haben keinen Referenten, Klausnitzer! Wir haben zur Eröffnungsveranstaltung keinen Referenten! Aber Schniedewind, sagte ich, er ist doch unter Vertrag. Schniedewind, sagte er erbittert und richtete seine Augen zur Decke, Schniedewind hat Viertel vor acht eine Nierenkolik bekommen; seine Frau hat das gerade bestellt. Mit einem verstümmelten Fluch sank er in seinen Armstuhl – ihm, der noch nie einen Fluch gebraucht hatte, fiel in besorgniserregender Verzweiflung tatsächlich das Wort Stinktier ein; und als ich die Unvorsichtigkeit beging, ihn zu fragen, was wir denn nun tun sollten, seufzte er: Einen Referenten, Klausnitzer, schaffen Sie einen Referenten her, beweisen Sie, daß Sie ein geborener Volkshochschulmann sind.

Ich stürmte in mein Zimmer, rief bei Häfele an – der redete gerade in Itzehoe; rief Klimke an – der erwartete den Kulturdezernenten; schließlich faßte ich mir ein Herz und fragte bei Seegatz an, der nichts anderes zu tun hatte, als mich höhnisch auf seinen letzten Artikel hinzuweisen, in dem er mit unserem Programm unbarmherzig ins Gericht gegangen war.

Punkt acht trat ich auf den Korridor, ein unheilvolles Brausen drang zu mir herauf, ein Scharren und Poltern und dunkles Wehen, mit dem sich im allgemeinen klassische Sturmfluten ankündigen. Wieviel mühsam gebändigte Erwartung, wieviel Gereiztheit und thematische Hitze fanden da zusammen! An der Tür meines Direktors zu lauschen, bekam ich nicht fertig: zu sehr fürchtete ich mich vor seinem Stöhnen.

Gerade hatte ich beschlossen, in den großen Vortragssaal hinabzugehen und das Auditorium mit unserer exemplarischen Verlegenheit bekannt zu machen, als ein zartes, eisengraues Männchen auf mich zutrat und bescheiden fragte, wo der Vortragsraum B 6 zu finden sei. Ich sah ihn mir an: sein selbstgenügsames Lächeln, sein feines Lippenspiel, das Vergebungsworte zu produzieren schien, das kleine Leuchten in seinen Augen, das eine eigene Leidenschaft bezeugte, und plötzlich erfaßte mich ein waghalsiges Zutrauen. Sind Sie Referent? fragte ich. Meereskundler, sagte er mit leichter Verbeugung und fügte noch etwas hinzu, das ich allerdings nicht mitbekam; denn schon hatte ich ihn eingehakt, schon führte ich ihn die Treppe hinab – mit dem Mut, den man nur einmal geschenkt bekommt.

Da sich in unserem Haus die Referenten selbst vorstellen, bugsierte ich das Männchen zum Pult und überließ es sich selbst. Ein kurzes, freudiges Erschrecken zeigte sich auf seinem Gesicht – vermutlich war er andere Zuhörerzahlen gewohnt –, dann wartete er geduldig, bis es ganz still geworden war, nannte seinen Namen – Elmar Schnoof – und gab das Thema an: »Über Aquariums-Kultur – Ein Streifzug durch ein Seeaquarium«.

Mir stockte der Atem, um es mal so zu sagen, das Auditorium lauschte verblüfft, hier und da meldete sich Ratlosigkeit, aber unüberhörbar waren auch einige Laute glucksender Belustigung und heiterer Zustimmung – anscheinend witterten einige Zuhörer ein parabelhaftes Versteckspiel. Elmar Schnoof breitete die Arme zu segnender Geste aus, und mit einem rhetorischen Feuer, das mich erstaunte, ließ er sich mit allgemeinen Bestimmungen über das Seeaquarium aus. Ein Schöpfungsspiegel sei es, ein mit Hilfe von Erkundung und

Erkenntnis komponiertes – er sagte tatsächlich: komponiertes – Kunstwerk, in dem das Geheimnis der Tiefe ans Licht gebracht, anschaulich und erlebbar wird. Was dem Leben in Zeit und Verborgenheit je einfiel, der unglaubliche Formenreichtum, die mit Zweckmäßigkeit gepaarte Schönheit und nicht zuletzt das Gesetz, unter dem unser Dasein steht: im Seeaquarium biete es sich uns dar, in dieser geglückten, ja gedichteten Nachahmung, die die Forderung nach Wissen und nach Unterhaltung gleichermaßen erfüllt.

Mein Nebenmann, redlich befremdet, stieß mich an und fragte flüsternd, ob er sich hier im großen Vortragssaal befinde, und als ich es ihm nickend bestätigte, warf er sich kopfschüttelnd zurück. Ein bärtiger Kerl, der sich auf der Fensterbank lümmelte und der mir schon mehrmals als Zwischenrufer unangenehm aufgefallen war, ermahnte den Referenten: Zur Sache, worauf der mit entwaffnender Unbeirrbarkeit fortfuhr: Also ist das Seeaquarium ein Anlaß zu gelenktem Entdecken – es ist, ähnlich wie die Literatur, eine Wieder-Erfindung der Welt.

Dankbar für den Vergleich, zu dem er gefunden hatte, entspannte ich mich ein wenig, konnte jedoch nicht verhindern, daß meine Gesichtsnerven zuckten, daß mein linkes Bein ausschlug wie unter elektrischen Schlägen. Ein leichtes Herzrasen aber setzte ein, als das Männchen, selig abschweifend, die niederen Organisationsformen aufzählte und lobte: er erwähnte die Schwämme, pries die Cölenteraten, von denen er die gelbe Koralle und die Seeanemone besonders hervorhob; dann befaßte er sich mit Krebstieren, Stachelhäutern und Würmern, wobei er den Röhrenwurm eigens herausstrich; und schließlich äußerte er sich geradezu schwärmerisch über einige Weichtiere, vor allem Pilgermuschel und Kielschnecke.

Mein Nebenmann stieß mich abermals an, und nicht mehr flüsternd, sondern halblaut fragte er: Spinnt der, oder will er uns verarschen? Ich brauchte ihm nicht zu antworten, denn in diesem Augenblick rechtfertigte der Referent seine Aufzählung: Alles, so bilanzierte er, hat seine Niederung, den blühenden, den nährenden Lebensstoff, das im Schweigen Ruhende; ohne einen Begriff von sich selbst zu haben, liefert es uns dennoch einen Begriff von der Welt.

Während das Männchen sich einen Schluck Wasser genehmigte, verließen zwei Zuhörer den Saal – anscheinend jedoch nicht, weil sie enttäuscht waren, sondern weil sie ihren Hustenreiz nicht loswerden konnten. Das große Auditorium schwankte zwischen Unverständnis und amüsierter Neugier; man hob die Augenbrauen, man grinste, man schüttelte den Kopf und tuschelte angeregt, viele wie angeleimt von Erwartung.

Nun aber zu ihnen, rief das Männchen, zu den formenreichen Wesen, die uns entzücken und erschrecken, die uns die Schönheit vor Augen führen und die Unerbittlichkeit des Daseins, zu ihnen, die den Sinn für Mythos und Symbol wach erhalten: zu den Fischen. Er erinnerte daran, daß Assyrer und Ägypter den Fisch als göttlich verehrten und daß die Priester in Lykien aus dem Erscheinen gewisser Fische weissagten. Er erwähnte auch, daß der große Aristoteles sich in einer Klassifikation versuchte, und danach begann er endlich, sein Seeaquarium zu besetzen. Respektvoll gab er Lurchfisch und Quastenflosser, die den Beweis unseres Herkommens lieferten, den Vorzug, ließ Schmelzschupper auftreten, frühe Knorpel- und Knochenfische, die die Tiefe der Zeit bezeugten. Und schmunzelnd ließ er dann alles durcheinanderschwärmen, was sich einen Namen verdient hatte: den Knurrhahn, den Meeraal und das Petermännchen, den Zitterrochen und sogar den Schleierschwanz. Nicht annäherungsweise läßt sich das farben- und formenreiche Inventar schildern, das er seinem Seeaquarium zudachte.

Sie haben den Hammerhai vergessen, rief plötzlich der ewige Zwischenrufer, worauf der Referent bescheiden sagte: Sie können sich ihn gern hinzudenken, Ihren Hammerhai, der es freilich an Selbstbewußtsein, an Entschiedenheit, an Wachsamkeit und Schwimmkunst bei weitem nicht mit einer Art aufnehmen kann, die das mannigfache Leben im Seeaquarium nicht nur kontrolliert, sondern auch reguliert: ich meine den Großen Zackenbarsch (Serranus gigas), den schon die phönizischen Fischer für bemerkenswert hielten.

Jetzt hielt es meinen Nebenmann nicht mehr, er sprang auf, er wollte tatsächlich wissen, was denn das Bemerkenswerte am Großen Zackenbarsch sei, und das Männchen antwortete bereitwillig; stellte also fest, daß der Große Zackenbarsch sich durch keinen Köder verführen lasse, mithin unbestechlich sei. Obwohl er einen nennenswerten Appetit habe, fuhr er fort, verschlinge er die Beute nicht wahllos, sondern, wie schon die Phönizier beobachtet haben, nach aufschlußreichem Prinzip: als Gegner modischer Extravaganz schnappe er sich vorzugsweise, was blendet, was verschleiert, was garniert und dekoriert und sich arg verstellt, zum Beispiel Papagei- und Trompetenfisch, Schleierschwanz und Kofferfisch. Sein Wirken, sagte der Referent, habe durchaus etwas Richterliches; oder genauer: etwas Anklägerisches. Indem der Große Zackenbarsch nun aber auf seine eigene Art eine Auswahl treffe, begünstige, ja, rechtfertige er andere Erscheinungen des Schöpfungstextes, so zum Beispiel den redlichen Kabeljau, den Laternenfisch und das humorvolle Seepferdchen. Anklage und Verteidigung, so bilanzierte der Referent, sie gehören immer zusammen.

Zugegeben: im ersten Augenblick glaubte ich mich wirklich verhört zu haben, doch was aus einer Ecke zu mir drang, war tatsächlich Beifall; und als das Männchen bemerkte, daß der Große Zackenbarsch gewissermaßen das juristische Prinzip im Seeaquarium darstelle, erntete er zustimmendes Schmunzeln. Die Aufmerksamkeit steigerte sich, als der ewige Zwischenrufer fragte, ob dieser bemerkenswerte Zackenbarsch sich nicht auch mal irren könnte, verhängnisvoll irren könnte.

Das ist wahr, sagte der Referent; trotz aller Erfahrung, trotz enormen Unterscheidungsvermögens irre er sich mitunter, aber noch sein Irrtum – so krähte er – ist insofern bedeutsam, als er auf die exemplarische Funktion einer Erscheinung verweist, die in sich Ankläger und Verteidiger vereinigt. Ja oder nein: wer den Mut zu letzter Klarheit aufbringt, ist irrtumsfähig; nur ein taktisches Sowohl-Als-auch schützt vor Irrtümern.

Für immer rätselhaft wird mir das Verhalten des Auditoriums bleiben: je länger der Referent sprach, desto spürbarer ließen Unduldsamkeit und Gereiztheit nach, ein maulender Zuhörer, dem das Thema verfehlt schien, wurde ausgezischt, und nachdem er und drei, vier weitere Unzufriedene den Saal verlassen hatten, lud das Männchen zu einer Diskussion ein, wie sie erschöpfender und beziehungsreicher nicht gedacht werden kann. Entspannt lauschte ich dem Frage-und-Antwort-Spiel. Da wurde heiter gefragt, ob man dem Zackenbarsch Maßstäbe zugute halten könne, und der Referent sagte: Wohl nur seine eigenen. Ob dieser Richter im Seeaquarium sich auf irgendeinen Auftrag berufen könne, wurde gefragt. Der Referent schüttelte den Kopf. Offenbar waltet er seines Amtes, sagte er, weil er Meinungen hat, weil er also – zum Beispiel – Anspruch und Vermögen des Papageifisches beurteilen kann. Und weiter ging es in sonderbarem Einverständnis; keine Frage brachte den Referenten in Verlegenheit, selbst als einer wissen wollte, ob der Große Zackenbarsch auch eine gesellschaftliche Funktion erfülle, gab er bereitwillig, wenn auch etwas gequält, Antwort.

Plötzlich erschrak ich. Als ich einmal zufällig zur offenen Tür blickte, erkannte ich zwei Sanitäter, die die Treppe hinaufstürmten. Ich wußte sofort, wohin sie wollten. Von Sorge bestimmt, verließ ich den Vortragssaal, angegiftet und von ungnädigen Blicken begeisterter Zuhörer begleitet.

Blunsch-Hochfels, mein Direktor, lag ächzend in seinem Sessel und überließ gerade eine schlappe Hand einem der Sanitäter. Der Hausmeister, der die Sanitäter gerufen hatte, machte mir überflüssigerweise ein Zeichen, leise aufzutreten. Ich übersah sein Zeichen. Ich trat in den Gesichtskreis des Zusammengebrochenen und fragte, was geschehen sei. Mühevoll, wie es seiner Lage entsprach, öffnete mein Direktor die Augen und sagte: Botho von Sippel… abgesagt… seine Schwester hat eben angerufen. Der banalste Grund: Autounfall. Aber er ist doch erst morgen dran, sagte ich. Niemand kann Botho von Sippel ersetzen, sagte mein Direktor, niemand ist so geeignet, über »Geist und Macht« zu sprechen, wie er. Über »Geist und Macht«? fragte ich und gab schon einem Einfall nach. Über »Geist und Macht«, bestätigte mein Direktor. In diesem Augenblick drang aus dem großen Vortragssaal ein Beifall zu uns herauf, wie wir ihn nur sehr selten gehört hatten, frenetisch zunächst und dann rhythmisch. Wem gilt das? fragte Blunsch-Hochfels matt und verwirrt, und ich darauf, spontan: Wem? Dem Großen Zackenbarsch.

1990

Autobiographische Skizze

Ich wurde am 17. März 1926 in Lyck geboren, einer Kleinstadt zwischen zwei Seen, von der die Lycker behaupteten, sie sei die »Perle Masurens«. Die Gesellschaft, die sich an dieser Perle erfreute, bestand aus Arbeitern, Handwerkern, kleinen Geschäftsleuten, Fischern, geschickten Besenbindern und geduldigen Beamten, zu denen auch mein Vater gehörte. Still erfreuen an der matten Schönheit konnte sich allerdings niemand, da die Perle von mehreren Exerzierplätzen eingeschlossen war, auf denen sommers und winters Maschinengewehre hämmerten, Kanonen das Schweigen zerstörten. Sooft ich nach dem bescheidenen Glanz meiner Stadt suche, ziehen Soldaten über die Brücke, schallen Kommandos herüber, sehe ich in Dreck und Schnee leere Patronenhülsen liegen.

Zu meiner Stadt gehört außerdem der Triumph der Jahreszeiten. Die Jahreszeiten wurden von allen anerkannt, bereicherten das unaufhörliche Gespräch über Ernten, Beute, Todesfälle und Geburten. Die Jahreszeiten beeinflußten und terrorisierten uns, sie machten Handlungen und Unterlassungen verständlich: in keiner Erzählung durfte die Jahreszeit unerwähnt bleiben.

Erinnerung galt viel in Masuren, galt jedenfalls mehr als Erwartung, und was das Gedächtnis unserer Greise bewahrte, das waren vor allem Kriege und Schlachten: leichte sommerliche Scharmützel und solide Umfassungsschlachten im Schnee,

Vormärsche und traurige Rückzüge – immer redeten und murmelten sie davon. Auch einige meiner Lehrer sprachen am liebsten über Schlachten, und besonders hartnäckig redeten die Invaliden davon, mein Geschichtslehrer zum Beispiel, der so oft berauscht von Hindenburg sprach, bis er ihm allmählich physiognomisch zu ähneln begann und wir ihn selbst Hindenburg nannten. Außer Geschichte gab er Sport und Singen, und er verschaffte uns die Möglichkeit, miserable Geschichtszensuren oder hoffnungslose Noten im Singen an der Kletterstange aufzubessern; der Bizeps wurde in meiner Schule als Bildungsfaktor anerkannt. Wegen des Schulwegs schwänzte ich selten in den Unterricht; denn im Sommer konnte man die Schule im Boot erreichen, im Winter auf Schlittschuhen.

Als ein Luftschiff über Lyck erschien, erhielten wir schulfrei, und als ein Mann namens Hitler durch unsere Hauptstraße fuhr, bestand der Unterricht im Winken mit Kornblumen sowie im Jubeln auf Handzeichen. Auch ich stand im Spalier der Schüler. Und bald darauf stand ich wieder am Straßenrand und beobachtete die Soldaten, die diesmal nicht zum Exerzierplatz, sondern zur nahen Grenze marschierten und das Land überfielen, aus dem bis dahin Holzflößer zu uns gekommen waren. Der Geschützdonner regte unsere Greise an, und die Invaliden des ersten Krieges entsannen sich ihrer Taten, nicht ihres Unglücks.

In unserer Schule hing eine Gedenktafel für die gefallenen Schüler; sie war nicht ganz voll, sie hatte noch Platz für ein Dutzend Namen, und eines Tages holten sie die älteren Schüler – nicht lange danach wuchs die Gedenktafel nach unten zu. Der Krieg dauerte bereits einige Jahre, darum eröffneten die Lehrer manchmal den Unterricht mit der Wiederholung einer Sondermeldung.

Zur Zeit der Blaubeeren gab es viele Sondermeldungen, und im Frühjahr wurde eine zweite Gedenktafel für gefallene Schüler enthüllt. Als sie mich holten, war bereits alles entschieden. Ich verstärkte ihre Marine auf der Ostsee. Ich wurde Augenzeuge der großen Flucht und des Untergangs vieler Schiffe. Ich bewährte mich bei Schuhappellen, Kleider- und Spindappellen, während im Deck über uns Verwundete starben. Ein wortarmer Stumpfsinn zwang uns, die Kunst der Verstellung zu entwickeln. Dann wurden die Mächtigen machtlos, die Meister der Gewalt büßten ihre Herrschaft ein, und seit damals hat mich dieser Augenblick immer wieder beschäftigt: um selber verstehen zu lernen, was mit einem Menschen geschieht, der »fällt«, abstürzt, verliert, habe ich einige Geschichten geschrieben, in denen der Augenblick des »Falls« dargestellt wird. Schreiben ist eine gute Möglichkeit, um Personen, Handlungen und Konflikte verstehen zu lernen.

Nach dem Krieg studierte ich Philosophie, Anglistik und Literaturgeschichte in Hamburg. Erfolgreiche Aktionen als Schwarzhändler – Nähnadeln, Zwiebeln, Präparieralkohol – halfen mir, mein Studium zu finanzieren. Später, als meine Quellen versiegten, ging es mir sehr schlecht. Ein Kumpel warb mich als Blutspender, und ich konnte die dringenden Unkosten decken. Um außergewöhnliche Ausgaben zu vermeiden, blieb ich oft im Bett und las. Ich habe mein Studium nicht abgeschlossen.

In jener Zeit hatte ich mich für den Lehrberuf entschieden, doch ein Gespräch von einer Stunde genügte, um meine Pläne zu ändern: ich wurde Journalist. Ich redigierte Kulturnachrichten, politische Nachrichten, Nachrichten über gemischte Verbrechen. Ich lernte Streichen. Ich wurde mit den Schwierigkeiten beim Formulieren einer Nachricht vertraut und wunderte mich über die Mitteilungsfreude der Menschen, die ich interviewte. Meine journalistischen Lehrer nahmen sich die Zeit, mich auf meine Fehler und Irrtümer aufmerksam zu machen; dafür bin ich ihnen dankbar.

Mein erstes Buch *Es waren Habichte in der Luft* schrieb ich unter dem Einfluß von Dostojewski und Faulkner. Ich glaube, daß mich unwillkürlich auch andere Schriftsteller beeinflußten, die ich bewunderte; beispielsweise Camus und – in einigen Arbeiten – Hemingway. Um allmählich seine eigenen Bücher schreiben zu können, muß man sich zunächst Klarheit über die vorhandenen fremden Einflüsse verschaffen. Ich versuchte es.

Seit 1951 lebe ich als freier Schriftsteller in Hamburg. Bisher habe ich vier Romane geschrieben (*Es waren Habichte in der Luft*, *Duell mit dem Schatten*, *Der Mann im Strom*, *Brot und Spiele*), zwei Erzählbände (*Jäger des Spotts*, *Das Feuerschiff*) und ein Zyklus masurischer Geschichten (*So zärtlich war Suleyken*) sowie ein Theaterstück (*Zeit der Schuldlosen*).

Ich wüßte nicht, was ich lieber täte als Schreiben, doch was ich ebenso gern tue, das ist Fischen – eine Tätigkeit, bei der es nicht auf die Beute ankommt, sondern auf das Gefühl der Erwartung. Es waren die polnischen Holzflößer, von denen ich das Fischen lernte, und sie brachten mir auch bei, alle Genugtuung in der Erwartung zu finden. Diese Praxis halte ich für übertragbar, und als Schriftsteller habe ich versucht, eine Gewohnheit daraus zu machen.

In meinen letzten beiden Romanen und in einer Reihe von Erzählungen variiere ich das Thema vom »Helden«, der sich gegen einen unvermeidlichen Niedergang auflehnt und unterliegt. In anderen Arbeiten kehren die Motive von Flucht und Verfolgung, von Gleichgültigkeit, Empörung und verfehlter Lebensgründung wieder. Es sind gewiß nicht »meine« Themen, »meine« Motive. Für mich ist das Schreiben auch eine Art der Selbstbefragung, und in diesem Sinne versuche ich, auf gewisse Herausforderungen mit meinen Möglichkeiten zu antworten. Mitunter ändern sich meine Ansichten über das Schreiben, meine Erwartungen gegenüber dem Schriftsteller jedoch bleiben sich gleich. Ich warte von ihm ein gewisses Mitleid, Gerechtigkeit und einen nötigen Protest.

1962

Der Erzähler Siegfried Lenz

Ein Essay von Marcel Reich-Ranicki

Siegfried Lenz ist ein anerkannter, ein gefeierter und berühmter Schriftsteller. Nun gibt es aber auch einige andere deutsche Autoren, die ebenfalls anerkannt und berühmt sind und gefeiert werden. Gewiß, nur ist Lenz zugleich ein höchst beliebter und vielleicht auch geliebter Schriftsteller, und dies muß, versteht sich, besondere Gründe haben.

Vor vielen Jahren, es war 1962, sagte Lenz: »In unserer Welt wird auch der Künstler zum Mitwisser – zum Mitwisser von Rechtlosigkeit, von Hunger, von Verfolgung und riskanten Träumen … Es scheint mir, daß seine Arbeit ihn erst dann rechtfertigt, wenn er seine Mitwisserschaft zu erkennen gibt, wenn er das Schweigen nicht übergeht, zu dem andere verurteilt sind.«

Damals äußerte sich Lenz auch über diejenigen seiner Kollegen, die »die Wonnen der Brüskierung« auskosten. Es sind Schriftsteller, bei denen als Untergrund der literarischen Bemühungen der Geist der Revolte und der Provokation spürbar ist. Lenz indes hatte nie das Zeug zu einem Rebellen, Eiferer oder Provokateur.

Während die anderen sich entrüsteten, betonte er seinen Zweifel. Sie empörten sich, er deutete seine Besorgnis an. Der Radikalismus war also seine Sache nie. Er neigte vielmehr zu einem Ausgleich, der dem Wohlwollen entsprang. Nie verheimlichte er seine elementare Lebensbejahung, nie schämte er sich seiner Herzlichkeit und seiner warmen Menschenfreundlichkeit. Dies gilt für alle seine Werke, für seine Romane, seine Bühnenwerke und seine Essays. Doch kommt es vielleicht am deutlichsten und am schönsten in jener Gattung zum Vorschein, die er ganz besonders liebt – in der Geschichte, in der Erzählung.

Um die Welt zu verstehen, seien andere – meinte der junge Lenz – auf das Dokument angewiesen oder auf die Formel, er aber brauche zu ebendiesem Zweck die Geschichte. Denn das, was sie zu behaupten vorgibt, widerlege sie selber, und zwar sogleich: »durch das unwillkürliche Angebot mehrerer Möglichkeiten«. Die Geschichten seien damit einverstanden, »wenn jeder Leser sie in seinem Sinne wiederholt«, mit ihnen könne man die Wirklichkeit nötigen, »Farbe zu bekennen«, sie seien Versuche, »die Wirklichkeit da zu verstehen, wo sie nichts preisgeben möchte«.

Faulkner hat einmal gesagt, jeder Schriftsteller sei insgeheim ein Pädagoge. Lenz ist ebenfalls ein Künstler und ein Pädagoge in einem, ein elementarer Fabulierer und selbstverständlich zugleich ein Moralist. Doch ist er ein Moralist, der sich stets hütet, in seinen Geschichten den Zeigefinger zu heben.

Die besten dieser Prosastücke haben ihm den Ruf eines Erzählers im klassischen Sinne eingebracht, eines Traditionalisten. Ich bin nicht ganz sicher, ob derartige Charakterisierungen immer schmeichelhaft gemeint waren. Kein Zweifel, daß Lenz sehr bewußt und sehr konsequent an die Tradition angeknüpft hat – an die Tradition der deutschen Novelle ebenso wie an die der angelsächsischen Kurzgeschichte und der russischen Erzählung.

Er hat viel von den Meistern des 19. und des 20. Jahrhunderts gelernt, aber er hat sie weder kopiert noch imitiert. Jene, die ihn beharrlich des Festhaltens an überlieferten Formen bezichtigen, übersehen, daß der Geschichtenerzähler Lenz von Anfang an auch experimentiert hat – freilich nie um des Experimentes willen: Er hat Modernes geboten, ohne mit Modernität zu prunken.

Ähnlich verhält es sich mit einem anderen Begriff, der in der Literatur über Lenz oft auftaucht – dem des Humoristen. Sonderbar: In Deutschland sehnt man sich nach Heiterem und liest gern Lustiges, doch über die wenigen Humoristen, die wir haben, spricht und schreibt man gern etwas hochmütig und gönnerhaft.

Leise Komik und behäbige Ironie, grübelnde Zärtlichkeit und milder, menschenfreundlicher Spott – das alles findet sich in dem Buch, das Lenz sozusagen schlagartig berühmt gemacht hat: dem Band masurischer Geschichten »So zärtlich war Suleyken«. In diesen anmutigen Humoresken und schelmischen Kurzgeschichten, die nun ein halbes Jahrhundert überdauert haben, erwies er sich – wie einige Jahre später Grass – als ein gefühlvoller, doch glücklicherweise nicht sentimentaler Heimatdichter und Idylliker.

Die masurische Welt schilderte er mit genießerischer Genauigkeit, ohne sie auf unangemessene Weise zu verherrlichen. Ein wenig verklären muß er das Milieu, das ihm einst so vertraut war, allerdings doch. Schließlich ist die verlorengegangene Heimat zugleich die verlorengegangene Jugend.

Aber Lenz gehört nicht unbedingt zu den Autobiographen. Auf den ersten Blick könnte man sogar meinen, er sei darauf bedacht, in seiner Epik die eigene Person möglichst auszusparen. Das Gegenteil ist richtig. »Wer von sich selbst absieht« –

schrieb einmal Siegfried Lenz –, »wird kaum die Wahrheit des andern erfahren.« Die Motive, die ihn von Anfang an beschäftigen und irritieren und zu denen er immer wieder zurückkehrt – sie haben allesamt mit seinen frühen Erlebnissen um 1945 zu tun.

Vom Terror erzählt er und von Auflehnung, von Flucht und von Verfolgung, von Freundschaft und von Verrat. Die Niederlage ist es, die sich als roter Faden durch sein ganzes Werk zieht. Seine Helden sind die Scheiternden und die Wortkargen, denen bisweilen das Leben die Sprache verschlagen hat: Was auch geschieht, sie gehen leer aus.

Ob Lenz seine Personen erzählen oder handeln läßt – er denkt nicht daran, sie anzuklagen oder zu verteidigen, zu rühmen oder zu verurteilen. Er will sie alle bloß verstehen und verständlich machen: die flüchtigen Verbrecher, die auf einem Feuerschiff die Macht an sich reißen, und den Kapitän, der sich, um der Ordnung willen, der Waffengewalt widersetzt; den alten Wilhelm Heilmann, den letzten Juden in »unserer hoffnungslosen Ecke Masurens«, der gefaßt in den Tod geht, und den von Schmerzen gepeinigten Heinrich Bielek, der ihn abführt; den Kommandanten, der auf einem Minensucher noch in den letzten Tagen des Krieges den Befehlen folgen will; und auch jene anderen, die meutern, weil sie leben möchten, und die überzeugt sind, daß angesichts der Kapitulation alle Befehle ihren Sinn und ihre Gültigkeit eingebüßt haben.

Diese Geschichten – »Das Feuerschiff«, »Der Verzicht« und das knappe novellistische Glanzstück »Ein Kriegsende« –, gehören zu den Höhepunkten des Lenzschen Werks. Ganz besonders bewundere ich die schon beinahe klassische Geschichte »Die Phantasie«. Hier werden – und das ist ein literarhistorisches Kuriosum – auf höchst anschauliche Weise drei verschiedene Möglichkeiten des Erzählens demonstriert und, ohne etwa auf eine abstrakte Ebene zu geraten, gleichzeitig diskutiert.

Und schließlich schätze und liebe ich – auch aus sehr persönlichen Gründen – die Geschichte »Der Große Zackenbarsch«, ein humoristisches Gleichnis über den Kritiker und die Kritik. Für diese Parabel gilt wie für das meiste aus seiner Feder: Lenz schreibt unglaubliche und letztlich, da mit künstlerischen Mitteln beglaubigt, doch glaubhafte Erzählungen; sie mögen einem bisweilen unwahrscheinlich vorkommen, aber sie sind immer wahr.

Marcel Reich-Ranicki, Dezember 2005